法学教室

第1卷

李 昊 主编

LEGAL STUDIES

中国法制出版社
CHINA LEGAL PUBLISHING HOUSE

编辑部

卷首语

综观我国教育体制，从小初开始，学生的学习和教育即离不开各种教辅读物的辅助。然而及至大学，除却法律职业资格考试的辅导材料，辅助法科教育的课外学习用书竟难觅踪影，更遑论面向学生群体的法律教学读物。

反观大陆法系，尤其德日，各类法律教学杂志屡见不鲜，如德国的 JuS、JURA，日本的《法学教室》《法学 Seminar》等。但两国刊物的旨趣风格又各不相同。德国的法律教学杂志直接服务于关乎法科学生职业命运的两次国家考试，栏目设置也围绕国家考试的知识点、案例分析技能、案例研习和判例评析展开，助益法科学生成为完全法律人。日本的法律教学杂志则与本国的法学教育体系相契合，风格清新，内容生动灵活，在企划专题、主题讲座、演习和最新判例速递等常设栏目之外，还设有名词解释、书评、新书速览等弹性栏目，每期的卷首语也别出新意，常延请知名法学教授挥洒诗意。尽管风格各异，两国法律教学杂志的共通宗旨，均是指导法科学生的求学、读书、写作，助其掌握教科书中抽象的知识体系，增强学生的法律适用能力。在内容上也都以法教义学为载体，为法科学生提供深入学习和系统训练的课外材料，贴近他们的学习需求。

改革开放 40 多年来，我国的法学研究和法科教育都取得了质的飞跃。目前，法学研究的范式逐步转向法教义学，法学教育也正在进行一次体系的更新。理想的法学教育，应当在促进法律教学与法律实践相结合，推动法教义学知识本土化的同时，着力于培养和提高学生的法律适用能力。近年来，随着鉴定式案例分析方法的引入，法学教育上的更新在法律教学中已经日益引起关注。值此契机，本书采定期出版之形式，定位于实践导向的法律教学读物，旨在进一步推动这种革新，并增强学生对法律背后的道理的理解和关注。

本书虽效法德日类似刊物，但取其精华，内容上注重本土化。将以我国现行法律为中心，每卷以法学专论、法学学堂、案例研习、判例评述等固定栏目为主体，兼辟法史钩沉、法律名词考释、书评、求学心影等弹性栏目。本书的宗旨，是为我国法科学生提供新鲜、全面、实用、活泼的知识补给。与此宗旨相契合，本书有别于现有的学术评价体制内的学术刊物，不讲求长篇大论和繁复的脚注征引，而寻求在学术严谨性前提下的文风和文体的灵动，彰显学者的个性。

聚海内名师而授，汇天下英才而教，砥砺切磋，期待本书能成为一本推动法律教育、贴近法科学生的有温度的法律教学辅导读物！

目录

法学大师课

003 中国民法的特色及解释适用 王泽鉴

法学专论：法学鉴定式案例分析方法的展开

025 Relationstechnik：诉讼实战中的请求权基础思维 吴香香

041 法教义学在民事诉讼教学中的困境与出路 任　重

——兼论线上民事诉讼教学模式

071 刑法鉴定式案例分析方法导论 陈　璇

法学学堂

099 负担行为与处分行为的区分 杨代雄

案例研习

111 保理合同、债权转让通知与不当得利 朱晓喆
131 代办托运案案例研习报告 刘哲玮
——复杂诉讼中当事人地位的确定方法
153 刑法案例研习：嫉恨的保姆 车 浩

判例评述

207 “溺水的被害人” 徐凌波
——故意伤害致人死亡的结果归责
218 行政协议访谈：行政审理模式还是民事审理模式？
访谈人：黄卉
与谈人：蔡小雪、章剑生、金自宁、孙维飞、茅少伟

法学大师课

中国民法的特色及解释适用

王泽鉴 *

摘　要:《中华人民共和国民法典》(以下简称《民法典》)在传统民法的基础上，彰显社会主义的中国特色和21世纪民法的任务，具有维护权利、适应社会发展的重大长远的历史意义。《民法典》未设债编，不是否定债编在民法体系上的价值，而是出于整合既有规定耗时艰巨的技术考虑，此种体系构成缺乏外部逻辑性与内在法律原则的一致性，造成理解适用上的困难。人格权独立成编具有政策上的宣言性、引导性的重大意义，但其本身仅系侵权责任编的辅助规范，必须连接于侵权责任编始能适用。在立法技术和规范风格上,《民法典》设有许多行为规范，凸显社会主义法律的教育功能，但多采“依法”条款及不确定法律概念，使得规范密度不足，未能建构明确的请求权规范(要件及效果)，有赖法释义学的漏洞填补、案例类型化、案例研习教育的继续完善。

关键词: 民法典　中国特色　立法风格　法律适用

一、中国第一部民法典的制定

(一)制定民法典的历史意义

中华人民共和国于2020年5月通过了自1949年新中国成立以来的第一部民法典，具有深远的历史意义。之所以在2020年完成此项重大的立法工作，乃出于一种政治意志和信念，希望适应中国的崛起，建构一个以民法为核心的私法秩序和法治社会。《民法典》第1条开宗明义规定：“为了保护民事主体的合法权益，调整民事关系，维护社会和经济秩序，适应中国特色社会主

* 王泽鉴，台湾大学名誉教授。

义发展要求，弘扬社会主义核心价值观，根据宪法，制定本法。”民法基本原则包括民事主体平等原则；民事活动自愿原则，公平原则，诚信原则，不得违反法律、公序良俗原则，应当有利于节约资源、保护生态环境原则。〔1〕

值得特别强调的是，《民法典》第 3 条规定：“民事主体的人身权利、财产权利以及其他合法权益受法律保护，任何组织或者个人不得侵犯。”所谓组织，包括公权力组织在内。民法许多条文反复重申此项原则，乃在宣示建构民事权利、保护合法权益，为权利而奋斗，系中国民法的使命，以及实践上的任务。

（二）法典化的理念与实践

1. 体系构成

2020 年的《民法典》总结了自 1986 年以来的民事立法，包括《民法通则》（1986）、《合同法》（1999）、《物权法》（2007）、《侵权责任法》（2009）等，旨在实现法典化的理念，构成民法体系。法律体系包括外部体系及内部体系。外部体系是指民法的编制体例，此涉及应否制定债编及人格权应否独立成编的争论，将于下文详为论述。内部体系是指民法的价值理念及法律原则的一贯性。关于民法法律原则，前已说明。如何整合此等法律原则，相互协力，并在个案衡量冲突的法律原则，将是实践上的重要工作。

2. 立法技术与规范风格

立法技术体现法典风格及法之适用。首先，《民法典》设有许多行为规范，凸显社会主义的法律教育功能。其次，采“依法”“依照法律规定”“法律有规定”等立法方式，例如《民法典》第 238 条规定：“侵害物权，造成权利人损害的，权利人可以依法请求损害赔偿，也可以依法请求承担其他民事责任。”所谓“依法”，究指何而言？若系指《民法典》第 1165 条关于侵权责任的规定，则第 238 条不具实质意义。此类条文甚多，成为一种规范模式。又有许多规定使用不确定法律概念，例如《民法典》第 1185 条规定：“故意侵害他人知识产权，情节严重的，被侵权人有权请求相应的惩罚性赔偿。”如何认定惩罚性赔偿数额是惩罚性赔偿制度的核心难题，立法例上多设有较明确的基准。立

---

〔1〕《民法典》第 4 条、第 5 条、第 6 条、第 7 条、第 8 条、第 9 条。

法的难题在于如何不遁入概括条款、不遁入司法，或遁出立法者的责任。

（三）比较法与民法典

《民法典》系建立在传统民法（德国、日本及中国台湾地区“民法”）的基础上，并有所改造创新，以适应中国社会发展，彰显中国民法的特色。兹举三个规定加以说明：

（1）胎儿的保护。中国台湾地区“民法”第6条规定：“人之权利能力，始于出生，终于死亡。”第7条规定：“胎儿以将来非死产者为限，关于其个人利益之保护，视为既已出生。”《民法典》第13条规定：“自然人从出生时起到死亡时止，具有民事权利能力，依法享有民事权利，承担民事义务。”第16条规定：“涉及遗产继承、接受赠与等胎儿利益保护的，胎儿视为具有民事权利能力。但是，胎儿娩出时为死体的，其民事权利能力自始不存在。”《民法典》采较通晓的文字，并例示其适用对象。问题在于概括性不足，例如胎儿遭受他人不法侵害其身体、健康等人格法益时，如何保护？

（2）法人的侵权行为。中国台湾地区“民法”第28条规定：“法人对于其董事或其他有代表权之人因执行职务所加于他人之损害，与该行为人连带负赔偿之责任。”《民法典》第62条规定：“法定代表人因执行职务造成他人损害的，由法人承担民事责任。法人承担民事责任后，依照法律或者法人章程的规定，可以向有过错的法定代表人追偿。”问题在于法人侵权责任的要件为何？法人对法定代理人的求偿，法律或法人章程未规定时如何处理？经查《民法典》并无法人求偿权的规定，造成解释适用的问题。

（3）侵权责任法保护的权益。《民法典》第1166条规定：“行为人造成他人民事权益损害，不论行为人有无过错，法律规定应当承担侵权责任的，依照其规定。”何谓民事权益？如何加以保护？值得参照的是《日本民法典》第709条规定：“因故意或过失侵害他人权利或受法律保护的利益，对于因此所发生的损害负赔偿责任。”其特色在于对权利和利益作区别性的保护。

前举案例旨在提出研究中国民法的一种方法，即从比较法（包括案例比较）去寻找中国民法的发展路径，认识其所采的不同规范模式及立法理由，进而发现中国民法的特色，及其与中国社会发展的互动关系。

（四）法学与民法典的制定

法学与民法典的制定密切相关。众所周知，1900 年的《德国民法典》是 19 世纪学说汇纂（Pandekten）的成文化。日本是先继受欧陆法典，并经由学说继而发展本土法学。中国 1986 年制定《民法通则》，一方面发展法学，另一方面进行民事立法，二者相伴而行，相互协助，致力于以传统民法为基础，建构本土法律体系。民法典的制定受到法学发展、学说共识及立法机制的影响或限制。兹引述二位参与民法典制定的著名学者的名言：一位学者强调要制定一部屹立于世界民法之林的法典；另一位学者表示非中国学者不能体会制定民法典的勇气与困难。

二、民法典的中国特色

在《民法典》制定的过程中，立法机关及法律学者一再强调《民法典》要体现社会主义的中国特色，彰显 21 世纪民法的任务，在法学理论上有所创新。研究中国民法的重点在于发现民法的中国特色，探究其规范功能、其面对的社会问题及未来的发展方向。以下简要整理民法各编的要点。

（一）民法总则

《民法典》总则编的内容基本上承继了 1986 年的《民法通则》，保留了许多苏联民法的概念体系。总则编最鲜明的特色在于法人制度，它扩大了民事主体，调和结社自由及社会控制，分三点加以说明：

（1）关于法人制度，舍弃传统民法社团与财团的分类方法，将法人分为营利法人与非营利法人，此外尚有所谓的特别法人，此系指机关法人、农村集体经济组织法人、城镇农村的合作经济组织、基层群众性组织法人（包括居民委员会、村民委员会）。此等特别法人具有公法人的性质，居民委员会、村民委员会具有参与民事关系的重要机能。

（2）创设非法人组织，《民法典》第 102 条规定：“非法人组织是不具有法人资格，但是能够依法以自己的名义从事民事活动的组织。非法人组织包括个人独资企业、合伙企业、不具有法人资格的专业服务机构等。”关于非法人组织，除另有规定外，参照适用法人一般规定。[1]特别值得注意的是，《民法典》总则编以专章（第四章）规定非法人组织，足见其特殊意义，具有强化社会管制的功能。

（3）传统民法上有所谓无权利能力社团，即未依法办理登记的人的组织，如何适用关于法人及非法人组织的规定，是一个值得研究的问题。

（二）物权法

物权法最能充分表现中国特色社会主义发展的要求。《民法典》第206条规定：“国家坚持和完善公有制为主体、多种所有制经济共同发展，按劳分配为主题、多种分配方式并存，社会主义市场经济体制等社会主义基本经济制度。国家巩固和发展公有制经济，鼓励、支持和引导非公有制经济的发展。国家实行社会主义市场经济，保障一切市场主体的平等法律地位和发展权利。”物权法的任务在于使国家、集体、私人的物权和其他权利主体的物权受法律平等保护，任何组织或个人不得侵犯。采物权法定原则，[2]设计物权的种类和内容，以期土地公有制能发挥物尽其用的经济效率，使土地进入市场，活化市场经济。

用益物权最能表现公有制下物权法的功能。《民法典》规定了五种用益物权：

（1）土地承包经营权：农村集体经济组织实行家庭承包经营为基础、统分结合的双层经营体制。农民集体所有和国家所有由农民集体使用的耕地、林地、草地以及其他用于农业的土地，依法实行土地承包经营制度。[3]土地承包经营权人依法对其承包经营的耕地、林地、草地等享有占有、使用和收益的权利，有权从事种植业、林业、畜牧业等农业生产。[4]土地承包经营制度在中国土地改革及公有制的发展中产生重大的效用。

（2）建设用地使用权：建设用地使用权人依法对国家所有的土地享有占

[1]《民法典》第108条。
[2]《民法典》第116条。
[3]《民法典》第330条。
[4]《民法典》第331条。

有、使用和收益的权利，有权利用该土地建造建筑物、构筑物及其附属设施。[1] 建设用地使用权可以在土地的地表、地上或者地下分别设立。[2] 建筑用地使用权相当于传统民法中的地上权。

（3）宅基地使用权：宅基地使用权人依法对集体所有的土地享有占有和使用的权利，有权依法利用该土地建造住宅及其附属设施。[3]

（4）居住权：居住权人有权按照合同约定，对他人的住宅享有占有、使用的用益物权，以满足生活居住的需要。[4] 此项物权系制定《民法典》时所增设。之所以要增设此项古老的物权，系为满足老年群体生活居住的必要。

（5）地役权：地役权人有权按照合同约定，利用他人的不动产，以提高自己的不动产的效益。[5]

关于各种用益物权的设立、内容、期间等，在此难以详论。值得特别提出的是，《民法典》对各种物权的让与性及可抵押性，设有规定。土地承包经营权可以互换、转让。[6] 建设用地使用权可以转让、互换、出资、赠与或抵押，但法律另有规定的除外。[7] 宅基地使用权可以让与。[8] 居住权不得转让、继承。[9] 地役权不得单独转让，土地承包经营权、建筑用地使用权等转让的，地役权一并转让，但是合同另有约定的除外。[10]

关于担保物权，《民法典》设有抵押权（一般抵押权与最高额抵押权）、质权（动产质权与权利质权）、留置权。一般抵押权系以财产为客体。[11]《民法典》第 395 条规定："债务人或者第三人有权处分的下列财产可以抵押：（一）建筑物和其他土地附着物；（二）建设用地使用权；（三）海域使用权；（四）生产设备、原材料、半成品、产品；（五）正在建造的建筑物、船舶、航

[1]《民法典》第 344 条。
[2]《民法典》第 345 条。
[3]《民法典》第 362 条。
[4]《民法典》第 366 条。
[5]《民法典》第 372 条第 1 款。
[6]《民法典》第 334 条。
[7]《民法典》第 353 条。
[8]《民法典》第 363 条。
[9]《民法典》第 369 条。
[10]《民法典》第 380 条。
[11]《民法典》第 394 条。

空器;（六）交通运输工具;（七）法律、行政法规未禁止抵押的其他财产。抵押人可以将前款所列财产一并抵押。”《民法典》第399条明定土地所有权不得设定抵押，宅基地、自留地、自留山地等集体所有土地权，不得设定抵押，但是法律规定可以抵押的除外。此项规定旨在维护公有制。一般抵押权得以财产设定抵押，不限于以特定物（不动产）为客体，有别于传统民法，旨在发挥担保物权的功能。明定建筑用地使用权得设定抵押，使此项用益物权具有担保功能，活化公有制市场经济。

（三）合同法

1. 合同法的优越地位

《民法典》共有1260个条文，合同编设有526个规定，约占百分之四十，居于优越地位。[1]合同法的重要性其一是合同法系市场经济的核心机制，其二是《民法典》未设债编，合同编的规定得参照适用于婚姻、收养、监护有关身份的协议[2]及其他非因合同所生的债权债务关系。[3]

《民法典》增设了若干传统民法未设规定的非典型契约，例如供用电、水、气、热合同与保理合同、技术合同、物业服务合同，可称为非典型契约的现代化。

2. 违约责任

（1）违约责任的国际化

合同法最具特色的是违约责任的国际化，参照《联合国国际货物销售合同公约》，制定了现代化的违约责任，其重点有三。

一是采取统一性违约概念，不再区别给付不能、给付迟延、不完全给付（积极侵害债权）等类型的违约态样。当事人一方不履行合同义务或者履行合同义务不符合约定的，应当承担继续履行、采取补救措施或者赔偿损失等违约责任。[4]对于非金钱债务，法律上或事实上不能履行的，免履行义务。[5]

二是归责原则采严格责任，不以债务人有过错为必要。当事人一方因第

---

〔1〕 参见［日］我妻荣：《债权法在近代法中的优越地位》，王书江译，中国大百科全书出版社1999年版。

〔2〕《民法典》第464条第2款。

〔3〕《民法典》第468条。

〔4〕《民法典》第577条至第594条。

〔5〕《民法典》第580条第1款。

三人的原因造成违约的，应当依法向对方承担违约责任；因不可抗力不能履行的，得根据其影响部分或全部免责。[1]损失赔偿额包括履行后可以获得的利益，但是不得超过违反合同一方订立合同时预见到或者应当预见到的因违反合同可能产生的损失。[2]当事人都违反约定的，应当各自承担相应的责任。当事人违约造成对方损失，对方对损失的发生有过错的，可以减少相对应的损失赔偿额。[3]

三是违约责任与买卖物瑕疵责任的一体化。《民法典》第 617 条规定："出卖人交付的标的物不符合质量要求的，买受人可以依据本法第五百八十二条至第五百八十四条的规定请求承担违约责任。"

鉴于中国合同法具有国际化及现代化的特色，兹举一个案例，组合相关规定，建构违约责任的规范模式，简约相关规定的论述，以便参照。

甲出卖 A 机器给乙，送货途中因甲的使用人与第三人丙意外车祸，致该机器灭失，乙受有营业上损失。

乙对甲的损失赔偿的请求权基础（577）

（一）责任成立

1. 违约

给付不能：免给付义务（580 I）

赔偿损失（577）

2. 归责事由

严格责任

第三人原因（593）

不可抗力（590）

（二）责任范围

1. 履行利益（584）

---

〔1〕《民法典》第 590 条。
〔2〕《民法典》第 584 条。参见《日本民法典》第 416 条。
〔3〕《民法典》第 592 条。

2. 因果关系：预见说（584）

3. 与有过错（592）

（2）违约责任的精神损害赔偿

关于违约责任的精神损害赔偿，《民法典》第 996 条规定："因当事人一方的违约行为，损害对方人格权并造成严重精神损害，受损害方选择请求其承担违约责任的，不影响受损害方请求精神损害赔偿。"本条规定系借鉴中国台湾地区"民法"第 227 条之 1 的规定：债务人因债务不履行，致债权人之人格权受侵害者，准用中国台湾地区"民法"第 195 条的规定请求非财产上损害相当金额金钱赔偿。[1]立法目的在于肯定违约责任与侵权责任的竞合，强化对人格权的保护。

（四）侵权责任

侵权责任法旨在调和行为人自由与被害人的保护，分配损害的风险。《民法典》第 1165 条第 1 款规定："行为人因过错侵害他人民事权益造成损害的，应当承担侵权责任。"系借鉴法国概括保护原则。问题在于何谓权益？除权利外，是否包括债权及其他纯粹财产损害（纯粹经济损失）？《日本民法典》第 709 条规定在解释上可供参考，前已说明。侵权责任有三点特色：

（1）得请求精神损害赔偿的，除侵害自然人的人身权益外，尚包括因故意或者重大过失侵害自然人具有人身意义的特定物。[2]

（2）明定网络的侵权责任。网络用户或网络服务提供者利用网络侵害民事权益的，应当承担侵权责任。[3]

（3）明确医疗损害责任，规定患者在诊疗活动中受到损害，医疗机构或其医务人员有过错的，由医疗机构承担赔偿责任。[4]医疗责任包括侵权责任与合同责任，二者发生竞合关系。《德国民法典》于 2013 年修正增设医疗合同（Behandlungsvertrag；BGB §630a—630h）。德国医疗责任偏重契约责任，中国法偏重侵权责任，是一个值得研究的课题。

---

〔1〕 本条参照了《德国民法典》第 253 条。
〔2〕《民法典》第 1183 条。
〔3〕《民法典》第 1194 条。
〔4〕《民法典》第 1218 条。

（五）婚姻家庭与继承

倡导一夫一妻、婚姻自由、男女平等，期能改变中国传统社会，而于婚姻家庭编与继承编详设规定。《民法典》第 1042 条明定禁止包办、买卖婚姻或干涉婚姻自由，禁止借婚姻索取财物。此项禁止规定在一定程度显示中国社会的现实问题。

继承编规定国家保护自然人的继承权，继承权男女平等。具有启示性的是以下关于继承顺序及分配的规定。

第 1129 条："丧偶儿媳对公婆，丧偶女婿对岳父母，尽了主要赡养义务的，作为第一顺序继承人。"

第 1130 条："同一顺序继承人继承遗产的份额，一般应当均等。对生活有特殊困难又缺乏劳动能力的继承人，分配遗产时，应当予以照顾。对被继承人尽了主要扶养义务或者与被继承人共同生活的继承人，分配遗产时，可以多分。有扶养能力和有扶养条件的继承人，不尽扶养义务的，分配遗产时，应当不分或者少分。继承人协商同意的，也可以不均等。"

第 1131 条："对继承人以外的依靠被继承人扶养的人，或者继承人以外的对被继承人扶养较多的人，可以分给适当的遗产。"

第 1132 条："继承人应当本着互谅互让、和睦团结的精神，协商处理继承问题。遗产分割的时间、办法和份额，由继承人协商确定；协商不成的，可以由人民调解委员会调解或者向人民法院提起诉讼。"

前揭继承编规定表现了中国传统继承制度的社会功能及现代社会养老生活保障的机能。

三、没有债编的民法典

（一）中国民法为何不设债编

传统民法典采五编制，包括民法总则、债权（债之关系）、物权、亲属、继承。《民法典》调整为七编，即总则、物权、合同、人格权、婚姻家庭、继承及侵权责任。为便于比较，图示如下：

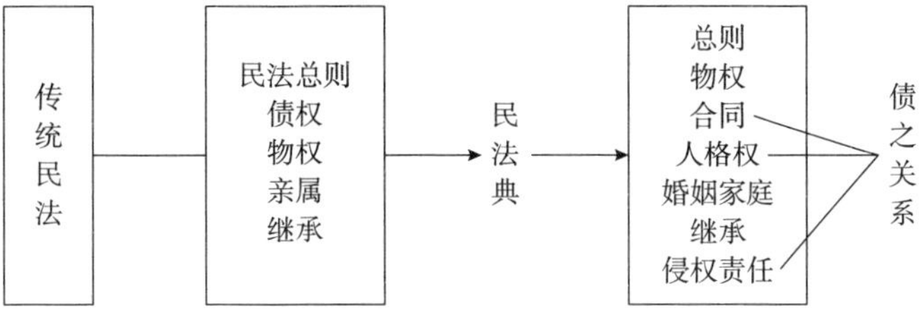

图 1　传统民法典五编制与《民法典》七编之对比

《民法典》未设债编。债法系罗马法伟大的法学成就，体现于传统民法典。《民法典》之所以未设债编，不是否定债编在民法体系上的价值，而是出于立法技术的考虑。1986 年起陆续出台了《民法通则》《合同法》《物权法》《侵权责任法》，整合相关规定制定债编（尤其是债之通则）系一个耗费时日的艰巨工作。《民法典》于最后一编规定侵权责任，隔离合同与侵权责任两个民事责任制度，尤其是侵权责任编与人格权编的规范关联（人格权法是侵权责任法的补助性规定）。此种体系构成欠缺外部逻辑性与内在法律原则的一贯性，造成理解的困难及法律适用上的问题。

（二）合同法规定的参照适用

为处理身份法上协议（合同）及合同外的债之关系，《民法典》采参照适用合同法规定的方法。

（1）第 464 条："合同是民事主体之间设立、变更、终止民事法律关系的协议。婚姻、收养、监护等有关身份关系的协议，适用有关该身份关系的法律规定；没有规定的，可以根据其性质参照适用本编规定。"

（2）第 468 条："非因合同产生的债权债务关系，适用有关该债权债务关系的法律规定；没有规定的，适用本编通则的有关规定，但是根据其性质不能适用的除外。"

将合同法的规定参照适用于合同外债之关系，包括无因管理、不当得利、侵权责任、缔约责任（先合同债之关系）等，系将合同法的规定加以一般原则化，如何在个案参照适用，应就个别债之关系加以认定，下文将就无因管理与不当得利加以说明。

（三）准合同

《民法典》合同编第三分编准合同规定无因管理和不当得利两种重要的债之关系。

1. 无因管理

《民法典》第 979 条规定："管理人没有法定的或者约定的义务，为避免他人利益受损失而管理他人事务的，可以请求受益人偿还因管理事务而支出的必要费用；管理人因管理事务受到损失的，可以请求受益人给予适当补偿。管理事务不符合受益人真实意思的，管理人不享有前款规定的权利；但是，受益人的真实意思违反法律或者违背公序良俗的除外。"第 980 条规定："管理人管理事务不属于前条规定的情形，但是受益人享有管理利益的，受益人应当在其获得的利益范围内向管理人承担前条第一款规定的义务。"《民法典》上的无因管理系借鉴德国民法立法例。[1] 兹参照德国法的判例学说，说明两个基本问题。

（1）无因管理分为两个类型：一是正当无因管理：此指无因管理的承担符合本人的意思。二是不正当无因管理：此指无因管理不符合本人的意思。前者成立法定债之关系，阻却违法；于后者情形，管理人应负侵权责任。本人因违反管理义务而发生债务不履行的，在德国民法系依一般原则应负过失责任，[2] 但管理人为免除本人生命、身体或财产上危险而为事务管理者，对于因其管理事务所生损害，除有恶意或重大过失外，不负赔偿责任。[3]《民法典》未设规定，如何参照适用合同法规定，是个值得研究的问题。

（2）管理人明知为他人事务，而为自己之利益为管理时，不成立无因管理，系所谓的不法管理，《德国民法典》第 684 条第 1 项明定，本人得准用不当得利规定，请求不法管理所生利益，以剥夺管理人所获利益。[4] 民法典草案原设有明文，其后删除此有利保护被管理人的规定，理由何在，不得确知。

---

〔1〕《德国民法典》第 677 条至第 687 条，中国台湾地区关于无因管理制度的规定位于中国台湾地区"民法"第 172 条以下。

〔2〕《德国民法典》第 280 条。

〔3〕《德国民法典》第 680 条，类似规定可以参照《日本民法典》第 698 条。

〔4〕 类似规定可以参见中国台湾地区"民法"第 177 条第 2 项。

2. 不当得利

《民法典》第985条规定:"得利人没有法律根据取得不当利益的，受损失的人可以请求得利人返还取得的利益，但是有下列情形之一的除外:(一)为履行道德义务进行的给付;(二)债务到期之前的清偿;(三)明知无给付义务而进行的债务清偿。"现代不当得利法采类型化理论，区别给付不当得利及非给付不当得利(尤其是权益侵害不当得利)，二者功能及成立要件不同。前者在于调整失败给付关系而发生的无法律上原因的财产变动。后者系保护权益归属不受侵害，不以有故意过失、违法性或受有损害为要件，具有补充侵权责任保护权益的作用。

《民法典》规定的不当得利似仅限于给付不当得利，在侵害他人权益的情形，例如无权处分他人之物、无权占有使用他人之物、物之添附、侵害知识产权等，须否创设权益侵害不当得利，是不当得利法发展的重要课题。

(四)可以没有债编，但要有债法

《民法典》未设债编，关于合同外债之关系参照适用合同法规定，创设准合同(无因管理、不当得利)，涉及民法体系的逻辑性及法之适用。民法典可以没有债编，但就法学而言，应有债法，建构债之关系的理论体系，增进对债之关系的理解并明确法之适用。

四、人格权独立成编的争论及意义

(一)以人格权彰显民法的价值理念

人格权保护被认为是中国民法的基本任务之一。《民法典》第109条规定:"自然人的人身自由、人格尊严受法律保护。"将受宪法保障的基本权利加以私法化，作为民事权利的基础。在民法制定的过程中，最具争议的问题是，人格权应否独立成编，抑或仅须强化侵权责任编对人格权的保护。赞成前者的，强调独立成编有助于人格权保护，彰显中国民法的主要特色。反对独立成编的，认为增强侵权责任法保护的规定，亦可达此目的，并可维护民法体系完整(体系正义)。经过空前激烈的辩论，《民法典》在第四编规范人格权，认为基于历史经验，应更进一步强化人格权保护，提升法院对处理人格权的认识，促进人格权法理论及实务的发展。

（二）规范构造与法之适用

1. 人格权编的规范内容

（1）请求权规范基础

《民法典》第 995 条第 1 句规定："人格权受到侵害的，受害人有权依照本法和其他法律的规定请求行为人承担民事责任。"所谓本法，系指《民法典》，尤其是侵权责任编的规定。由此可知人格权编本身并未明定人格权受侵害的请求权规范（要件及效果），其所规定的多属个别人格权的概念、保护范围，从而必须连接于侵权责任法始能适用。在此意义上，人格权编系侵权责任法的辅助规范（不完全法条、定义性、补充性规定），不具法之适用的完整性，此亦为学者反对人格权独立成编的重要理由。

（2）人格权的基础及概念

《民法典》第 990 条规定："人格权是民事主体享有的生命权、身体权、健康权、姓名权、名称权、肖像权、名誉权、荣誉权、隐私权等权利。除前款规定的人格权外，自然人享有基于人身自由、人格尊严产生的其他人格权益。"本条规定涉及人格权的基础及概念，分三点加以说明。

第一，人格尊严（或人性尊严）系人格权的伦理基础。人格尊严系人之所以为人，以人为目的，而非以人为手段的价值理念。

第二，《民法典》未设一般化的人格权，似在避免采用德国联邦宪法法院所创设的一般人格权（Allgemeines Persönlichkeitsrecht），而是列举规定个别人格权，未有一个上位的人格权概念，作为解释或发展个别人格权的基础。本条第 2 款所谓"基于人身自由、人格尊严产生的其他人格权益"，究指何而言，与"人格权"有何不同？

第三，值得参照的是中国台湾地区"民法"第 18 条规定："人格权受侵害时，得请求法院除去其侵害；有受侵害之虞时，得请求防止之。前项情形，以法律有特别规定者为限，得请求损害赔偿或慰抚金。"人格权具体化为生命、身体、健康、自由、名誉、隐私、贞操等其他人格利益。[1]此等人格法益乃人格权的具体化，属个别人格权。

2. 言论自由与人格权保护

人格权编特具意义的是第 1025 条关于言论自由与人格权（尤其是名誉权）的规定。《民法典》第 1025 条规定："行为人为公共利益实施新闻报道、舆论监督等行为，影响他人名誉的，不承担民事责任，但是有下列情形之一的除外：（一）捏造、歪曲事实；（二）对他人提供的严重失实内容未尽到合理核实义务；（三）使用侮辱性言辞等贬损他人名誉。"第 1026 条规定："认定行为人是否尽到前条第二项规定的合理核实义务，应当考虑下列因素：（一）内容来源的可信度；（二）对明显可能引发争议的内容是否进行了必要的调查；（三）内容的时限性；（四）内容与公序良俗的关联性；（五）受害人名誉受贬损的可能性；（六）核实能力和核实成本。"

言论自由具有自我实现、促进民主法治、真理追求的价值。人格权体现人性尊严与人格自由发展，名誉则为人的第二生命。二者系同受宪法保障的基本权利，应区别言论究为事实陈述或评价，而认定其侵权责任。《民法典》第 1025 条及第 1026 条系针对事实陈述的言论而为规定，深值肯定。关于评价性言论（例如指称某公职人员任事无能、浪费公共资源），则应采以言论是否善意正当评论的审查基准。

3. 侵权责任与人格权法的协力：请求权基础的建构

人格权受侵害时，如何请求加害人承担民事责任？侵权的民事责任，包括停止侵害、排除妨碍、消除危险等，[2]此种防御请求权须侵害行为具有违法性，但不以行为人有过错为要件，即不以成立侵权行为为必要。

被害人以人格权受侵害请求加害人承担损害赔偿时，须以侵害行为具备侵权行为的要件为前提。《民法典》（侵权责任编）第 1165 条第 1 款规定："行为人因过错侵害他人民事权益造成损害的，应当承担侵权责任。"所谓他人民事权益包括人格权在内。《民法典》第 1165 条系人格权侵权责任的请求权基

〔1〕中国台湾地区"民法"第 194 条、第 195 条。

〔2〕《民法典》第 179 条。

础（要件与效果，完全法条）。人格权编的规定系侵权责任编的辅助性规定（不完全法条），前已说明。此种规范模式造成法律适用的复杂性，从而在处理个案时必须结合侵权责任编及人格权编的相关规定，始能建立完全的请求权规范。例如，甲侵害乙的名誉，乙向甲请求承担损害赔偿责任，试就此例简示其请求权基础构造：

侵害名誉权损害赔偿请求权基础:《民法典》第 1165 条（侵权责任编）

（一）责任成立

1. 侵害名誉

名誉系人格权，第 1165 条民事权益包括人格权

名誉的定义（第 1024 条，人格权编）

2. 违法性

侵权责任法未明文规定

事实陈述：合理审查基准（第 1026 条，人格权编）

评价言论：未设明文：善意正当评论基准

3. 故意过失

（二）责任范围

1. 财产损害赔偿（第 1182 条，侵权责任编）

2. 精神痛苦（第 1183 条，侵权责任编）

3. 恢复原状：消除影响、恢复名誉、赔礼道歉（第 179 条，总则编；第 1000 条，人格权编）

（三）建构以人格权为核心价值之一的法治社会

据前述人格权保护的规范构造可知，人格权保护的请求权基础在于侵权责任编，人格权编系辅助性规定，不具完整性，在立法技术上可以被纳入侵权责任编加以规定。惟诚如前述，人格权的保护具有历史经验及现实必要，系中国民法的基本任务。人格权独立成编具有政策上宣言性、引导性的重大意义，可以进一步增强个人的人格自觉，巩固人格尊严理念，使法院认真对

待人格权的保护，体现受宪法保障的人身自由及人之尊严，以民法为基础，扩大及于公领域，建构一个以保护人格尊严为核心价值之一的法治社会。

五、民法法源、法学方法论与法律教育

《民法典》的制定使中国民法的发展由立法论转向解释论，此涉及私法法源、法学方法论与法律教育，简述如下。

（一）私法法源

1986年的《民法通则》第6条规定："民事活动必须遵守法律，法律没有规定的，应当遵守国家政策。"所称国家政策系指中国共产党的政策，包括意识形态及各种纲领规章等。《民法典》第10条规定："处理民事纠纷，应当依照法律；法律没有规定的，可以适用习惯，但是不得违背公序良俗。"所称习惯，是就习惯法而言。此项规定删除国家政策作为法源，具有重大法治意义。在立法过程中有建议参考中国台湾地区"民法"第1条规定："民事，法律所未规定者，依习惯；无习惯者，依法理。"[1]但未被采纳，因而发生法律或习惯没有规定时的法之适用问题。

法律与习惯（法）是直接法源。判例（判决先例）和学说是间接法源。早期中国法律未备，立法多采抽象原则性规定，最高人民法院判决、意见、指导原则具有事实上拘束力，具统一法律见解的功能，可称为法官法。近年来大陆法学界开始重视案例研究，最高人民法院设置案例研究院，大学开设案例研究课程，法学杂志刊登案例评释，陆续出版了民法评注。诚如康德所说："有理论而无实务，近乎空谈；有实务而无理论，殆如盲目。"整合判例学说，建构法释义学，对于现行法加以体系化，稳定法之适用，减轻论证负担，并维护法律形成的空间，对于民法研究的开展具有重要的意义。

（二）法学方法论

后民法典的主要任务在于法之适用，而有所谓法律思维及法学方法论，

---

〔1〕 参照《瑞士民法典》第1条。

此亦属比较法的课题，可供更深刻地认识一个国家法律形成与发展的过程，并有助于本国法的解释适用。所谓法之适用或解释论，通常包括法律解释、法律原则与概括条款的具体化及法之续造。近年来大陆法学界开始重视法律解释（解释目的、解释方法及客观性）。《民法典》设有许多法律原则及不确定法律概念，须要借助案例比较研究，形成类型及次位法律原则，在个案加以具体化。《民法典》规范密度不足，如何以类推适用（参照适用）及目的性限缩填补违反法律规范计划的法律漏洞，将是理论与实务的重要课题。法之适用或解释论是大陆民法发展的重点，日本和中国台湾地区在这方面累积了一定程度的经验，或有参考的价值。

（三）法律教育

徒法不足以自行，必也人乎，乃中国的古训，此为法律教育与民法发展的关键。中国传统法律教育偏重理论，目前倡导推动结合理论与实务的教育改革，提升对法之理念及社会的认识，并增加具有方法论的案例研习，使法律人都能具备相同的法律思维和论证能力，促进法之适用的安定性，尤其是实践目前实务界所强调“同案同判”的平等原则。

六、结　论

中国制定《民法典》，总结了自 1978 年以来改革开放的体制改革、法学发展与民事立法，具有维护权利、适应社会发展重大长远的历史意义。其主要目标在于建设一个维护人格尊严、保障私权、自由平等的私法秩序和法治社会。《民法典》的中国特色包括重构法人制度，创设公有制物尽其用的物权种类，有助于推动市场经济的合同的国际化及现代化，贯彻了婚姻自由及男女平等原则的婚姻家庭及继承法。立法技术影响法典的风格和质量，规范密度不足，未能建构明确的请求权规范，有赖法之解释及法之续造，使其更为完善。最具争论的是《民法典》未设债编，人格权独立成编，二者攸关民法体系的逻辑及一贯性，造成法律适用的困难。

《民法典》的实施，使中国法学及法律教育担负艰巨的任务。德国法学家

Zitelmann 于 1900 年《德国民法典》施行后担任柏林大学校长，在其著名的就职演说“论法之漏洞”中，特别提到：“培养具有法之理念，能够宽广地适用法律，符合社会需要，促进法律进步的法律人，是国家未来最大的寄望。”[1]这句具有启示性的名言，适用于所有的国家，尤其适用于 2020 年制定新中国成立七十多年来第一部民法典，致力于建立繁荣进步法治社会的中国。

〔1〕 Ernst Zitelmann, Lücken im Recht, Leipzig: Duncker & Humblot, 1903.

法学专论：法学鉴定式案例分析方法的展开

Relationstechnik：诉讼实战中的请求权基础思维

吴香香*

摘　要：请求权基础思维以诉讼的攻防模式确定说理结构、以诉讼请求为检视重心。诉讼实战中的请求权基础方法又称“Relationstechnik（法庭报告技术/关联分析法）”，核心是借助请求权思维引导裁判者获取案件事实、确定法律适用的小前提。Relationstechnik 的方法特征是划分不同阶段依次审理，原则是程序审查先于实体审查、法律审查先于事实审查、原告阶段先于被告阶段。其中，法律审查分为原告阶段与被告阶段，检视双方陈述（不涉及真实性认定）是否具有法律上的合理性，即是否充分备选的请求权基础规范、辅助规范与防御规范的适用前提。在此过程中，备选的请求权基础范围逐步限缩。仅在双方陈述均具有法律合理性的前提下，才能进入就具法律意义的争议陈述进行的证据审查（事实审查）阶段，有证据支持的请求权基础得以最终确定。

关键词：请求权基础　Relationstechnik　诉讼实战　法庭报告技术

引　言

受制于现实条件，法学院课堂教学无法面对原始案件事实，因此，教学中传授的请求权基础方法，仅是训练学生就给定的事实寻找相应的规范依据，略去了对案件事实的裁剪与认定。有批评者因此认为，请求权基础方法虽是寻找规范的利器，却无力面对案件事实的萃取。但这一批评未必成立。因为课堂教学中的请求权基础方法，只是简化版的请求权基础思维，诉讼实战中完整的请求权基础方法又称“Relationstechnik（法庭报告技术/关联分析法）”，

---

*　吴香香，中国政法大学民商经济法学院副教授。基金项目：国家社科基金一般项目“民法典编纂中请求权基础的体系构建研究（18BFX110）”。

早在 19 世纪即为德国民事法院所采行，其核心即借助请求权思维引导裁判者获取案件事实、确定法律适用的小前提。

但练习版请求权思维系 Relationstechnik 的方法基础。Relationstechnik 的法律审查先于事实审查。法律审查区分原告阶段与被告阶段，实质是课堂版请求权思维的两次运用，先用于检视原告陈述，再用于检视被告陈述。练习版请求权思维的外在结构上，预选的多项请求权基础有其特定的检视次序；内在结构上，每项请求权基础的检视均遵循“积极要件→消极抗辩”的结构，其中，抗辩的检视又依“权利未发生的抗辩→权利已消灭的抗辩→权利阻止的抗辩”之次序进行。于 Relationstechnik 法律审查之后的证据阶段（事实审查），争议事实的认定也依据上述程式进行。

表 1　课堂教学中的请求权基础方法

<table>
<tr><td rowspan="10">课堂教学中的请求权基础方法</td><td>检视结构</td><td>检视步骤（三层）</td><td>检视内容（四步）</td><td>检视规范</td></tr>
<tr><td rowspan="4">内在结构：单个请求权基础的检视框架</td><td rowspan="2">1. 请求权已成立</td><td>1. 成立要件</td><td>主要规范
辅助规范</td></tr>
<tr><td>2. 成立抗辩</td><td>防御规范</td></tr>
<tr><td>2. 请求权未消灭</td><td>3. 消灭抗辩</td><td>防御规范</td></tr>
<tr><td>3. 请求权可行使</td><td>4. 行使抗辩</td><td>防御规范</td></tr>
<tr><td rowspan="5">外在结构：复数请求权基础的检视次序</td><td colspan="3">1. 基于合同的请求权</td></tr>
<tr><td colspan="3">2. 类似合同的请求权</td></tr>
<tr><td colspan="3">3. 无因管理的请求权</td></tr>
<tr><td colspan="3">4. 基于物法的请求权</td></tr>
<tr><td colspan="3">5. 不当得利与侵权请求权</td></tr>
</table>

本文通过五个不同的小案例展示 Relationstechnik 五种（并非全部）不同的适用可能，重心并非案例本身的分析，而是呈现 Relationstechnik 的适用框架。不过，在此之前有必要先简要梳理 Relationstechnik 的方法构造。[1]

---

〔1〕关于 Relationstechnik 的详细介绍可参见吴香香：《请求权基础思维及其对手》，载《南京大学学报（哲学 · 人文科学 · 社会科学）》2020 年第 2 期，第 96—102 页。

一、Relationstechnik 的方法构造

Relationstechnik 的方法特征是划分不同阶段依次审理，原则是程序先于实体、法律先于事实、原告先于被告。[1]

（一）第一阶段：程序阶段（Prozeßstation）

检视原告起诉是否符合程序要件（Zulässigkeit）。

（二）第二阶段：原告阶段（Klägerstation）

对原告陈述进行法律审查（而非证据审查），以请求权基础方法（课堂训练中的请求权基础方法）检视原告诉请的法律合理性（Schlüssigkeit），即针对原告诉请预选所有可能的请求权基础，并审查原告陈述（而非经质证的事实）是否满足请求权规范的适用前提。

原告阶段的审查结论可能有三种：

其一，原告陈述不能满足任何一项请求权基础的适用前提，原告诉请不具有法律合理性（unschlüssig），不必举证即可判定原告败诉。

其二，原告诉请部分具有、部分不具有法律合理性，如财产损害赔偿请求有法律合理性，精神损害赔偿无法律合理性。

其三，原告陈述可满足一项或多项请求权基础的适用要件，原告诉请具有法律合理性（schlüssig）。仅当原告诉请具有法律合理性时，才能进入被告阶段的检视。[2]

（三）第三阶段：被告阶段（Beklagtenstation）

对被告陈述进行法律审查（而非证据审查），以请求权基础方法（课堂训练中的请求权基础方法）检视被告防御的法律合理性（Erheblichkeit），核心即被告陈述（而非经质证的事实）是否满足防御规范的适用前提。

被告阶段的检视结论也有三种可能：

其一，被告防御不具有法律合理性（unerheblich），即被告陈述不足以支持其提出的抗辩，可认定案件事实无实质争议，不必举证即可判定原告胜诉。

---

〔1〕 Kurt Schellhammer, Die Arbeitsmetheode des Zivilrichters, 17. Aufl. 2014, S. 9.

〔2〕 Kurt Schellhammer, Die Arbeitsmetheode des Zivilrichters, 17. Aufl. 2014, S. 18.

其二，被告防御部分具有、部分不具有法律合理性，如被告防御仅针对原告的精神损害赔偿请求且满足抗辩规范要件，而不涉及财产损害赔偿请求权，则相当于被告认可原告的财产损害赔偿请求，仅精神损害部分须进入证据阶段。

其三，被告防御具有法律合理性（erheblich），即被告陈述可支持其提出的抗辩。

惟应注意，对于有数项请求权基础支持的原告诉请，仅在被告防御足以使所有的请求权基础均陷入待决时，被告防御才具有法律上的合理性。换言之，只要有一项请求权基础在被告陈述中未予合理防御，原告即可因该请求权基础而胜诉（不必进入证据阶段）。[1]

（四）第四阶段：证据阶段（Beweisstation）

仅双方有争议且具有法律意义的事项才需要举证，一方主张且另一方认可的陈述则视为真实。经过陈述阶段的检视，大量案件不必进入证据阶段即可结案。[2]这也正是 Relationstechnik 之法律审查先于事实审查的意义所在。争议事项得到原告的证据支持则原告胜诉；得到被告的证据支持则被告胜诉；双方均无法证明争议事项的真假时，则由负担举证义务的一方承受不利后果。[3]

（五）第五阶段：裁判阶段（Entscheidungsstation）

形成证据认定建议与裁判建议。

上述审查过程的关键是原告阶段与被告阶段，这两个阶段的审理纯粹是法律审查，不涉及陈述的真实性，[4]因而，也有将这两个阶段并称为陈述阶段（Darlegungsstation）者。[5]

---

〔1〕 Anders/Gehle, Das Assessorexamen im Zivilrecht, 13. Aufl. 2017, S. 64.

〔2〕 Schuschke/Kessen/Höltje, Zivilrechtliche Arbeitstechik im Assessorexamen, 35. Aufl. 2013, S. 121.

〔3〕 Brox/Walker, Allgemeiner Teil des BGB, 42. Aufl. 2018, S. 33.

〔4〕 Schuschke/Kessen/Höltje, Zivilrechtliche Arbeitstechik im Assessorexamen, 35.Aufl. 2013, S. 119f.

〔5〕 Anders/Gehle, Das Assessorexamen im Zivilrecht, 13. Aufl. 2017, S. 47.

表 2　Relationstechnik 审查程式

<table>
<tr><th colspan="5">Relationstechnik 审查程式表</th></tr>
<tr><th colspan="2">审查阶段</th><th>审查目的</th><th>审查内容</th><th>审查结论</th></tr>
<tr><td colspan="2">程序阶段</td><td colspan="3">原告起诉是否符合程序要件</td></tr>
<tr><td rowspan="4">陈述阶段</td><td>原告阶段</td><td>原告陈述（而非经质证的事实）能否支持自己的诉请</td><td>1. 法律审查而非事实审查。
2. 仅原告的主张与陈述，不涉及被告。</td><td>1. 原告诉请不具有法律合理性（原告败诉）。
2. 原告诉请部分具有、部分不具有法律合理性（进入被告阶段）。
3. 原告诉请具有法律合理性（进入被告阶段）。</td></tr>
<tr><td>被告阶段</td><td>被告陈述（而非经质证的事实）能否支持自己的抗辩</td><td>1. 仅当原告诉请具有法律合理性时，才进入被告阶段。
2. 法律审查而非事实审查。
3. 仅被告的抗辩与陈述，不涉及原告。</td><td>1. 被告防御不具有法律合理性（原告胜诉）。
2. 被告防御部分具有、部分不具有法律合理性（进入证据阶段）。
3. 被告防御具有法律合理性（进入证据阶段）。</td></tr>
<tr><td colspan="4">反抗辩：第二个原告阶段</td></tr>
<tr><td colspan="4">再抗辩：第二个被告阶段</td></tr>
<tr><td colspan="2">证据阶段</td><td>确认待证事实</td><td>1. 仅当原告诉请与被告抗辩均具有法律合理性时，才进入证据阶段。
2. 一方主张且另一方认可的陈述不必举证。
3. 仅双方有争议且具有法律意义的事项需要举证。</td><td>1. 原告举证成功，原告胜诉。
2. 被告举证成功，原告败诉。
3. 双方均无法证明，负担举证责任的一方承受不利后果。</td></tr>
<tr><td colspan="2">裁判阶段</td><td colspan="3">形成证据认定建议与裁判建议</td></tr>
</table>

二、案 A：原告陈述不具有法律合理性

（一）案情

原告甲的诉请：请求被告乙赔偿医疗费与误工费。

原告甲的陈述：甲在乙的餐厅就餐后因忘带钱包与手机无法支付餐费，乙将甲困在餐厅不让其离开，并要求甲联络家人朋友代付餐费。为摆脱乙的控

制，甲经乙同意自行上卫生间时趁机翻窗逃跑，但不慎自二楼坠落，导致肋骨骨折住院治疗一个月。

被告乙的陈述：乙没有将甲困在餐厅，只是与甲协商，请求甲联络家人朋友代付餐费。

（二）原告阶段

1. 甲的请求权基础：《民法典》第 1165 条第 1 款结合第 1179 条第 1 句？

《民法典》第 1165 条第 1 款规定："行为人因过错侵害他人民事权益造成损害的，应当承担侵权责任。"第 1179 条规定："侵害他人造成人身损害的，应当赔偿医疗费、护理费、交通费、营养费、住院伙食补助费等为治疗和康复支出的合理费用，以及因误工减少的收入。"

上述请求权基础的适用前提：责任成立［绝对权被侵 + 加害行为 + 责任成立因果关系 + 不法性（不法阻却事由，抗辩）+ 责任能力（抗辩）+ 过错］+ 责任范围［损害 + 责任范围因果关系］。其中，不法性阻却事由与无责任能力应由被告主张，其余前提应由原告主张。但若原告的陈述中涉及对己不利的事项，也应一并检视。

2. 甲的陈述能否支持自己的主张？

于此并不审查甲之陈述的真假，而仅检视其陈述能否支持自己的主张，是法律审查而非事实审查。

（1）请求权是否成立？

其一，绝对权被侵。甲的肋骨骨折，健康权被侵，该要件满足。

其二，加害行为。乙将甲困在餐厅，但甲上卫生间时乙并未跟随，没有实施积极的作为加害行为。至于乙是否构成不作为侵权，就需探讨乙是否有作为义务，甲系经乙同意自行前往卫生间，乙并未跟随，难谓存在作为义务。

据此，加害行为要件不满足，不必检视其他要件，也不必继续检视请求权是否消灭或可否行使。

（三）审查结论

因甲的陈述不能支持自己的主张，原告甲的诉请不具有法律合理性，不必进入被告阶段的审查，也不必举证，即可直接判定原告败诉。

三、案 B：原告陈述具有法律合理性，被告陈述不具有法律合理性

（一）案情

原告甲的诉请：请求被告乙赔偿医疗费与误工费。

原告甲的陈述：甲在乙的餐厅就餐后因忘带钱包与手机无法支付餐费，乙将甲困在餐厅不让其离开，并拒绝其与外界联系，且在长达 12 小时的时间内拒绝为其提供饮水和食品，甲去卫生间时低血糖发作自台阶跌落，导致轻微脑震荡，住院治疗两个星期。

被告乙的陈述：甲拖欠的餐费高达 5000 元，乙多次请求甲联系家人朋友代付餐费被甲拒绝，乙未为其提供饮食，也是保全自己债权的自助行为，并未侵害甲的权利。

（二）原告阶段

1. 甲的请求权基础：《民法典》第 1165 条第 1 款结合第 1179 条第 1 句？

2. 甲的陈述能否支持自己的主张？

（1）请求权是否成立？

其一，绝对权被侵。甲轻微脑震荡，健康权被侵，该要件满足。

其二，加害行为。乙将甲困在餐厅且拒绝为其提供饮食，存在加害行为。

其三，责任成立因果关系。条件性，若非乙的行为，甲就不会低血糖发作自台阶跌落，满足。相当性，通常 12 小时禁食禁水有可能引发低血糖发作，满足。

其四，不法性阻却事由。根据甲的陈述，需检视乙的行为是否构成自助行为，依《民法典》第 1177 条，自助行为以"必要"为限，乙在扣留甲期间拒绝为甲提供饮食已经超出必要限度，不成立自助，乙的行为具有不法性。

其五，责任能力。满足。

其六，过错。乙故意为之，满足。

其七，损害。甲支出医药费，并误工一个月，满足。

其八，责任范围因果关系。医药费与误工费均系健康权受侵害（脑震荡）所致，满足。

据此，依甲的陈述，该侵权请求权的成立要件满足，且不存在权利未发

生的抗辩。

（2）请求权未消灭，甲的陈述中不存在权利消灭事项。

（3）请求权可行使，甲的陈述中不存在障碍权利行使事项。

3. 小结：原告甲的陈述具有法律合理性。

（三）被告阶段

于此审查被告的陈述能否支持自己的抗辩，同样是法律审查，不涉及陈述的真假。

1. 被告抗辩：自助行为排除不法性。

2. 被告陈述能否支持自己的抗辩？

被告乙陈述称自己多次请求甲联系家人朋友代付餐费均被甲拒绝，因此未为甲提供饮食，是为了保全自己的债权，但保全乙的餐费债权并没有必要断其饮食，这已超出了《民法典》第 1177 条之自助行为的“必要范围”。据此，被告乙的抗辩不具有法律合理性（unerheblich），即被告陈述不足以支持其提出的抗辩。

（四）审查结论

原告甲的诉请具有法律合理性，被告乙的抗辩不具有法律合理性，可认定案件事实无实质争议，不必举证即可判定原告胜诉。

四、案 C：原告陈述与被告陈述均具有法律合理性

（一）案情

原告甲的诉请：请求被告乙赔偿医疗费与误工费。

原告甲的陈述：甲在乙的餐厅就餐后因忘带钱包与手机无法支付餐费，乙将甲困在餐厅不让其离开，并拒绝其与外界联系，且在长达 12 小时的时间内拒绝为其提供饮水和食品，导致甲去卫生间时低血糖发作自台阶跌落，造成轻微脑震荡，住院治疗两个星期。

被告乙的陈述：甲拖欠的餐费高达 5000 元，乙一直请求甲联系家人朋友代付餐费均被甲拒绝，乙为甲提供了三次饮食也被甲拒绝，乙为保全自己的债权而实施自助行为，并未侵害甲的权利。

（二）原告阶段

同案例 B，原告甲的陈述具有法律合理性。

（三）被告阶段

1. 被告抗辩：自助行为排除不法性。

2. 被告陈述能否支持自己的抗辩？

被告乙不同意原告甲的陈述，依被告乙的陈述，乙一直请求甲联系家人朋友代付餐费均被甲拒绝，乙为甲提供了三次饮食也被甲拒绝，被告的行为符合自助行为的"必要范围"，从而可排除不法性。据此，被告抗辩具有法律合理性（erheblich），即被告陈述可支持其提出的抗辩。

（四）证据阶段

原告甲的诉请与被告乙的抗辩均具有法律合理性。就乙究竟是在长达 12 小时的时间内拒绝为甲提供饮食，还是乙为甲提供了三次饮食均被甲拒绝，二人的陈述不同，因该事项涉及自助行为是否超出"必要范围"，属于双方有争议且具有法律意义的事项，需要在证据阶段予以认定。其他事项则属于原告主张且被告认可的陈述，视为真实，不必举证。由于待证事项所涉的自助行为系不法性阻却事由，应由被告乙举证自己的行为仍在"必要范围"内，举证不能的则须承担败诉后果。

（五）审查结论

原告甲的诉请与被告乙的抗辩均具有合理性，待证事实仅限自助行为是否超出"必要范围"，举证责任在被告乙处。若乙举证成功，则原告败诉；若乙举证失败，则原告胜诉。

五、案 D：原告诉请有多项请求权基础具法律合理性，但被告未对所有请求权基础为合理抗辩

（一）案情

原告甲的诉请：请求被告乙赔偿医疗费与误工费。

原告甲的陈述：原告甲下班后搭乘乙驾驶的出租车回家，刚上车乙即告知

甲今天不用支付运费，因为乙获知自己购买的彩票中奖 10 万元，甲同意。乙因过于兴奋完全不关心道路状况，并在红灯路口闯行后撞到道路护栏，甲的头部因过度颠簸撞击到车窗，导致轻微脑震荡，住院治疗两个星期。

被告乙的陈述：乙告知甲自己中奖免除其运费时，甲当即表示担心乙过于兴奋驾车不安全，要求下车换一辆出租车。乙在寻找停车地点的过程中没有注意到道路上其他车辆遗撒的纸箱，不得不急刹车躲避，甲的头部才撞击到车窗，且乙并未在路口闯红灯，乙并无过错。

（二）原告阶段

原告甲之诉请可能基于合同，也可能基于侵权。应检视者为甲的陈述能否支持可能的请求权基础。

1. 请求权基础 a:《民法典》第 929 条第 1 款第 2 句？

依原告甲的陈述，甲搭乘乙的出租车，原本应为运输合同，但因乙免除了甲的运费，甲同意，不再符合运输合同之有偿性（《民法典》第 809 条），甲乙间的合同关系转变为无偿的委托合同[1]，因而应予检视的请求权基础系《民法典》第 929 条第 1 款第 2 句。该条款规定：“无偿的委托合同，因受托人的故意或者重大过失造成委托人损失的，委托人可以请求赔偿损失。”

上述请求权基础的适用前提：无偿委托合同 + 委托人损失 + 受托人违反受托义务 + 因果关系 + 受托人故意或者重大过失。

（1）请求权是否成立？

其一，甲乙间存在无偿的委托合同。

其二，委托人甲罹患脑震荡支出医药费与误工费，受有损失。

其三，受托人在红灯路口闯行后撞到道路护栏，致甲受伤，未能将甲安全送达目的地，客观上违反了受托义务。

其四，乙驾车在红灯路口闯行撞击护栏导致甲头部撞击车窗，引发轻微脑震荡，因果关系满足条件性与相当性。

其五，乙驾车闯红灯，至少具有重大过失。

---

〔1〕 此处的合同性质是否因运费被免除而转变为无偿委托，可以争议。

据此，依甲的陈述，该合同请求权的成立要件满足，且不存在权利未发生的抗辩。

（2）请求权未消灭，甲的陈述中不存在权利消灭事项。

（3）请求权可行使，甲的陈述中不存在障碍权利行使事项。

2. 请求权基础 b:《民法典》第 1165 条第 1 款结合第 1179 条第 1 句？

（1）请求权是否成立？

其一，绝对权被侵。甲轻微脑震荡，健康权被侵，该要件满足。

其二，加害行为。乙并未直接对甲实施加害行为。但乙有照顾甲之人身安全的注意义务，但在红灯路口闯行后撞到道路护栏，未尽必要的注意，存在不作为形式的加害行为。

其三，责任成立因果关系。不作为侵权情形责任成立因果关系为推定，除非即使加害人尽到作为义务侵害后果也不可避免。而依甲的陈述，若乙尽到恰当的注意，就不会导致甲受伤，无从排除因果关系。

其四，不法性阻却事由。有作为义务而不作为，即可积极认定不作为侵权的不法性要件满足。

其五，责任能力。该要件满足。

其六，过错。如上所述，乙具有重大过失，该要件满足。

其七，损害。甲支出医药费，并产生误工损失，该要件满足。

其八，责任范围因果关系。医药费与误工费均系健康权受侵害（脑震荡）所致，该要件满足。

据此，依甲的陈述，该侵权请求权的成立要件满足，且不存在权利未发生的抗辩。

（2）请求权未消灭，甲的陈述中不存在权利消灭事项。

（3）请求权可行使，甲的陈述中不存在障碍权利行使事项。

3. 小结

原告甲的陈述既能支持《民法典》第 929 条第 1 款第 2 句的合同请求权，也能支持《民法典》第 1165 条第 1 款结合第 1179 条第 1 句的过错侵权请求权，具有法律合理性。

（三）被告阶段

1. 请求权基础 a:《民法典》第 929 条第 1 款第 2 句?

依被告乙的陈述，乙告知甲自己中奖免除其运费时，甲当即表示担心乙过于兴奋驾车不安全，要求下车换一辆出租车，双方之间并未成立合同关系。因而，依乙的陈述，合同请求权不成立。

2. 请求权基础 b:《民法典》第 1165 条第 1 款结合第 1179 条第 1 句?

根据乙的陈述，乙没有注意到道路上其他车辆遗撒的纸箱，不得不急刹车躲避，甲的头部才撞击到车窗，且乙并未在路口闯红灯，乙为轻过失，而非无过失。就无偿搭乘，《民法典》第 1217 条规定了特别的减责事由:"非营运机动车发生交通事故造成无偿搭乘人损害，属于该机动车一方责任的，应当减轻其赔偿责任，但是机动车使用人有故意或者重大过失的除外。"本案中，乙所驾驶的是出租车，属于营运车辆，因而不能适用该条的减责规定，乙轻过失不能减责。据此，乙的陈述并不能排除该侵权请求权。

3. 小结

被告乙的抗辩部分具有法律合理性，其陈述可抗辩《民法典》第 929 条第 1 款第 2 句的合同请求权，但不能抗辩《民法典》第 1165 条第 1 款结合第 1179 条第 1 句的侵权请求权。

（四）审查结论

原告甲的诉请具有法律合理性，依其陈述，合同请求权与侵权请求权均成立。被告乙的抗辩部分具有法律合理性，依其陈述，可排除合同请求权，但不能排除侵权请求权。故而，仍不必进入证据阶段，原告甲可因侵权请求权基础的成立而胜诉。

六、案 E: 原告诉请有多项请求权基础具法律合理性，被告对各项请求权基础均为合理抗辩

（一）案情

原告甲的诉请: 请求被告乙赔偿医疗费与误工费。

原告甲的陈述：原告甲到被告乙经营的美容店进行理疗美容，在被告使用某理疗仪为甲疏通经络的过程中，告知甲在理疗过程中及之后24小时内应大量饮用温开水才能达到最佳效果，甲听从乙的指导，但大量饮水后感到不适，被确诊为水中毒并住院治疗一周。后甲查验上述理疗仪的使用说明，发现其中载明理疗过程中应避免大量饮水。

被告乙的陈述：乙告知甲避免大量饮水。

（二）原告阶段

1. 请求权基础 a:《民法典》第577条结合第584条？

《民法典》第577条规定："当事人一方不履行合同义务或者履行合同义务不符合约定的，应当承担……赔偿损失等违约责任。"第584条规定："当事人一方不履行合同义务或者履行合同义务不符合约定，造成对方损失的，损失赔偿额应当相当于因违约所造成的损失，包括合同履行后可以获得的利益……"

上述请求权基础的适用前提：合同 + 甲的损害 + 乙的给付障碍 + 因果关系 + 可归责性（第180条的不可抗力抗辩）

（1）请求权是否成立？

依甲的陈述，甲乙间存在合同关系，甲水中毒住院受有损害，乙之所以水中毒是因为听从甲的建议，因果关系要件也满足，且乙具有可归责性，因而请求权成立。

（2）请求权未消灭，甲的陈述中不存在权利消灭事项。

（3）请求权可行使，甲的陈述中不存在障碍权利行使事项。

2. 请求权基础 b:《民法典》第1165条第1款结合第1179条第1句？

（1）请求权是否成立？

其一，绝对权被侵。甲水中毒，健康权被侵，该要件满足。

其二，加害行为。乙建议甲在理疗过程中及之后24小时内大量饮用温开水，存在加害行为。

其三，责任成立因果关系。若无甲的建议，乙就不会大量饮水，条件性满足。理疗仪的使用说明提示应避免大量饮水，意味着短期大量饮水配合理疗仪的通络作用，有可能导致水中毒，相当性满足。

其四，不法性阻却事由。不存在不法性阻却事由。

其五，责任能力。该要件满足。

其六，过错。乙未按照理疗仪的使用说明为甲提供建议，存在过失。

其七，损害。甲支出医药费，并产生误工损失，该要件满足。

其八，责任范围因果关系。医药费与误工费均系健康权受侵害（水中毒）所致，该要件满足。

据此，依甲的陈述，该侵权请求权的成立要件满足，且不存在权利未发生的抗辩。

（2）请求权未消灭，甲的陈述中不存在权利消灭事项。

（3）请求权可行使，甲的陈述中不存在障碍权利行使事项。

3. 小结

原告甲的陈述既能支持第 577 条结合第 584 条的合同请求权，也能支持《民法典》第 1165 条第 1 款结合第 1179 条第 1 句的过错侵权请求权，具有法律合理性。

（三）被告阶段

1. 请求权基础 a:《民法典》第 577 条结合第 584 条？

依被告乙的陈述，乙告知甲避免大量饮水，可认为乙不存在违约行为，从而就该请求权基础而言，被告乙的抗辩具有法律合理性。

2. 请求权基础 b:《民法典》第 1165 条第 1 款结合第 1179 条第 1 句？

依被告乙的陈述，可排除侵权请求权基础的加害行为要件，就该请求权基础而言，被告乙的抗辩也具有法律合理性。

3. 小结

被告乙的陈述既能抗辩《民法典》第 577 条结合第 584 条的合同请求权，也能抗辩《民法典》第 1165 条第 1 款结合第 1179 条第 1 句的过错侵权请求权，具有法律合理性。

（四）证据阶段

本案的原告诉请与被告抗辩均具有法律合理性，且双方对于乙是否曾建议甲大量饮水存有争议，这项待证事实应在证据阶段予以认定。待证事实涉及合同请求权之违约行为要件的认定与侵权行为之加害行为要件的认定，应由请求人承担举证责任。

（五）审查结论

若甲举证成功，则甲胜诉；若甲举证失败，则甲败诉。

在甲举证成功的前提下，可能产生违约与侵权的竞合问题，依《民法典》第 186 条的规定：“因当事人一方的违约行为，侵害对方人身权益、财产权益的，受损害方有权选择请求其承担违约责任或者侵权责任。”该项规范似乎要求当事人选择裁判依据。但本文认为，寻找请求权基础是法官的责任与权限，当事人既无权利也无义务择一。此类情形只是请求权有多重规范依据，所涉并非“请求权竞合（Anspruchskonkurrenz）”，而是“请求权规范竞合（Anspruchsnormkonkurrenz）”。请求权规范竞合的数项请求权基础可同时作为支持某一诉请的裁判理由，也可称之为裁判理由的竞合（Begründungskonkurrenz）。[1]

表 3　Relationstechnik 案例审查对比

<table>
<tr><th colspan="6">Relationstechnik 案例审查对比</th></tr>
<tr><td colspan="6">原告诉请：赔偿医疗费与误工费</td></tr>
<tr><td>案例</td><td>待检请求权基础</td><td>原告阶段</td><td>被告阶段</td><td>证据阶段</td><td>审查结论</td></tr>
<tr><td>案 A</td><td rowspan="3">第 1165 条第 1 款结合第 1179 条第 1 句</td><td>原告诉请不具有法律合理性</td><td>×</td><td>×</td><td>原告败诉</td></tr>
<tr><td>案 B</td><td>原告诉请具有法律合理性</td><td>被告抗辩不具有法律合理性</td><td>×</td><td>原告胜诉</td></tr>
<tr><td>案 C</td><td>原告诉请具有法律合理性</td><td>被告抗辩具有法律合理性</td><td>就待证争议事项被告承担举证责任</td><td>1. 若被告举证成功，则原告败诉。
2. 若被告举证失败，则原告胜诉。</td></tr>
</table>

〔1〕 Peter Arens, Zur Anspruchskonkurrenz bei mehreren Haftungsgründen, AcP 170（1970）, S. 423.

续表

Relationstechnik 案例审查对比					
案 D	a：第 929 条第 1 款第 2 句	原告诉请具有法律合理性	被告抗辩具有法律合理性	× 有一项请求权基础未经被告陈述合理抗辩，不必进入证据阶段	原告胜诉
	b：第 1165 条第 1 款结合第 1179 条第 1 句	原告诉请具有法律合理性	被告抗辩不具有法律合理性		
案 E	a：第 577 条结合第 584 条	原告诉请具有法律合理性	被告抗辩具有法律合理性	就待证争议事项原告负担举证责任	1. 若原告举证成功，则原告胜诉。 2. 若原告举证失败，则原告败诉。
	b：第 1165 条第 1 款结合第 1179 条第 1 句	原告诉请具有法律合理性	被告抗辩具有法律合理性		

七、结　语

请求权基础思维以诉讼的攻防模式确定说理结构、以诉讼请求为检视重心。审理过程始终围绕原告诉请是否有相应的请求权基础展开，而请求权基础的找寻并不限于民法范畴内特定的“法律关系”。换言之，原告若胜诉，其请求权基础可能源自合同法律关系，也可能源自侵权或其他法律关系，法律关系不是审理范围与裁判依据的限定因素。

Relationstechnik 区分法律审查与事实审查两个阶段排查备选的请求权基础，法律审查先于事实审查。其中法律审查又分为原告阶段与被告阶段，检视双方陈述（不涉及真实性认定）是否具有法律上的合理性，即是否充分备选的请求权基础规范、辅助规范与防御规范的适用前提。在此过程中，备选的请求权基础范围逐步限缩。仅在双方陈述均具有法律合理性的前提下，才能进入就具法律意义的争议陈述进行的证据审查阶段，有证据支持的请求权基础得以最终确定。此之先法律再事实、先原告再被告的审理思路，既不会忽略任何请求权基础，也避免了不必要的多余举证，既无缺漏也无冗余。

法教义学在民事诉讼教学中的困境与出路 *

——兼论线上民事诉讼教学模式

任　重 **

摘　要：与民法、刑法教学不同，法教义学在我国民事诉讼教学过程中面临挑战。新中国成立以来，我国民事程序规则的制定和修改由最高人民法院主导，这使诉权保障、程序正义等价值命题淹没在内部性和技术性中，并使民事诉讼教学成为诉讼流程训练。为了提升课程吸引力，民事诉讼教学逐步将重心转向司法改革，但又因司法改革的政策性而无法使学生获得处理具体案件的能力。为了使民事诉讼教学以我国立法和司法为中心，突出中国问题意识，并使学生在此基础上获得问题解决能力和对未来法律修订的适应能力，应在民事诉讼教学中贯彻中国特色的法教义学。对我国现行立法和司法尊重而不盲从，对比较法研究重视而不迷信，坚持与立法体例基本一致的课程安排。融合问题导向，突出基本原则的承上启下功能，重视以诉权为核心的价值体系，将诉讼标的作为课程主线的同时坚持实体事项和程序事项二分，通过标准化的案例分析框架养成熟练的法律适用者和坚守当事人主义的理想法律人。民事诉讼教学的法教义学化将有望与我国请求权基础分析方法一道构筑我国特色的关联分析法，进而统一民事法的教学和法律适用方法，为《民法典》的实施提供方法论基础。与此同时，法教义学本就有极简主义的基因，其逻辑线和故事线恰恰是线上民事诉讼教学的核心需求。当事人主

---

* 本文写作于 2021 年 12 月民事诉讼法第四次修改之前，出版时保持了原貌，未根据民事诉讼法进行修改。——编辑注

** 任重，清华大学法学院副教授、博士生导师。本文是国家社会科学基金项目“民事诉权基础理论研究”（项目编号 17CFX065）的阶段性成果。在本文的写作过程中得到了张卫平、任品杰、戴书成、刘子赫等师友的指导和帮助。受疫情影响，清华大学 2019—2020 年春季学期的全部课程采取线上方式进行。线上教学平台以西南联大时期的典故为灵感而被命名为“雨课堂”。笔者于春季学期利用“雨课堂”开设民事诉讼法学课程，法律硕士研究生选课人数 145 名，另有 257 名非法学专业学生旁听。谨以本文对他们的辛苦学习和付出一并表示感谢。民事诉讼雨课堂中的统计题和选择题也为本文的撰写提供了详实的数据支持。

义在我国最终确立之前，理论与立法、实践的适度分离不仅是正当的，而且是必要的。

关键词： 民事诉讼　法教义学　法理学　诉权　诉讼标的　民法典　线上教学

引　言

在法学主干课程中，民事诉讼法学与宪法学、民法学、刑法学、刑事诉讼法学等基础学科并列，形成了本科法学教育和法律硕士专业教育的必修课程群。而民事诉讼专业方向的法学硕士 / 博士研究生的主要考核标准也是其通过民事诉讼法学基础主干课程的学习，是否掌握了民事诉讼法律和理论体系，并能自觉运用理论知识解决实际问题。而将民事诉讼法予以体系化，并在此基础上形成上下融贯的知识系统，正是法教义学的初衷。〔1〕较早在德国讨论民事诉讼法教义学之自身特点和实现路径的施蒂尔纳教授将法教义学进行了极简主义的表达，即同样情况同等对待，不同情况区别对待，相似情况修正性对待。〔2〕较为遗憾的是，法教义学在我国民事诉讼法学教育中并未得到贯彻。与之形成鲜明对比的是其在民法、刑法中的应用以及由此对法律部门的体系化和科学化产生的重大推进作用。〔3〕

为何法教义学在我国民事诉讼法学教育中遇冷？是否因为学生对法教义学感到陌生，进而排斥民事诉讼课程的法教义学化？答案或许并非如此。民事诉讼法学课程因为涉及诸多民事实体法律知识，故而要求学生有相当程度

〔1〕 必须指出的是，法教义学概念的内涵和外延在德国和我国都尚不清晰。参见［德］罗伯特 · 阿列克西：《法律论证理论》，舒国滢译，中国法制出版社 2002 年版，第 310 页；谭婷、王冲：《向法理开放的法教义学——“法理与法教义学”学术研讨会暨“法理研究行动计划”第十二次例会述评》，载《法制与社会发展》2020 年第 1 期，第 211 页。

〔2〕 参见［德］施蒂尔纳：《民事诉讼法中法教义学思维的角色》，霍旭阳译，载《复旦大学法律评论》（第二辑），法律出版社 2015 年版，第 219—220 页。

〔3〕 法教义学已经逐渐得到民事诉讼学界的重视和运用。如严仁群：《民诉法之教义学当如何展开》，载《比较法研究》2018 年第 6 期，第 26—41 页；任重：《民事诉讼法教义学视角下的“执行难”：成因与出路——以夫妻共同财产的执行为中心》，载《当代法学》2019 年第 3 期，第 48—47 页；严仁群：《禁止不利变更原则之教义学分析——兼评“劝烟猝死案”》，载《法商研究》2019 年第 6 期，第 15—162 页；段文波：《民事证明责任分配规范的法教义学新释》，载《政法论坛》2020 年第 3 期，第 103—113 页。

的民事实体法知识储备。[1]以清华大学法学院为例，为法律硕士开设的民事诉讼法学必修课被安排在研一下学期。彼时，选课学生已经至少完成了民法总论和刑法总论的学习，与民事诉讼法学同一学期开设的还有侵权责任法、合同法等民事部门法课程[2]以及刑法分论课程。上述课程正是法教义学的集中代表和体现。是故，学生用民法和刑法课程中同样的方法学习和理解民事诉讼法学，其实在逻辑上更为顺畅而一贯，且在方法上也更加简便且统一。相反，民事诉讼教学方法的另辟蹊径恰恰使学生感到无所适从，并在相当程度上造成了民事诉讼难学和民事诉讼难教。[3]学生用一个学期甚至一学年逐渐形成的法律思维突然在民事诉讼法学课程中戛然而止。民事诉讼就像法学方法的法外之地，在独特的逻辑和话语体系中运行。这虽然可以通过不同学科不同方法的理解作分而治之的处理，但因为民事诉讼最核心的功能是判定和实现民事实体权利，这就使民法教义学的适用范围被不当限缩了：民法教义学只能在诉讼外运用，而无法在诉讼中找到归属。[4]

综上所述，法教义学在民事诉讼教学中的困境是必须被正视的问题。否则，统一的法律和理论体系在我国无异于乌托邦。笔者将以有限的线下和线上教学经历为基础，试图找到法教义学在民事诉讼教学中遇冷的成因，并对民事诉讼法教义学之难点和特点进行总结。在此基础上为其在民事诉讼教学中的贯彻寻找出路，并以线上教学为契机初步提出若干建议。同时必须指出

---

〔1〕 民事诉讼法学课程所承载的知识搭建了一个供各实体法操作与应用的平台。参见陈杭平:《民事诉讼法学“三位一体”教学模式探索》，载《中国大学教学》2020年第Z1期，第60页。

〔2〕 在145名法律硕士选课同学中，有129人已经修完民法总论，另有49人选修过侵权责任法，而修完债法、合同法、物权法的同学仅有10人。不过，学生在民事诉讼课程学习中依旧会普遍感到实体法储备不足。以诉讼标的理论为例，旧实体法说和新实体法说、诉讼法二分肢说之间的核心区别是请求权竞合时的不同识别标准，也即涉及《合同法》第122条侵权法律关系和合同法律关系之处理。为此，本科民事诉讼必修课探索性地从大一下学期挪至大二上学期，保证学生们有更多实体法律知识储备。民事诉讼法学课程也曾被建议推迟到大三开设，但因为与本科培养计划的出国交流以及实习环节存在诸多不协调而无法落实。即便将民事诉讼法学课程推迟到大二开设，学生在学习时依旧会感到实体法知识储备的不足。

〔3〕 学生将民事诉讼法学戏称为“眠诉法学”，即一听就瞌睡。教师也经常以“眠诉”自我解嘲。据考证，“眠诉”这一说法来自日语的谐音。参见陈杭平:《民事诉讼法学“三位一体”教学模式探索》，载《中国大学教学》2020年第Z1期，第60页。

〔4〕 除了民事诉讼法与民法方法的分而治之，上述割裂局面的形成还有着民法教学自身的原因，特别是侧重请求权基础分析方法的教学运用，即以给定的事实为前提展开找法练习，而实战训练存在不足，即如何通过请求权基础萃取事实并运用民事诉讼法处理程序问题和证据问题。相关反思和改进建议参见吴香香:《请求权基础思维及其对手》，载《南京大学学报（哲学·人文科学·社会科学）》2020年第2期，第90—106页。

的是本文的局限，笔者并不试图找出某种统一且可推广的民事诉讼教学模式，而是希望借此引起学界对民事诉讼教学中法教义学方法的关注和重视，探寻通过民事诉讼教学和研究方法的法教义学化，实现法学教育和研究方法在民事法领域甚至是整个法学范畴的统一适用。这不仅是实施好《民法典》的制度保障，也是建设有中国特色的法律和理论体系的方法论基础。成功不必在我，而功力必不唐捐。

一、民事诉讼教学方法的三个阶段

根据《民事诉讼法》第 3 条，人民法院受理公民之间、法人之间、其他组织之间以及他们相互之间因财产关系和人身关系提起的民事诉讼。虽然本条是关于民事争议的性质界定，以此区别于行政案件和刑事案件，进而构成了民事法院主管的核心识别标准，但其也同时是对民事诉讼法律关系的白描，即在平等主体之外，法院作为居中裁判者对当事人之间发生的财产关系和人身关系进行审理、裁判以及执行。以这样的方式，民事诉讼中既需要处理实体问题 / 事项（《民法典》第 2 条），又存在独特的程序问题 / 事项（《民事诉讼法》第 119 条和第 124 条等）。民事诉讼法律关系因为法院的加入而有别于仲裁、人民调解和其他替代性纠纷解决机制（ADR）。法院作为国家的代表和审判权的行使者（《宪法》第 131 条、《法院组织法》第 4 条），也同时意味着其对程序规则的制定拥有更大的话语权，这在我国尤甚。

（一）作为诉讼流程培训的民事诉讼法学

自新中国成立之后，随着《婚姻法》的颁布实施，民事诉讼程序规则的确立也箭在弦上。不过，民事程序规则最初并未以正式立法的方式出现，而是作为内部程序规则而长期存在。在 1950 年 5 月 1 日《婚姻法》颁布实施之后，中央人民政府法制委员会于 1950 年 12 月 31 日发布了《中华人民共和国诉讼程序试行通则》，其中第 2 条第 1 款尤其反映出新中国对旧社会诉讼程序的反思与批判，根除反对司法机关压迫人民的、繁琐迟缓的、形式主义的诉讼程序，实行便利人民的、简易迅速的、实事求是的诉讼程序。随后，最高人民法院于1956年10月印发《最高人民法院关于各级人民法院民事案件审判程序总结》。最高人民法院刑、民诉讼经验总结办公室于1957年发布《民事案件审判程序（草案）》，将上述程序总结予以条文化。在经过二十余年的沉寂之后，为了建立符合商品经济发展要求的民事诉讼程序规则，1979年2月，最高人民法院召开了第二次全国民事审判工作会议。会议长达17天，会议充分研究了民事审判程序的制度化。会议成果就是制定了对民事诉讼具有规范意义的文本《人民法院审判民事案件程序制度的规定（试行）》。随后，在我国民事审判工作的经验和实际情况的基础上，《民事诉讼法（试行）》于1982年3月8日通过并于同年10月1日施行。1991年《民事诉讼法》虽然对《民事诉讼法（试行）》进行了若干调整和修正，但基本保持了1982年的立法体例和主要内容。我国现行《民事诉讼法》虽然在1991年立法之后，又经历了2007年修正案、2012年修正案和2017年修正案，但只是在1991年《民事诉讼法》基础上的修缮和发展，难谓经过三次修正而形成了新民事诉讼法。〔1〕

通过梳理我国民事程序规则发展史可以发现，最高人民法院在民事诉讼法的制定和修改过程中发挥了关键作用。以《民事强制执行法》的起草为例，其系由最高人民法院负责的立法工作。与此形成鲜明对比的是《民法典》的起草，其并非由最高人民法院负责，而是由全国人大常委会法制工作委员会负责起草。起草主体的差别也一定程度上反映出民事诉讼法的定位，即内部性和技术化的操作流程。相反，民事诉讼法本身固有的诉权保障、民事权利实现、程序正义等诉讼价值理念则被淹没在其技术性和内部性中。这自然造成了民事诉讼法学的枯燥和吸引力的下降：首先，民事诉讼法是以诉讼和执行为中心场域的法，还在象牙塔中的学生很难产生共鸣；其次，民事诉讼法是处理财产关系和人身关系争议的法，其并不像刑事诉讼一样存在诸多社会热点案件并能自然引发学生本能的注意和兴趣；最后，技术性和内部性色彩浓厚的诉讼流程和操作规则又使学生感到枯燥和乏味。这也是民事诉讼法学在我国

〔1〕关于改革开放四十年来我国民事诉讼立法的变迁及其评估。参见张卫平：《中国民事诉讼法立法四十年》，载《法学》2018年第7期，第43—56页。

更具催眠性的独特成因。直到今天，诉讼流程培训式的民事诉讼教学模式依旧占据重要位置，甚至诉讼法学课被认为一定程度上变身为脱离具体司法案例的法院流程演练课。[1]

（二）作为民事司法改革政策宣讲的民事诉讼法学

无论是民事诉讼法律关系的构成，抑或是民事诉讼法的颁布和修订，都体现出法院的决定性作用。在最高人民法院的影响下，民事诉讼法在新中国成立之初就存在技术性和内部性的规范定位，并对民事诉讼教学产生了深远影响。以法院流程演练为主体的教学内容使民事诉讼法学课程的目标受众有限，而即便是立志从事法官职业的学生，也因为其并无司法实践经验而感到民事诉讼课程门槛高、难度大、理解难。为了解决上述问题，民事诉讼教学的重心逐渐从规范本身来到与民事诉讼法学存在近亲关系的民事司法改革。[2]民事司法改革是以民事诉讼现代化为目标，对法官、法院和司法进行的配套式和总体性调整与修正。相反，民事诉讼法学是以法官均经过充分学术训练和严格职业遴选为背景和前提，并将法院的公正与权威作为当然预设所进行的知识建构。

为了能够使民事诉讼教学更具吸引力，课程的重心从具体法律规定开始转向以法官、法院、司法和社会为视角的民事司法改革，例如以复转军人进法院为典型的法官职业资格问题，再如以法院内部运作和分工为视角讨论领导打招呼、批条子甚至是司法腐败问题，又如从法院与地方人财物的关系入手讨论司法地方保护主义及其破解之道。上述重心转移使民事诉讼法从枯燥乏味的内部流程逐渐开始丰富其外部性，并因法官、法院、司法与社会的密切联系与互动而使学生获得了更多共鸣，其对课程的兴趣也有明显提升。直到今天，民事诉讼课程中涉及法官、法院、司法和社会互动的话题总是课程的小高潮，能够使学生一扫倦意，变得积极活跃起来。

---

〔1〕 参见刘哲玮：《民事诉讼教学模式改革报告》，载《民事程序法研究》（第十二辑），厦门大学出版社 2014 年版，第 295 页。

〔2〕 民事诉讼制度的变迁在我国存在两条彼此相关，但又不完全重合的主线——《民事诉讼法》文本的变迁和民事司法改革的变迁。参见张卫平：《改革开放四十年民事司法改革的变迁》，载《中国法律评论》2018 年第 5 期，第 114 页。

不过，司法改革政策宣讲式的民事诉讼法学也有其自身的局限性。首先，民事诉讼法学是以民事诉讼法律规范为基础的体系化和科学化学科，而一旦因为我国民事诉讼法律规范的内部性和技术性而抛弃具体法律规定及其背后的理论传授，也就自然使民事诉讼教学失去了根基而逐渐枯萎，在结果上失去了生命力，也即为何主要讲授民事司法改革的课程不叫民事司法改革而称民事诉讼法学。其次，与民事诉讼法学要求的知识传授和能力培养不同，民事司法改革是宏大的和政策性的，即民事司法改革怎么改是要服从国家大政方针的，而且在不同地方存在一地一策的现象，这就使以民事司法改革为主要内容的课程讲解只是对一时一地之情况的基本描述，而无法使学生获得实战技能，反而使法学生刚刚走出校园就高谈阔论司法改革向何处去，而具体观点背后其实多为人云亦云。司法改革又因为政策性强而更新换代频繁，学生掌握的司法改革动态很可能在课程结束后不久甚至课程进行中就已经过时了。从学生的角度观察，司法改革政策宣讲为主要内容的民事诉讼法学欠缺长期获得感。虽然相比内部流程培训式的民事诉讼教学，司法改革因为其宏大性和政策性而使学生产生了浓厚的兴趣，其贴近学生的日常生活，且具体改革举措也更具有具象性与直观性，而使学生在学期内看似完全掌握了教学内容，并能结合自身经验展开若干分析甚至给出相关改革建议。[1]然而，当学生走出校门，却发现以司法改革为主体内容的民事诉讼法学无法用来处理具体案件，其并未通过课程学习掌握能够独当一面的民事诉讼法学能力，而只是了解到司法改革的某个切面和对此的若干评判意见。

（三）作为比较法和立法建议的民事诉讼法学

无论是流程培训式的民事诉讼教育，抑或是司法改革政策宣讲作为主要内容的授课方式，都存在逻辑上的悖论。虽然民事诉讼法学教师经过了完整的学术训练，并且多数通过了国家司法考试，但其毕竟没有长时间浸入式的法律职业经验，因此其并不真正了解甚至全面掌握内部流程和内部规则，这就使以职业培训为预设目标的课程无法实现其预设目标，法学毕业生走向工

〔1〕 这些建议经常看起来是幼稚的和空洞的。

作岗位之后依然要进行较长时间的职业培训才能满足职业要求。上述逻辑悖论使教学者如履薄冰，使学习者如梦一场。同样的逻辑悖论也存在于司法改革政策宣讲式的民事诉讼教学中。司法改革的宏大性和政策性决定了，其并非严格意义上的法学问题，而是走向了政治学和社会学范畴。同样，民事诉讼教师可能通过文献阅读和参加专家论证会等方式了解民事司法改革的具体举措及其背后的若干原因，但其同样因为并非决策者和实施者而无法洞悉司法改革的全貌。当然，作为一种社会现象，研究者可能从法社会学的角度进行观察和描述，但大多数法学研究者并未经过系统的社会学学术训练，其对司法改革的描述及社会学分析是否具有科学性，能否被社会学专业同仁所真正认同和接受，都还有进一步的努力和改善空间。这就不仅使司法改革宣讲式的民事诉讼法学课程很难让学生掌握司法改革的全貌，或只是知其然而不知其所以然，而且可能使学生错误理解法社会学的问题意识和研究方法，认为凡是存在必定合理甚至任何抽象理论都是无用的。其可能出现的结果是，老师讲得热火朝天，学生听得兴致勃勃，走向工作岗位后一脸茫然。为了解决上述逻辑矛盾，清华大学法学院邀请最高人民法院司改办的法官为学生开设专门介绍司法改革的选修课，因主讲人本人就是司法改革的具体负责人而广受学生好评。

为了克服上述逻辑矛盾，民事诉讼法学教育自改革开放之初就逐渐形成了强调比较法和融贯基础理论的课程传统，这背后是经济基础决定上层建筑的基本规律。新中国成立以后，受“重刑轻民”“重实体轻程序”的司法传统影响，加之法制建设长时间的停滞不前，我国民事诉讼法律和理论体系破碎且陈旧。改革开放之后，我国亟需建立现代民事诉讼法制，为商品经济的全面建立和健康发展保驾护航。囿于我国民事审判经验的匮乏和比较法研究准备的不足，立法之初便产生了民事诉讼体制转型的刚需，即全面化解计划经济的法和商品经济的纠纷之间的矛盾错位，通过当事人主义为导向的民事诉讼体制转型理顺经济基础和上层建筑之间的关系。上述体制转型在比较法上的体现是从以苏联为师转换为主要借鉴德日为代表的大陆法系民事诉讼法律及其理论体系，在汲取人类社会法制文明成果的基础上实现我国特色的民事诉讼法律和理论体系。[1] 也是在民事诉讼学界的努力之下，有别于实定法的当事人主义诉讼理论体系初步被搭建出来，并以教科书和课堂为主要媒介和场景向法学学习者讲解和传授，通过超前的民事诉讼法学教育为民事诉讼体制转型培养专业人才。

以当事人主义民事诉讼理论体系作为主要内容的民事诉讼教学无疑具有相当的超前性，其系以经济基础决定上层建筑为根本出发点，进而坚信我国民事诉讼实定法一定会彻底完成民事诉讼体制转型，实现当事人主义的民事诉讼与商品经济纠纷之间的有机对应。然而遗憾的是，虽然经过了学界数十年以来的鼓与呼，充分贯彻当事人主义诉讼模式的民事诉讼立法并未到来。[2] 1991 年《民事诉讼法》在多次修正之后依旧在总体上反映出浓重的职权主义色彩，其背后反映的是计划经济的内在逻辑。立法和理论的错位就使建基于德日法教义学的民事诉讼理论体系在我国不得不以立法论的面貌示人，并在具体问题的研究时出现“现行法方案 vs. 立法论建议”的二阶层构造。由于学生的民事诉讼学习应面向发展、面向未来，这就使建基于比较法的当事人主义理论体系成为授课主线，而我国立法和司法实践则通常作为批判对象出现。虽然学生通过民事诉讼教学了解到完整的理论体系，并且获得了批判性思维，但今后走向工作岗位又不得不在实定法的语境下进行裁判。在理想和现实的巨大反差下，走向工作岗位的法学毕业生逐渐感到课堂上的理论体系是“屠龙术”：并非立法者，而是作为法律适用者，法学生最需要的不是提出立法建议，而是通过法律解释找到问题的妥善解决方案；作为法律适用者，其又难以借助当事人主义的理论体系完成职权主义的法律适用。不仅如此，在“诉讼爆炸”、“案多人少”、法官责任制改革的综合影响下，毕业生们也并不被鼓励进行精密的法律解释，也无须调用抽象理论得出逻辑一贯的问题解决方案，而是为了减轻沉重的工作负担并尽可能规避说理可能引发的职业风

---

〔1〕 详见张卫平:《转换的逻辑：民事诉讼体制转型分析》，法律出版社 2007 年版，第 191 页以下。

〔2〕 参见张卫平:《诉讼体制或模式转型的现实与前景分析》，载《当代法学》2016 年第 3 期，第 3—5 页。

险[1]，而对具体法律问题进行格式化处理。然而，法官套用的格式并不源于民事诉讼课堂，而是来自其在法院的师父们总结形成的 word 模板。当毕业生们作为师兄师姐回到校园和师弟师妹们交流学习和工作经验的时候，又会以过来人身份介绍武功秘籍：理论不仅不能作为你在职场中独当一面的看家本领，反而可能是你被冠以“学生气”和“书斋学问”的罪魁祸首。

二、民事诉讼法教义学方法的挑战

改革开放以来，我国民事诉讼教学模式走过了三个阶段。有必要指出的是，上述三个阶段并不绝对，更不泾渭分明，而是作为三种主要趋向交织在一起，共同塑造了我国传统民事诉讼教学模式。三种教学模式的某一种可能因为主讲人的偏好而被强调和侧重，但另外两种依旧会构成民事诉讼课程的组成部分。由于民事诉讼法作为程序法，有大量诉讼流程规定，例如当事人如何起诉，如何应诉，如何进行开庭前准备，如何开庭，如何进行证据裁判，如何形成实体判决，这就使民事诉讼课程中或多或少会涉及诉讼流程内容，这些内容无疑对学生而言是陌生的、机械的甚至枯燥的，但又对完全理解和掌握民事诉讼法律和理论体系而言不可或缺，因为过程性本来就是民事诉讼法学区别于民事实体法的根本特征。同时，民事诉讼课堂不可避免地会涉及司法改革。司法改革在纯粹的民事诉讼法学之外为学生开拓了法律与社会互动的观察视角，让学生理解民事诉讼在我国运行的社会环境，这也为更全面地理解和把握民事诉讼法律问题打下了坚实的基础。同样，民事诉讼法学既不能对其他科学方法封闭，也不能故步自封在本国的法律和实践中，采取鸵鸟战术。健康的和不断发展的民事诉讼法学一定是在坚持本土问题意识的同时看出去，充分吸收他国的发展经验，完善本国的民事诉讼程序，使其更好地服务于商品经济纠纷的解决和社会正常秩序的维护，少走弯路，避免因为

---

〔1〕 彭宇案的主审法官在裁判文书中进行了较为详细但有争议的说理，其也因此受到了巨大的社会压力并最终承受了法律职业上的不利风险。关于彭宇案的说理及其理论上的正当性反思参见曹志勋：《经验法则适用的两类模式——自对彭宇案判决说理的反思再出发》，载《法学家》2019 年第 5 期，第 31—44 页。

草率的制度创新付出巨大成本和沉重代价。

（一）商品经济诉讼理论与计划经济的法

民事诉讼教学的法教义学化并非第四种模式或第四个阶段，而是在充分吸收民事诉讼教学走过的三个阶段之基础上，从生气勃勃的青少年变为成熟稳重的中青年。上述发展阶段同样并非我国独有，作为当事人主义民事诉讼重要参考的德国民事诉讼法及其理论同样经历了从青涩到成熟的成长过程。当谈到德国民事诉讼法，第一印象总是理性、冷静、精密和复杂的，然而德国民事诉讼法并不是从石头缝里蹦出来的石猴子，而是罗马法、教会法、共同法、法国法的混合体。任何一部法律都是人类社会综合作用的结果，可谓你中有我，我中有你。认为世界上存在纯粹的只属于一个国家、地区或者民族的法律，这本身就是在法律发展的少年阶段才有的天真与浪漫。在德国民事诉讼法的制定和适用过程中，同样出现过类似于我们上述三个发展阶段的困惑。对于理论和规范的关系，德国诉讼法学者赫尔维格教授〔1〕将其集中表述为“法生规则，而非规则生法”〔2〕，也即民事诉讼理论体系的构建要根据德国民事诉讼法，而不能直接套用罗马法和共同法理论。与德国问题意识相对，中国民事诉讼理论也应坚持“法生规则，而非规则生法”，即根据我国民事诉讼法构建中国理论，而不能直接套用国外做法。只不过，比较研究的中国问题意识还面临更为艰巨的挑战，即与1877年德国民事诉讼法相比，我国现行《民事诉讼法》体现出浓厚的职权主义色彩，其背后是计划经济的内在逻辑。在我国商品经济已经确立并走向繁荣的背景下，中国问题意识的现实挑战是体现计划经济的法与建基于商品经济的纠纷之间的撕裂。如果要以我国立法原意为基础构建本土民事诉讼理论，则无异于要求商品经济纷争回到计划经济的解决模式，即上层建筑决定经济基础。而在另外一侧，为了建立适用商

---

〔1〕 赫尔维格教授对德国民事诉讼法理论体系之建立有卓越之贡献，其学说对日本及我国台湾地区诉讼理论，发生极为强烈而深刻之影响。吕太郎引用三月章教授在台湾大学访问时的演讲：“在文化的各层面可看到如下的共通现象，亦即在某种意义上的一贯体系之理论，一经带进向无学问上、实务上传统可言，而如白纸状之地，则容易强固地造成信仰于该理论立场之情况，且其所存残的紧缚力，较诸在其母国，更为根深蒂固。”参见吕太郎：《民事诉讼之基本理论（一）》，元照出版有限公司2009年版，第191页。

〔2〕 参见［德］赫尔维格：《诉权与诉的可能性：当代民事诉讼基本问题研究》，任重译，法律出版社2018年版，第110页脚注27；vgl. Konrad Hellwig，Klagrecht und Klagmöglichkeit：Eine Auseinandersetzung über die Grundfragen des heutigen Civilprozessrechts，1905，S. 67，Fn. 27.

品经济的新民事诉讼法，在理论构建时就不得不一定程度上超越甚至是背离立法原意。而这恰恰是民事诉讼教学的中国问题，也是需要在中国问题意识下探寻的特色教学方案。

在 1991 年《民事诉讼法》经过多次修正却仍未实现当事人主义体制转型的背景之下，借助立法实现全面彻底的当事人主义逐渐丧失了立法预期。即便在短时期内迎来民事诉讼法的再次修改，也难以像《民法典》一样通过法典编纂实现民事诉讼立法的体系化和科学化。在此预期之下，民事诉讼法的当事人主义转型应侧重法教义学方法，即在文义解释的最大范围内朝着当事人主义奋力前行，并就超出法律文义的当事人主义转型作业呼吁通过法律修订加以最终解决，从而使每次来之不易的法律修订充分发挥推进民事诉讼体制转型的作用，采取火箭分级推进方式分阶段、分步骤在我国确立当事人主义。而上述当事人主义实现路径的改变也将对民事诉讼教学产生实质影响，亦即从立法论向解释论的教学模式转型。

（二）当事人主义审判方式与职权主义的司法实践

通过解释论实现当事人主义虽然较立法论更具有现实的可能性和可操作性，但教义学的困境同样不容小视。法教义学模式遇到的最大挑战就是计划经济的法和实务中的职权主义。而这也是我国民事诉讼现代化改革遇到的最大本土挑战。与以德日为代表的大陆法系国家或者以英美为代表的普通法系国家不同，我国民事诉讼教学肩负二重功能，亦即在培养熟练的法律适用者之同时塑造理想之法律人。民事诉讼课程既要以我国立法和司法为基础，培养学生的法律问题解决能力，使学生获得在职业发展上独当一面的本领，又因为我国民事诉讼体制转型尚未完成而要把学生塑造为当事人主义的拥护者和倡导者，使学生自觉在具体案件中，在实体法和诉讼法的最大文义范围内适用当事人主义的法，而非固守职权主义之传统做法。自然，这也使法教义学在民事诉讼教学中遇到第二个挑战，亦即职权主义的司法实践。

在我国，由于最高人民法院不仅以具体裁判的方式发挥监督和指导功能，还以规则制定的方式一般性地引导下级法院的法律适用。故而，职权主义的司法实践不仅体现在具体案件中的法律适用，还集中体现为司法解释与法律规定之间的矛盾冲突。尽管我国民事诉讼法存在浓重的职权主义色彩，但其中反映当事人主义的规定或者可以采取当事人理解的规定却在司法解释中被进一步职权主义化了。其背后的原因有很多，例如最高人民法院作为规则制定者无法跳出“屁股决定脑袋”的局限，又如立法规定的粗疏给司法解释的职权主义化留下了诸多空间，再如民事诉讼法学教育未能提供给学习者体系化的问题解决思路和能力，从而使法官在法律没有明确规定时动用“紧急立法权”，滥用自由裁量。[1] 例如，《民事诉讼法》第 52 条第 1 款以诉讼标的共同或同一种类作为区分必要共同诉讼和普通共同诉讼的法定标准，而连带责任的共同诉讼类型因为诉讼标的不共同只能归入普通共同诉讼。然而，最高人民法院却将连带责任作为必要共同诉讼的典型适用情形，并采取了强制一次性解决纠纷的方案，例如《最高人民法院关于审理人身损害赔偿案件适用法律若干问题的解释》（法释〔2020〕17 号）第 2 条第 1 款规定，赔偿权利人起诉部分共同侵权人的，人民法院应当追加其他共同侵权人作为共同被告。赔偿权利人在诉讼中放弃对部分共同侵权人的诉讼请求的，其他共同侵权人对被放弃诉讼请求的被告应当承担的赔偿份额不承担连带责任。以这样的方式，虽然连带责任并不符合必要共同诉讼的法定标准，但最高人民法院绕开对法定标准的证成，而在司法解释中直接要求法官追加共同被告。再如，裁定驳回起诉和判决驳回诉讼请求的区分。《最高人民法院关于民事诉讼证据的若干规定》（法释〔2001〕33 号，以下简称《证据规定》）第 35 条第 1 款规定，诉讼过程中，当事人主张的法律关系的性质或者民事行为的效力与人民法院根据案件事实作出的认定不一致的，不受该规定第 34 条规定的限制，人民法院应当告知当事人可以变更诉讼请求。然而，对当事人经释明不变更诉讼请求的处理方式，不同法院出现了不同理解和认识。[2]《最高人民法院关于审理民间借贷案件适用法律若干问题的规定》（法释〔2015〕18 号）第 24 条第 1 款明确了裁定驳回起诉的处理模式。然而，在我国以裁定驳回起诉需要满足

〔1〕 参见刘哲玮：《民事诉讼教学模式改革报告》，载《民事程序法研究》（第十二辑），厦门大学出版社 2014 年版，第 291 页。

〔2〕 参见曹云吉：《释明权行使的要件及效果论——对〈证据规定〉第 35 条的规范分析》，在《当代法学》2016 年第 6 期，第 116—128 页。

法定条件，即《民事诉讼法》第 119 条和第 124 条所列举的情形。遗憾的是，经释明不变更诉讼请求无法被归入任何一种法定情形。相反，其因为实体法律构成不符合而应被判决驳回诉讼请求。在经过将近二十年的模糊认识之后，2019 年颁布的《全国法院民商事审判工作会议纪要》(法〔2019〕254 号）终于在第 45 条明确采取判决驳回诉讼请求的处理方案。裁定驳回和判决驳回的模糊认识背后，是最高人民法院对民事诉讼中实体事项和程序事项这一基本分类的忽视。[1] 类似的例证实在不胜枚举。相比实体法规范，无论是最高人民法院抑或是地方各级人民法院对程序法规范均存在明显的认识短板和任意适用倾向。民事诉讼法律规范的模糊认识和恣意适用将因为木桶效应而成为影响《民法典》实施的短板。

正由于我国民事诉讼立法还存在浓厚的职权主义色彩，最高人民法院本被期待自觉承担起当事人主义之重任，通过具体案件和司法解释实现法教义学范畴的民事诉讼体制转型。不无遗憾的是，囿于本位主义，加之长期以来形成的“重刑轻民”和“重实体轻程序”之司法传统，民事诉讼法律问题往往成为法官任意裁判的重灾区。这不仅导致裁判的不统一，还进一步加剧了理论共识的形成困难，使法科生产生民事诉讼理论无法指导民事司法实践的错误印象。相比立法，职权主义式的甚至是恣意的司法实践是在民事诉讼教学中贯彻法教义学的更大挑战。

（三）理论共识的缺失

改革开放以来，尽管我国民事诉讼立法和司法实践呈现出职权主义难以被改变的现实，但民事诉讼理论界几乎一致认为我国应确立当事人主义。[2] 不过，在进入 21 世纪后，这一方针路线上的共识正在逐步消解，这也是法教义学在民事诉讼教学中遇到的内部挑战。我国民事诉讼教学的二重使命之重要前提，即承认我国目前尚未建立起当事人主义的立法和司法。正是因为立法

---

〔1〕“程序 / 实体”分析框架的具体运用。参见曹云吉:《程序 / 实体：民事诉讼正当当事人性质分析》，载《甘肃政法学院学报》2020 年第 2 期，第 104—115 页。

〔2〕王亚新教授认为，虽然我国现行《民事诉讼法》条文相比 1991 年并无本质改变，但其理念已发生根本变革。这与市场经济条件下当事人必须成为“自我决定、自我负责”的意思自治主体这一本质性的要求内在地紧密相关。详见王亚新:《民事诉讼法二十年》，载《当代法学》2011 年第 1 期，第 4 页。

和司法是职权主义的，而我国商品经济要求建立当事人主义的民事诉讼，这才存在将职权主义的实定法和当事人主义的诉讼理论共同作为教学之主要内容，并容许立法、司法和理论之间的不一致，也即学生既要知道我们位于何处，又要明确我们将要去往何方，以及分别在此处和彼处如何理解和处理具体法律问题。[1] 如若我们所在之处和我们改革的目标合一，则上述分离不仅没有必要，而且构成我国民事诉讼法学的重大危机。现实与目标是否合一之问题，可以被具体细化为两个设问，即当事人主义依旧是我们的改革方向吗？我们是否已经实现了当事人主义的诉讼体制转型？

建立适应商品经济的当事人主义民事诉讼，是自改革开放以来的理论共识，并集中表达为民事诉讼体制或模式转型。在2001年《证据规定》作为转型的高潮之后，当事人主义改革逐渐趋缓。当事人主义不仅意味着当事人因是程序的主体而享有更多处分自由，同时也意味着当事人不能再享受家父式的民事诉讼。当事人必须通过一系列的积极行动促使法官作出对其有利的裁判。这不仅对法官意味着更多行为限制，而且也对当事人意味着更多行为负担。在当事人改革的一系列配套举措未能同步建立的情况下，当事人主义改革开始遇到诉讼主体和社会公众的强烈质疑。当事人主义真的对当事人更有利吗？我国法官能否掌握当事人主义要求的精细法律技术？当事人主义是否在我国水土不服？对于上述疑问的应激反应是以大调解、马锡五审判方式和和谐诉讼模式为代表的一系列改革方向调整。虽然大调解、马锡五审判方式具有更浓重的本土性[2]，和谐诉讼模式以比较法上的协动主义或称协同主义为理论内核[3]，但它们均在一定程度上意味着不再以当事人主义为改革的目标，而是更强调法院的职权，强调对当事人自我决定和自我负责的抑制。进入21世纪的第二个十年之后，上述方向之争已经逐渐归于平静，但它们却在幕后实质塑造着具体问题的

---

〔1〕 傅郁林教授将改革的方向问题细化为三个命题，即我们源于何处，我们位于何处，我们去往何处。详见傅郁林：《迈向现代化的中国民事诉讼法》，载《当代法学》2011年第1期，第8页以下。

〔2〕 参见张卫平：《诉讼调解：时下势态的分析与思考》，载《法学》2007年第5期，第18—27页；张卫平：《回归“马锡五”的思考》，载《现代法学》2009年第5期，第139—156页。

〔3〕 参见王次宝：《反思“协动主义”》，载《清华法学》2010年第1期，第116—127页；任重：《民事诉讼协动主义的风险及批判——兼论当代德国民事诉讼基本走向》，载《当代法学》2014年第4期，第111—119页。

分析与讨论。以虚假诉讼治理为例，无论是《民事诉讼法》第 56 条第 3 款抑或是第 112 条，均将虚假诉讼作为严重的社会病，即在当事人主义语境下，因为当事人恶意串通而法官无法及时发现而作出错误判决，侵害案外人的合法权益。故而，法官应被赋予更多权限去发现和制止虚假诉讼。其画外音是不能任由当事人自我决定，否则虚假诉讼必将愈演愈烈。然而，上述以加强职权来抑制虚假诉讼的思路本就是职权主义的。虽然当事人可能会撒谎，且当事人主义要求法官按照当事人提供的诉讼资料和证据资料进行裁判，但这必然会带来虚假诉讼且会危及案外人的合法权益吗？从当事人主义诉讼模式的视角观察，虚假诉讼的成因在于既判力相对性、生效判决导致物权变动等制度的留白和泛用，而非当事人主义改革限制法官职权之过。[1]

与理论研究和法学教育中倾向职权主义的立场不同，也有学者认为我国已经建立起了当事人主义诉讼模式，民事诉讼体制转型已经圆满完成。[2]虽然该见解与回归职权主义的倾向显著不同，但在立法、司法和理论之关系上却能导出相同结果，即理论与立法、司法的二元格局不再具有正当性。在 1991 年《民事诉讼法》并未发生根本转型的情况下，仅通过三次修正案就足以在我国实现了当事人主义的诉讼体制转型？其实，上述理论分歧体现出当事人主义诉讼模式的底线和红线尚未被清晰地界定与贯彻，这也是传统民事诉讼教学模式可能存在的问题，即当事人主义经过数十年的倡导开始出现口号化和空洞化之问题，而未能在学习者心目中描绘出具体的途径，也没有与实定法有机地联系在一起，进而出现了信则有不信则无的虚无化。这也再次表明，我国民事诉讼教学亟需强调和贯彻法教义学方法。

三、民事诉讼法教学的法教义学化

法教义学在民事诉讼教学中面临多方面和深层次的挑战。在实定法层面，

〔1〕 参见任重：《论虚假诉讼：兼评我国第三人撤销诉讼实践》，载《中国法学》2014 年第 6 期，第 241—262 页。

〔2〕 参见杨梦娇：《民事诉讼制度 70 载：解纷争护公正》，载《人民法院报》2019 年 9 月 23 日，第 002 版。本文由最高人民法院官方微信公众号于 2019 年 9 月 23 日转载推送。

法教义学面临计划经济的法和商品经济的纠纷之间的矛盾冲突。在司法实践层面，贯彻当事人主义的民事诉讼理论又面对着职权主义立法和任意的民事司法实践。而在理论研究内部，法教义学不仅在具体制度理解上，甚至在改革方向上都存在共识缺失的掣肘。[1]必须承认的是，理论共识的缺失同时受到了上述立法和司法的消极影响，是职权主义的法和恣意的司法实践在理论上的映射。在三重挑战之下，教学模式能否贯彻法教义学，可谓我国民事诉讼法学教育的哥德巴赫猜想。也是因为法教义学在民事诉讼教学中的困境，才导致我国传统民事诉讼教学模式采取不同于民法、刑法的教学方法，成为法学方法的例外，并在方法论上引发了实体与程序的分离与割裂。同时必须指出的是，民法教学法和民事诉讼教学法本就存在差别，这在德国表现为归入法（Subsumitionstechnik）和法庭报告技术（Relationstechnik）[2]之间的不同。对于归入法，其系以事实清楚为前提，而法庭报告技术则是在事实不清楚的情况下解决案例的方法。不仅如此，归入法认为对所适用的法律具有完全的独立性，因而能够适用于德国法、中国法或其他国家的法律。但法庭报告技术反映的是一国民事诉讼的基本原则，而不能被原封不动地照搬适用。[3]由于我国民事诉讼基本原则与德国存在实质差别，这就使法庭报告技术在我国的适用难度远大于请求权基础分析法在中国的推广。

同样受制于上述挑战，在民事诉讼教学中贯彻法教义学只能是一种趋向，因此称为法教义学化更为准确。笔者在描绘民事诉讼的法教义学化图景之前，必须重申下述讨论的前提。张卫平教授在我国率先提出民事诉讼体制或模式转型论，并认为虽然经过三次法律修正，但我国民事诉讼立法和司法依旧是职权主义的，当事人主义民事诉讼体制或模式在我国并未被彻底确立。[4]无论是对改革方向的论断，抑或是我国当前所处阶段的判定，均构成了本文的重要前提。作为描绘法教义学化的重要参考是2019—2020春季学期清华大学

〔1〕 参见任重：《论中国民事诉讼的理论共识》，载《当代法学》2016年第3期，第38—51页。

〔2〕 Relationstechnik也被译为关联分析法或关系分析法，特此说明。

〔3〕 参见国家法官学院、德国国际合作机构：《法律适用方法：合同法案例分析方法》（第2版），中国法制出版社2014年版，第42页。

〔4〕 参见张卫平：《转换的逻辑：民事诉讼体制转型分析》，法律出版社2007年版，第191页以下。

民事诉讼雨课堂的在线教学资料，而以下法教义学化之探讨也不妨被看作民事诉讼线上教学模式的一次探索：法教义学本就有极简主义的基因，其逻辑线和故事线恰恰是线上民事诉讼教学的核心需求。

（一）民事诉讼教学大纲：立法体例抑或具体案件导向

传统民事诉讼教科书和教学大纲基本遵循了民事诉讼立法的体例安排。民事诉讼法教义学是否应该实质变动传统体例？以笔者有限的教学经验来看，要求变动教学体例的理由尚不充分，还有进一步论证的空间。主张变动教学体例的主要理由是，具体案件的处理并不是按照总论和分论的结构来进行的，而是首先借由起诉确定诉讼标的，随后围绕诉讼标的展开一系列攻击防御活动，最终促使法官作出民事权利义务的判定。上述理由生动形象，且一针见血地点出了民事诉讼教学脱离司法实践的旧疾。然而，当我们同样观察民法教科书时，就会发现其同样存在总论分论结构，请求权基础的寻找同样不是按照总分结构，而是按照分总结构首先锁定主要规范，而后在总论中寻找辅助规范。[1]这是否也意味着由此应该变动实体法教科书的内容安排以及教学大纲，以具体请求权基础为起点，然后讲授主要规范的辅助规范，锁定基础规范相对的反对规范，进而针对每一种请求权基础延伸出“请求→抗辩→再抗辩→再再抗辩”的条文群？其实，在具体法律规定基础上抽象升华出总论内容，本就是法教义学的基本特征，即提取公因式的过程，例如 ad+bd+cd=d（a+b+c）。为了简化教学并便于学生理解掌握，法教义学作为教学方法并不是按照 ad→bd→cd 的顺序进行讲解，而是按照 d→a→b→c 的模式开展教学。以这样的方式，d 作为公因式就无需在三个单元进行重复讲授，而是可以先讲解 d，然后分别讲解 a、b 以及 c 的具体内容。然而，学生如若就此认为，仅靠 a、b 和 c 就能单独解决某个实体和程序法律问题，就会陷入理论与实践割裂的漩涡，因为 a 并不能单独解决问题，而是有必要将教学中提取出的 d 结合 a 形成完整的规范，也即展开公因式的过程。这其实是法教义学作为教学方法的重要内容。

---

〔1〕 参见吴香香：《请求权基础思维及其对手》，载《南京大学学报（哲学 · 人文科学 · 社会科学）》2020 年第 2 期，第 93 页。

通过提取公因式简化教学过程，再展开公因式重现完整规范，这本就是法教义学的基本构造和运作机制。提取公因式的目的恰恰是简化和统一。故而，在与立法体例保持一致的教学安排中，先学习总论了解被同类项，然后了解具体制度，并且能够还原出完整的法律规范，正是法律人的工作逻辑。这一逻辑和分析方法不仅适用于以请求权基础为中心的民法教学，而且也同样应该被贯彻在民事诉讼教学中。只有通过“提取→展开”才能在有限的课时和有限的法条讲解基础上，使学生掌握以有限应对无限、以不变应对万变的法学本领。[1]

尽管如此，总分结构是否一定不能兼容具体案件导向？这确实是民事诉讼总论分论教学可能存在的问题，即课程讲解只按照 d → a → b → c 的内容安排，而没有使学生了解和掌握从 d → a → b → c 到 ad → bd → cd 的转换机制。其实，总分体例与具体案件导向并不矛盾，而是可以有机融合在一起。这较为集中地体现在第一讲“认识民事诉讼”和第二讲“民事诉讼基本原则和基本制度”。民事诉讼雨课堂在线课程将第一讲“民事诉讼概述”转换为“认识民事诉讼”，更强调总论的问题导向和逻辑线索，着力破解只见 d 而不见 ad 的学习误区，尝试沟通总论教学可能出现的弊端，融合具体案件导向。第一讲开篇即探讨何谓民事纠纷，而这也通常被作为教科书和民事诉讼课程的起点。然而，民事纠纷仅具有抽象性和理论上的价值，而没有解决具体问题的功能吗？其实这也是认为传统教学体例欠缺具体问题导向的观点可能存在的认识局限。民事纠纷固然存在历史维度和理论深度，但其在我国的直接法律根据是《民事诉讼法》第 3 条。由于该条系客观描述民事诉讼处理的纠纷性质，故而与当事人主义和职权主义之争有一定距离，是较为中性的法律规定。即便我们最终迎来了《民事诉讼法》的大修，第 3 条的主要内容依旧应予以保留，只是在《民法典》已经颁布实施的背景下，有必要和《民法典》第 2 条进行体系协调，特别是明确民事主体与民事诉讼主体之间的对照关系。

《民事诉讼法》第 3 条不仅能沟通民事程序法与民事实体法，而且有诉讼上的重要实用价值。在明确民事诉讼处理民事纠纷的一般对应关系之后，其

---

〔1〕 上述工作原理也容易导致体系的封闭性。参见纪海龙：《法教义学：力量与弱点》，载《交大法学》2015 年第 2 期，第 102—104 页。

反面则是民事诉讼原则上不处理非民事纠纷。[1]这看似是一句正确的废话，但却映射出《民事诉讼法》第 119 条第 4 项之法院主管，据此，起诉必须符合的条件包括"（四）属于人民法院受理民事诉讼的范围和受诉人民法院管辖"。为了让上述逻辑关系更加形象生动，课程以"色戒案"[2]为导入案例，让学生主动思考和区分董某起诉华星国际影城和广电总局这一纠纷中可以拆解出两个部分，即董某诉影城（A 诉）和董某诉广电总局（B 诉），而《民事诉讼法》第 119 条第 4 项中的主管要求并不是整体的要求，而是对每一项具体内容的要求，故而可能产生受理 A 诉而不受理 B 诉的可能性。以此为认识基础，民事纠纷是否等于 A 诉加 B 诉？抑或是 A 诉和 B 诉分别构成不同纠纷，其中前者是民事纠纷而后者为行政纠纷。就这样，民事纠纷看起来抽象且理论，但却与民事实体法、行政诉讼法有机联系在一起，并且在民事诉讼中具体发挥着起诉条件的作用。不仅如此，民事纠纷并不是案件中的全部诉讼请求，而是需要进一步以某种标准划分纠纷，由此才能更精细化和有针对性地判断究竟一起民事案件中的哪些内容是民事纠纷，而另一些则是行政纠纷或刑事案件。这对于培养学生精细化的诉讼法律思维，联想起已经学过和即将学习的其他法律知识都有重要作用。而这恰恰是总分结构的优势。而单纯以具体案件处理为教学的体例，则可能产生只见树木不见森林的局限。

在明确《民事诉讼法》第 3 条与《行政诉讼法》第 2 条，《民事诉讼法》第 3 条与第 119 条第 4 项之间的实定法关系之后，还有必要跳出民事诉讼法律规范的内部性和技术性，以当事人主义为标准对我国民事诉讼立法和司法进行初步反思，从而在民事诉讼课程的第一讲就使学生有意识地区分实然与应然[3]，贯彻民事诉讼教学的二重使命，使学生不仅可以胜任民事诉讼法律工

---

〔1〕 特别程序中的选民登记案件（《民事诉讼法》第 181 条和第 182 条）可谓这一推论的例外。

〔2〕 中国政法大学法学院博士研究生董某起诉华星国际影城和国家广电总局，称前者提供的删节版《色戒》，剧情结构不完整，侵犯了消费者的公平交易权和知情权；后者没有建立完善的电影分级制，违反社会公共利益。他要求被告道歉，并赔偿精神损失 500 元。董某认为，他在北京华星国际影城内花 50 元看了李安导演的《色戒》。"看完后大失所望，与张爱玲的原著相比，公演的《色戒》结构不完整、女主角的心理刻画情节缺失，令观众难以理解这部电影的真正艺术魅力。"

〔3〕 实然和应然的区分集中反映在第一讲中的"民事诉讼体制"部分。参见张卫平：《民事诉讼法》（第 5 版），法律出版社 2019 年版，第 19—22 页。

作，而且心中长存民事诉讼体制转型的理想。[1]当事人为何可以向法院起诉？法院为何应该受理当事人的起诉？是否因为当事人有实体上的请求权，故而才产生了向法院起诉的权利？抑或应认为当事人向法院起诉的权利是公法性的，其不依赖于民法请求权存在与否？借助上述提问和思考，学生对第一讲中的“民事诉讼”“民事诉讼制度的目的”“民事诉讼法”均能产生问题意识，并带着上述问题去教科书中寻找答案。不仅如此，上述诉权的私法说和公法说，诉权是否应满足严格的起诉条件等问题，又自然和诉权及其与请求权之间的关系勾连在一起，并集中体现在起诉条件高阶化的讨论中。[2]这背后又存在从审查立案制到立案登记制的重要转变。进而让初入民事诉讼法学的学生可以形象地认识到实定法、司法实践、当事人主义改革目标、以党的十八届四中全会为代表的改革纲领以及我国“诉讼爆炸”却“案多人少”的社会现实之间的复杂关系和对具体问题的实质塑造。而以上具体举例，都不妨被看作总论—分论教学体例下，从提取公因式到展开公因式的法教义学过程。除了对具体法条的提取和展开，我国民事诉讼法教义学还有更丰富的意涵，即以当事人主义为标准进行衡量与比较，为民事诉讼体制转型提供具体制度方案，并在现行立法中找到制度转型的规范接口。这一使命已经部分超出了以实定法和司法实践为中心的法教义学范畴，而是进入民事诉讼的法理化。[3]仍以“色戒案”背后的起诉条件为例，未来的改革方向真的要彻底删去起诉条件吗？不符合起诉条件的案件也必须由法院进行实体审理并作出实体判决吗？这些问题的解答又能进一步刺激学生对立法建议的妥当性和可操作性进行更深入思考。

---

〔1〕 这也导致我国法院分别有两个部门（立案庭和审判庭）处理起诉条件和实体要件，而根据德国的法院组织结构和诉讼法律，运用实体法审判案件的法官或法庭同时负责审查诉讼的合法性，这使法庭报告技术不能直接在我国适用，而是必须结合我国民事诉讼自身特点进行结构调整。参见国家法官学院、德国国际合作机构:《法律适用方法：合同法案例分析方法》(第2版)，中国法制出版社2014年版，第42页。

〔2〕 参见张卫平:《起诉条件与实体判决要件》，载《法学研究》2004年第6期，第58—68页；张卫平:《起诉难：一个中国问题的思索》，载《法学研究》2009年第6期，第65—76页。

〔3〕 为了教学方法称谓的统一，本文依旧在法教义学的概念之下探讨民事诉讼教学的独特性。而民事诉讼教学二重使命中的当事人主义体制转型，究竟能否被法教义学完全涵盖，抑或应该称其为民事诉讼的法理学，则不得不另文加以探讨。关于法教义学与法理学之间的关系，参见谭婷、王冲:《向法理开放的法教义学——“法理与法教义学”学术研讨会暨“法理研究行动计划”第十二次例会述评》，载《法制与社会发展》2020年第1期，第210—211页。

（二）民事诉讼法教义学化的枢纽：处分原则和辩论原则

民事诉讼法学第一讲以民事纠纷为起点，向学生展示了提取公因式之后再展开公因式，形成完整诉讼规范指导具体司法实践的全过程。不仅如此，其还透过当事人主义诉讼体制转型，让学生感受到现行立法、民事司法、改革纲领和社会环境对具体诉讼制度的影响和塑造，并对立法建议的妥当性和可操作性展开更深入的思考。然而，上述以点带面的讲解只能覆盖局部，而无法让大多数学生举一反三地了解民事诉讼法律和理论体系之全貌。在民事诉讼法教义学中起到承上启下之枢纽作用的是民事诉讼基本原则，其也是学生借助法教义学模型掌握民事诉讼理论体系和程序法律思维的钥匙。

民事诉讼基本原则是贯穿于整个民事诉讼法和民事诉讼过程的根本性和指导性规则。一方面，基本原则是当事人主义价值理念的具体化，即只有理念并不能实现民事诉讼体制转型，为此必须划定当事人主义诉讼模式的底线和红线，并作为转型成功与否的判定标准。另一方面，基本原则又是具体制度的总指引，在具体法律规定模糊、空白或相互冲突时起到漏洞填补和定分止争的功能和作用。也是基于基本原则的重要功能和决定性作用，其通常作为专门章节出现在我国民事诉讼教科书中。不仅如此，我国作为民事诉讼法制后发国家，还专门在第一编总则的第一章“任务、适用范围和基本原则”详细列举了基本原则。也是因为我国民事诉讼法对基本原则有专门规定，并且从第 6 条开始直到第 16 条均可能被归入基本原则范畴，故而在我国存在基本原则泛化之问题。基本原则并未被抽象升华为“贯穿性”、“根本性”和“指导性”的规则，这其实也是我国民事诉讼立法还欠缺体系性的具体表现。在此基础上，我国教科书一般认可的实质基本原则均包括处分原则和辩论原则，这也是我国民事诉讼法学中难能可贵的基础理论共识。

仅从具体表述来看，我国现行《民事诉讼法》已经确立了上述两项基本原则，其中第 12 条规定“人民法院审理民事案件时，当事人有权进行辩论”；第 13 条第 2 款规定“当事人有权在法律规定的范围内处分自己的民事权利和诉讼权利”。遗憾的是，上述规定并未发挥当事人主义诉讼模式的功能和作用。第 12 条在我国民事司法实践中被异化为“你辩你的，我判我的”，第 13 条则被学者称为非真正处分原则[1]，这较为集中体现在释明变更诉讼请求的混乱理解与适用中[2]。当前，我国民事诉讼教学中欠缺对基本原则的充分重视，其背后的原因引人深思。一方面，我国民事诉讼基本原则规定是宣誓性和口号式的，这就使其行为规范和裁判规范的功能被大大削弱了，也即当事人据此无法确定其诉讼行为准则，法官也通常不能直接用基本原则判案。另一方面，真正意义上的基本原则需要借助比较法丰富其意涵。经过学界的努力，约束性辩论原则被具体化为三要义。处分原则被进一步丰富为当事人是否起诉或终结诉讼，何时或何种内容、范围（法院对当事人没有提出的请求事项不能裁判），对何人起诉，原则上由当事人自由决定，国家不能干预。法院在民事诉讼中应当处于消极被动的地位。[3]若要真正使基本原则发挥枢纽作用，就应有意识地在具体制度的理解与适用中贯彻基本原则思维，即某个具体规则是哪一项基本原则项下的内容，而该项基本原则如何影响对该具体制度的理解与适用。无论是基本原则的口号化，还是基本原则内涵的模糊与分歧，均会在结果上影响当事人主义模式转型的实现。认为我国已经实现了当事人主义模式转型的观点，其根本原因也在于对基本原则的内涵外延以及具体制度归类存在模糊认识甚至是错误解读，即在 d（a+b+c）的立法体系中只见 a 而不见 ad。在明确基本原则的要义和要求之后，民事诉讼法学第三讲之后的具体制度内容就应该自觉贯彻基本原则，通过展开公因式的方法形成对具体制度的正确理解与适用。而目前以问题为导向的民事诉讼教学新模式存在略去基本原则直面具体制度的倾向，进而存在省去或者错误理解同类项而无法通过公因式展开形成完整诉讼规范的隐忧。

约束性辩论原则的三项要义为其统摄的具体制度范畴提供了最为明晰的标准：第一，直接决定法律效果发生或消灭的必要事实必须在当事人的辩论中出现，没有在当事人的辩论中出现的事实不能作为法院裁判的依据；第二，当

〔1〕参见张卫平：《我国民事诉讼辩论原则重述》，载《法学研究》1996 年第 6 期，第 46—56 页；张卫平：《民事诉讼处分原则重述》，载《现代法学》2001 年第 6 期，第 89—95 页。

〔2〕参见任重：《释明变更诉讼请求的标准——兼论“证据规定”第 35 条第 1 款的规范目的》，载《法学研究》2019 年第 4 期，第 136—155 页。

〔3〕参见张卫平：《民事诉讼法》（第 5 版），法律出版社 2019 年版，第 48 页。

事人一方提出的事实，对方当事人无争议的，法院应将其作为裁判的依据；第三，法院对案件证据的调查只限于当事人双方在辩论中所提出来的证据。纵观辩论原则的三项要义，其主要解决的是案件事实和证据证明问题。故而，凡是涉及案件事实的提出和证据问题，均应自觉贯彻辩论原则之要求。以此为基准，第一项要义在我国并未被立法和司法实践充分接受，而自认制度也仍然在确立之中。与上述两项要义相比，法院依职权收集调查证据因为民诉法解释的封闭式列举而得到了充分贯彻落实。〔1〕

与约束性辩论原则三要义相比，处分原则的界限需要借助诉讼标的予以明确，亦即凡是涉及诉讼标的之划定以及以诉讼标的为内核的诉讼制度均应贯彻处分原则。对此，《民事诉讼法》第 200 条第 11 项之法定再审事由“原判决、裁定遗漏或者超出诉讼请求”是处分原则的具体体现，即法院不能超出当事人的诉讼请求（诉讼标的）进行裁判。不过，在贯彻处分原则的法律规定之外，我国民事诉讼法存在大量违背处分原则的处理方式，例如《民事诉讼法》第 145 条第 1 款“宣判前，原告申请撤诉的，是否准许，由人民法院裁定”。即便原告和被告均同意撤诉，还需要人民法院实质性判定后才能发生撤诉效果。当然，起诉条件高阶化和裁定不予受理的做法，其背后也是对处分原则的违背，存在类似情况的还有审判监督程序：根据《民事诉讼法》第 198 条、第 199 条和第 208 条，程序启动主体除了当事人还有法院与人民检察院，甚至出现当事人不愿再次审理而检察院坚持抗诉，要求法院再次审理的奇怪现象。〔2〕

必须明确的是，民事诉讼基本原则作为第二讲的主要内容，面临着讲授和学习的固有挑战，亦即学生在不了解自认、证据调查、撤诉制度和审判监督程序时就要一般性地学习民事诉讼基本原则。为了解决这一问题，不仅需要将具体制度归入基本原则的思维训练延续到后续各讲，逐渐培养学生的基本原则思维，而且在第二讲中也应结合具体例证进行展示和讲解，如“雨课堂”第二讲主要从第一讲涉及的彭宇案和莫兆军事件展开，在诉讼主体和诉

---

〔1〕 详细论证参见任重：《论中国民事诉讼的理论共识》，载《当代法学》2016 年第 3 期，第 48—49 页。

〔2〕 参见牡丹江市宏阁建筑安装有限责任公司诉牡丹江市华隆房地产开发有限责任公司、张继增建设工程施工合同纠纷案，最高人民法院指导案例 7 号（2012 年）。

讼标的之外，讲解请求权基础与案件事实和证据的对应关系。在此基础上明确辩论原则和处分原则的适用范围及其具体要求，以及上述两项基本原则对彭宇案和莫兆军事件之民事裁判结果的具体影响。同样需要明确的是，处分原则和辩论原则虽然是当事人主义诉讼模式的风向标，但并非基本原则的全部，其对民事诉讼具体规定无法做到全覆盖。由于处分原则仅涉及诉讼标的相关问题〔1〕，辩论原则覆盖案件事实和证据证明问题，但诸多流程性法律规定并不能被归入上述两项基本原则，而是被归入了依职权进行原则，即法院有诉讼指挥并促进诉讼顺畅进行的职责，是故，纯粹诉讼流程事项原则上均由法院职权确定，例如送达便是依职权进行原则项下的重要内容。由法院依职权送达并不与当事人主义相违背，因为其并非辩论原则和处分原则项下之内容。除此之外，还应关注诚实信用原则对辩论原则和处分原则的修正作用。诚实信用原则通过 2012 年修正案被规定在我国《民事诉讼法》第 13 条第 1 款。由于我国尚未彻底建立当事人主义诉讼模式，且辩论原则和处分原则存在口号化和空洞化的问题，诚实信用原则在我国存在被一般适用甚至滥用的危险。〔2〕为了解决上述问题，宜通过本土案例组的方式勘定诚实信用原则的适用边界，使诚实信用原则真正发挥漏洞填补作用的同时避免因为其一般适用和滥用而吞噬当事人主义转型的改革成果。对此，在明确其内涵与外延的基础上坚持和贯彻处分原则和辩论原则的基本要求是关键一步。

（三）民事诉讼法教义学化的主线：诉讼标的

我国民事诉讼基本原则存在空洞化和口号化的风险，其中一个重要诱因是诉讼标的识别标准在我国的不同理解与认识。在民事诉讼基础理论中，诉讼标的被视为民事诉讼的脊梁，串起从起诉到判决的审判全过程。〔3〕与诉讼标的之脊梁作用相映成辉，请求和抗辩素有“民法教学法的脊梁”之誉。〔4〕

---

〔1〕起诉具有双重功能：其一方面划定了诉讼标的，另一方面开启了诉讼程序。

〔2〕参见张卫平：《民事诉讼中的诚实信用原则》，载《法律科学（西北政法大学学报）》2012 年第 6 期，第 153—158 页。

〔3〕参见［日］高桥宏志：《民事诉讼法：制度与理论的深层分析》，林剑锋译，法律出版社 2003 年版，第 22 页。值得注意的是，我国一般将证明责任理解为民事诉讼的脊梁。参见李浩：《证明责任的概念——实务与理论的背离》，载《当代法学》2017 年第 5 期，第 3 页。

〔4〕Vgl. Dieter Medicus, Anspruch und Einrede als Rückgrat einer zivilistischen Lehrmethode, AcP 174 (1974), S. 313 ff.

而借助给付之诉中民法请求权与诉讼标的之对应关系，民法之脊梁与诉讼法之脊梁无缝连接在一起，构成撑起民事法的“脊梁”。而以诉讼标的为对象的生效给付判决又构成执行根据，据此通过强制执行实现其民法请求权。而在前后诉关系上，诉讼标的则构成了既判力相对性的客观范围，在相同当事人和基准不变时发挥着实质判定一事不再理的重要功能。不仅如此，在审判程序中，诉讼标的也因为其勾连起法官三段论中的大前提和小前提，而发挥沟通实体法和程序法和融通理论与实践的重要作用。以诉讼标的背后的请求基础规范为起点，其引出了“请求→抗辩→再抗辩→再再抗辩”之横向坐标轴，并且在上述每一项规范的纵向展开“请求或抗辩→构成要件→要件事实→证据”的剖面，从而完整勾勒出民事诉讼实体事项体系图。虽然民事诉讼不仅包含实体事项，而且有种类复杂繁多的程序事项，但以诉讼标的为主要线索的教学和学习法无疑具有关键作用。

正是由于诉讼标的在实体事项体系图中的锚点作用，如若诉讼标的之识别标准不明确、不统一，将不仅带来理论体系的紊乱，而且使民事司法实践失去方向指引。这在我国法官尚未充分掌握民事裁判方法的背景下尤甚。〔1〕与诉讼标的在理论和实践上的重要作用不相匹配的是学者对诉讼标的之理解与认识。进入 21 世纪的第二个十年以来，学界越发认为诉讼标的理论过于精深，很难掌握，很难清晰地向学生讲授。而诉讼标的之理论研究也被批评为屠龙术和内卷化。教学中对诉讼标的之淡化处理以及百家争鸣，也间接导致了司法实践中对诉讼标的识别标准的任意把握，并使教学与实践产生恶性循环。

为了贯彻处分原则，充分发挥诉讼标的之“脊梁”作用，在教学安排上应将诉讼标的融入多个单元，即以第一讲“认识民事诉讼”中的民事纠纷使学生获得诉讼标的之初印象，即一个案件并非仅有一个诉讼标的；随后在第二讲“民事诉讼基本原则和基本制度”中借助处分原则的讲解，使学生了解从

---

〔1〕 德国技术合作公司（GTZ）发现，我国大部分法官并没有掌握法律适用方法，而且通过两到三个星期的强化训练，很多人还是无法掌握。令人惊讶的是，这些法官都是各地选派的业务骨干。参见卜元石：《法教义学：建立司法、学术与法学教育良性互动的途径》，载《中德私法研究》第 6 卷，第 18 页。不过，以法官视角切入的民法和民事诉讼案例分析法逐渐开始受到法官的欢迎。参见葛云松、金可可、田士永、黄卉：《法治访谈录：请求权基础的案例教学法》，载《法律适用》2017 年第 14 期，第 23—33 页。

起诉到判决，贯穿一审、二审、再审的诉讼标的形象；在第五讲“共同诉讼和第三人”中，通过《民事诉讼法》第52条和第56条中诉讼标的核心标准让学生理解如何区分共同诉讼和第三人的不同分类，使诉讼标的概念找到法条归属。随后，在第六讲“诉权与诉”中再着重对诉讼标的之概念、识别标准以及不同学说进行讨论和比较，但要着重结合《民法典》第186条、《证据规定》第35条第1款让学生学会以我国实定法为基础解读诉讼标的识别标准之旧实体法说（给付之诉→请求权；确认之诉和形成之诉→民事法律关系）。我国实定法和司法实践是否坚持旧实体法说，这在理论界存在不同认识。考虑到传统诉讼标的理论是其他新学说的起点和基础，且与实体法存在最紧密的联系，是更适合培养学生诉讼标的思维的理论工具，是故，民事诉讼教学应以传统诉讼标的理论为主线，在此基础上再使学生了解不同理论学说和我国司法实践中不甚统一的处理方式，避免给学生留下一千个法官眼中有一千种诉讼标的识别标准的错误印象。

不仅如此，在诉讼标的识别标准之外，还需要以否认和抗辩的区分，让学生理解诉讼标的在横纵坐标轴上的核心作用。也只有在明确诉讼标的中枢作用之后，第七讲开启的“证据与证明”部分才能使学生自然形成以下认知，即证明并非民事诉讼的目的，而是借助证据证明认定案件事实充实构成要件以实现当事人的民事权利，这就要求法院必须以诉讼标的为起点，通过基础规范和反对规范对纷繁复杂的案件生活事实进行法律剪裁，以最大限度贯彻当事人主义要求，且同时能够起到节省司法资源和提高诉讼效率的有利结果。为了进一步强化学生对诉讼标的之理解，在第八讲结束后还宜采用案例分析作业的方式，使学生在给定的案例分析框架内直观认识到诉讼标的之核心功能以及以诉讼标的为核心的案例分析方法。[1] 与此同时，只有清晰界定诉讼标的，才能为既判力相对性的恪守提供客观范围，并在结果上充分保障当事

---

〔1〕 详见任重:《论民事诉讼案例分析框架：案例教学与研究方法》，载《法治现代化研究》2020年第1期，第124—140页。考虑到期中时学生尚未学完证据证明以及证明责任、二审等课程内容，笔者将案例分析框架进一步简化为“实体案情→诉讼流程→诉讼标的→构成要件（包含抗辩、再抗辩、再再抗辩）→其他法律问题”。上述分析框架是法庭报告技术的简化版本。关于法庭报告技术的步骤，参见国家法官学院、德国国际合作机构:《法律适用方法：合同法案例分析方法》（第2版），中国法制出版社2014年版，第45—55页。

人的另诉权，使其通过另诉获得程序保障，并在结果上实现实体法上的制度安排，即在结果上实施好《民法典》。

四、余论：如何看待理论与实践的不统一

不可否认，我国民事诉讼教学面临诸多困境和挑战。在立法上，我国现行《民事诉讼法》并未在 1991 年《民事诉讼法》的基础上改弦更张，故在立法之初就存在的计划经济的法和商品经济的纠纷之间的深层次矛盾冲突一直延续至今。在司法上，本应肩负在文义范围内最大程度上通过个案裁判和司法解释实现民事诉讼体制转型的最高人民法院和地方各级人民法院，又受制于本位主义和“重刑轻民”“重实体轻程序”的惯性思维，恣意处理诉讼法律问题，进一步加剧了民事诉讼的职权主义色彩。21 世纪伊始，以当事人主义为转型目标，在具体制度中坚持当事人主义理解的理论共识逐渐出现松动，并出现百家争鸣的发展趋势。上述困境和挑战都使统一的和具有稳定性的民事诉讼教学模式难以形成，并在改革开放以后出现三个主要的发展阶段，即从诉讼流程培训式转换为司法改革政策讲解式再到比较法立法式的民事诉讼教学模式。

针对上述三种教学模式相互融合所形成的民事诉讼传统教学模式，论者提出理论与实践相脱节之质疑与批评，并试图以实际案件解决为线索重塑民事诉讼教学模式。本文认为，理论与实践的分离并非传统民事诉讼教学模式之过。这一不理想的结果是计划经济的法和商品经济的纠纷，职权主义的司法实践和当事人主义的理论之必然结果。在改革目标出现反复，立法和司法实践向职权主义回归时，理论不应放弃当事人主义的理想，而是应继续为当事人主义鼓与呼。尽管如此，民事诉讼教学理应减负二重功能和使命，即在树立学生的当事人主义理想之同时，必须使学生掌握能够在今后的职业场独当一面的本领，亦即在实定法语境下适用法律解决具体案件和准确预测并适应民事诉讼法未来发展趋势的能力。为此，在民事诉讼教学中贯彻法教义学是不二之选。民事诉讼教学的法教义学化并非传统教学模式之外的第四种新模式，而是对传统教学模式的继承和发展。其在坚持总论分论的教学安排基

础上，有机融入具体问题导向，使学生产生“实体事项—程序事项”“实然做法—应然方案”的程序法律思维，并通过以处分原则和辩论原则为模块，以诉讼标的为线索的网状结构形成完整的法律和理论体系以及掌握在理论指引下妥善解决具体法律问题的能力。法教义学化的民事诉讼教学法之二重使命使法学生不仅掌握了完整的理论体系，而且具有了司法实战之能力。不仅如此，体系化和实战性的民事诉讼教学方法今后有望与民法请求权基础思维的2.0版本形成合力，一道在我国建立起本土的法庭报告技术，[1]为《民法典》的实施提供方法论基础。

尽管如此，充分实现法教义学化的民事诉讼教学模式并不能避免理论与立法、司法的不统一。传统教学模式因为在总分结构中忽略了打开公因式形成完整诉讼规范以解决具体法律问题的维度，故而可能通过提取公因式再打开公因式的方式使学生掌握寻找完整法规范的法律技术，并通过诉讼标的引出一横一纵两个坐标轴，进而全面描绘出民事诉讼中的实体事项群，从而最大限度地降低了理论与立法和实践的不统一。然而，在以《民事诉讼法》第3条为代表的中性诉讼规范之外，还有相当数量的法律规定实质反映出职权主义色彩，而司法实践的恣意理解与适用则进一步加剧了我国现行《民事诉讼法》的职权主义化。此时，若要民事诉讼理论服从立法和司法，则无异于要求当事人主义的理论体系退回到职权主义的起点，以实现表面上的和平共处。经济基础决定上层建筑，无论是商品经济的纠纷，还是凝聚我国民事审判经验的《民法典》，都要求民事诉讼法及其司法实践的当事人主义化，这同样是实施好《民法典》的重要制度保障。是故，虽然在民事诉讼教学中坚持贯彻法教义学，但与民法和刑法等法教义学成熟和发达学科相比，民事诉讼教学有自身特点。理论与立法、实践的不统一不仅不是民事诉讼理论研究落实的

---

〔1〕关于法庭报告技术的详细介绍可参见吴香香：《请求权基础思维及其对手》，载《南京大学学报（哲学·人文科学·社会科学）》2020年第2期，第96—102页。尤其值得注意的是，法庭报告技术在我国存在被误用的风险，例如认为原告自己不必主张适用的请求权基础，而只需提出诉请与事实陈述，或者更明确地说，原告是否选择请求权基础，以及请求权基础的选择是否错误均不产生影响。这是在德国民事诉讼标的二分肢理论语境下的结论。法庭报告技术在德国法律实践中的使用是以德国的民事诉讼法为基础的，不能简单地原封不动地挪用于我国民事诉讼体系中。相同观点参见国家法官学院、德国国际合作机构：《法律适用方法：合同法案例分析方法》（第2版），中国法制出版社2014年版，第42页。

表现，反而是最终建立我国特色的民事诉讼法律和理论体系的必由之路。以当事人主义为导向的民事诉讼体制转型作业应坚持以法教义学为基础，经由法教义学化最终实现民事诉讼的法理化。而对于法理化与法教义学化在民事诉讼教学和研究中的联系与区别，限于本文的主题和篇幅，不得不另文详加探讨。而不论是民事诉讼教学抑或科研，教义学抑或是法理化，都应以当事人主义为初心。不忘初心，方得始终。

刑法鉴定式案例分析方法导论*

陈　璇**

摘　要：刑法案例分析需要满足两项要求，一是考察的全面性，二是思维的经济性。为此，刑法鉴定式案例分析方法，划分为“事实单元的划分”、“参与人员的列出”、“涉嫌犯罪的检验”、“犯罪竞合的处理”以及“全案分析的结论”五个步骤。事实单元的划分，建议遵循“行为”标准；在列出参与人员时，应当采取“疑似正犯者优先”的原则；对于每个行为，应当将其可能适用的全部罪名均加以考虑。对于涉及犯罪未完成形态的案件，应采取“由重到轻”“从主观到客观”的检验顺序；对于涉及共同犯罪的案件，应注意“先分工分类后作用分类”“先正犯后共犯”。

关键词：刑法案例分析　鉴定式　法教义学　法学教育

一、从“头脑风暴”到体系性分析

当一名法科大学生花费了大概一年的时间，系统地修过刑法总论和刑法各论的课程之后，对刑法典的重点法条以及刑法学的基本概念和原理都已经有了大体的了解。刑法教义学的体系建构、概念创设和学说展开，一方面具有科学探索的价值，另一方面又具有重大的实践意义，其终极目的是以现行刑法规范为依据，为刑事案件的合理分析和裁判提供可靠的思维支撑。因此，案例分析是法科教育中最为重要的基本功或曰“童子功”之一。

在正式讲授鉴定式案例分析方法的学习之前，我想先给各位读者做一个测试。请大家先就以下这个案例，自行展开分析。

---

* 笔者自2013年开始在中国人民大学法学院为本科生开设《判例刑法学》课程，系统讲授鉴定式案例分析方法。本文是以该课程导论部分的讲义材料为基础修改增补而成的。

** 陈璇，中国人民大学法学院副教授、博士生导师。

【路见不平拔刀相助】某日 18 时许，丙驾驶摩托车载着乙经过某地，见一名过路妇女 X 佩戴着金项链。两人互相使了一个眼色，丙便开着摩托车冲上前，乙趁 X 不备将其佩戴的金项链（价值 7000 元）夺走，然后逃窜。X 大声呼救，甲闻讯立即驾驶汽车追击。两车的车速均超过了该路段允许的最高限速。追至一立交桥上，此时立交桥上只有零星的车辆驶过。甲多次喝令乙、丙停车，但乙、丙非但不听，反而为了摆脱甲的追赶在立交桥上高速蛇形行驶。在此情况下，甲加速向前，与乙、丙的摩托车并行（两车相距约 75 厘米），试图将其逼停。相持约 20 秒后，摩托车失去平衡，先后与右侧立交桥护栏和甲的汽车发生碰撞，最后侧翻，导致乙跌落桥下死亡，丙摔落桥面造成左小腿骨折等多处损伤，后在治疗中小腿截肢，经法医鉴定为二级伤残。〔1〕

从分析结论上来看，对于甲应承担的法律责任，自然会有无罪说和有罪说两派，但我更关心的是得出结论的论证过程。从以往课堂讨论的情况来看，主张无罪说的同学大致提出了如下几种代表性见解：（1）甲并没有将乙、丙二人置于死地的故意，他只是想帮物主把金项链夺回，而且死伤结果也是被害人自己危险行驶造成的，与甲的行为无因果关系；（2）甲的行为是见义勇为，如果要把这种行为当作犯罪处理，那以后就没有人在他人遇到歹徒袭击时敢于出手相助了；（3）甲的行为成立正当防卫。支持有罪说的同学提出的理由主要有：（1）甲明知自己的行为会使对方发生侧翻事故，而仍采用这种近逼的方法，存在杀人和伤害的故意；（2）因为乙、丙二人的抢夺已经既遂，不法侵害已经结束，所以甲无权进行正当防卫，其致对方死伤的行为成立犯罪；（3）虽然可以认为不法侵害尚未结束，但甲的防卫行为导致一死一重伤的严重损害结果，已经明显超过了必要限度，故他仍需承担刑事责任。

尽管同学们基本上能够找到案件中存在的争议点，但大多都还停留在“东一榔头西一棒槌”的头脑风暴阶段。即缺乏清晰的思考方向与路径，不知以

---

〔1〕 案情改编自最高人民法院刑事审判第一、二、三、四、五庭主编：《刑事审判参考》，法律出版社 2006 年版，第 1—4 页。

何处为切入口展开分析。于是，就很容易仅凭自己的第一直觉，想到哪儿就从哪儿入手，哪里熟悉就从哪里入手。这样的分析方法至少存在以下问题：

第一，顾此失彼，遗漏要点。案例分析的第一个原则是考察的全面性，即要求分析者首先必须能够将案件所涉及的问题涓滴不漏地挖掘出来。但杂乱无序的思维方法往往令分析者只顾及自己熟悉或者一眼容易看到的问题，自然无法保证案例分析的全面与周密。在我看来，目前我国通行的刑法案例教学方法恰恰忽视了对学生发现问题能力的培养。市面上传统的案例教程，大多是按照刑法总论和各论教科书的篇章体例来对案例进行编排分类的，并且每个案例后又有提示性的问题。这种方法的优势在于能够引导学生对案例中的某个争议问题展开深入思索。但其存在的最大问题在于，容易将学生对案例的思考范围仅仅局限在标题或者提示性问题所指向的某一个或某几个知识点上。换言之，传统的刑法案例教学基本上停留在“举例子说法理”的阶段，它能够加深学生对单个知识点或者单个法律条文的理解，但却很难教授学生在面对一个包含了错综复杂的法律关系、牵扯诸多规范的案件时，如何去庖丁解牛、抽丝剥茧。打个比方，传统的案例教学法就好比让初学游泳者把着泳池边上的扶手逐一练习换气、蹬腿等分解动作，它可以使学习者的每个动作变得标准和到位，却不能保证他进入江河湖海后游弋自如、闲庭信步。无论是法官、检察官还是律师、学者，法律职业者所面临的考验恰恰就在于，当一个完全陌生的现实案件摆在面前的时候，既不会再有提示性问题的指引，也很难指望总是有一众人等可供集思广益、共同研讨。因此，练就独立地搜寻和发掘案件中隐藏的全部问题的能力，就成为案例分析教学首要的目标。

第二，叠床架屋，浪费精力。案例分析的第二个原则是思维的经济性，即要求分析者在全面搜寻问题的基础上，应当使分析的过程尽量简洁、高效。这便要求案例分析必须遵循一定的思维次序和步骤，对某些问题的检验必须以另一些问题得到肯定回答为前提。换言之，如果前提性的问题已被否定，则后续的分析自然没有必要再展开。例如，一旦确定行为在客观上毫无法益侵害的危险，那就可以直接得出行为人无罪的结论，无需再去分析他在主观上是否有故意或者过失；又如，对正当防卫、紧急避险等正当化事由展开检验，是以行为符合法定犯罪构成要件为前提的。可是，在一个毫无章法的案例分析中，由于没有按照逻辑顺序对问题进行排列，故势必造成多头检验，造成精力和时间上不必要的消耗。以上述案件为例，如果可以认定甲对被害人的死伤结果既无故意也无过失，那就可以得出其行为无罪的结论，根本无需再去考察他是否成立正当防卫。

面对一桩现实发生的刑事案件，人们固然可以从伦理学、社会学、心理学和人类学等各个视角出发展开解读。可是，这一切都不能代替法律的规范分析；法律人的首要职责就是以现行的《刑法》为依据，为案件给出一个有信服力的判断。1997 年《刑法》全面修订后的二十多年间，我国刑法理论的重心逐渐从批判刑法转移到解释刑法、从刑事立法学转向刑法教义学。法教义学"为法律规范适用于个案时不可避免的评价余地给出智识上可检验、公开和合理的操作标准"[1]，从而天然契合于现代法治所追求的法的安定性和可预测性这一价值目标。只有逻辑严密、层次清晰的案例分析方法，才能最终有效地发挥法教义学的这项法治国机能，即最大限度地确保案件处理的透明性与可检验性，最大限度地保证判决结论的可信度。与自然科学不同，法学无法不食人间烟火、不谙人情世故，无法与某一社会时期的价值观念相绝缘，而所谓"正义的感情预先得出了结论，而法律则只在事后为其提供理由和界限"[2]，即先有结论后找理由的现象也在所难免。但是，正是严格体系化的案例分析方法的存在，才能迫使裁判者必须将得出结论的理由一一拿到台面上来接受检验，从而最大限度上消除暗箱操作的嫌疑。无论有多少价值观念掺入其中，也无论解释者意图得出何种结论，相关的论据都必须纳入法教义学论证的话语和程序之中，都必须接受法教义学论证的筛查和拷问。例如，在探讨上述案件的过程中，有人认为甲无罪的实质理由在于，从贯彻社会主义核心价值观的角度出发，如果在本案中对见义勇为者判处了刑罚，则不利于弘扬社会正气、不利于鼓励公民之间互相协助。不过，这并不是从规范，而是从政策或者社会效果的角度提

〔1〕 参见雷磊：《法教义学与法治：法教义学的治理意义》，载《法学研究》2018 年第 5 期，第 66 页。
〔2〕 Arthur Kaufmann, Rechtsphilosophie, 2. Aufl. 1997, S. 64.

出的论据。因此，持该理念的解释者必须结合《刑法》的规定，使自己的意见能够融入法教义学的论证思维之中、转化为法教义学的概念话语，并在层层的学理推演过程中获得证立。

法官判决是否以及在多大程度上具有公信力，取决于其说理的水平；当前，我国正在强化裁判文书的说理，[1]而改革案例教学的方法正是逐步提高法律人说理水平的重要一环。试想，当大学法科的案例教学都拿不出一套规范严格的分析程序时，我们怎么能祈求公众相信法院对案件的处理是透明公正、有理有据的呢？当大学课堂上的案例分析都处在混乱随意的状态之中，我们又如何指望法官能够做出一份严格以法律为准绳，论证充分、喻之以理的判决呢？

有鉴于此，本文试图对刑法鉴定式案例分析方法进行一个入门式的简要介绍。首先，笔者将以故意的既遂犯作为标准形态，阐述案例分析方法的“五步骤”基本框架。其次，笔者将针对特殊的犯罪形态，分别对未完成形态以及共同犯罪中案例分析的特殊之处作专门介绍。

二、“五步骤”分析方法的基本构造

刑法鉴定式案例分析方法，可以划分为“事实单元的划分”、“参与人员的列出”、“涉嫌犯罪的检验”、“犯罪竞合的处理”以及“全案分析的结论”五个步骤。现分述如下。

（一）事实单元的划分

俗话说：“一口吃不成胖子。”在面对任何一项复杂任务的时候，我们首先要做的就是化整为零，将任务分解成若干小项，而后按顺序分步骤地一一完成。因此，当一个案件中包含多重行为事实时，为了使分析过程清晰化，有必要先将案件事实划分成若干单元，然后循序渐进、各个击破。

关于事实单元的划分标准，主要有“行为标准”和“行为人标准”两种。

---

〔1〕 中共十八届三中全会通过的《中共中央关于全面深化改革若干重大问题的决定》明确提出了“增强法律文书说理性，推动公开法院生效裁判文书”的总体要求。

前者依据不同的行为来分解案件事实；后者则是以行为人为单位来组织分析框架。二者各有利弊。不过，相比而言，“行为标准”从总体上来说更为清晰明了，而且也更加便于处理参与形式错综复杂以及由先行行为引起保证人地位的案件。[1] 因此，建议初学者还是优先选择“行为标准”。依据该标准，划分事实单元的基本原则有如下几点。

（1）按照时间发展的顺序，一个行为引起一个结果的，即可成立一个独立的事实单元。[2]

（2）不应将同一犯罪的预备行为与实行行为分割成不同的事实单元。预谋型的故意犯罪往往有一个逐步发展的过程，从而在外观上表现为前后相继的多个行动环节。如果行为人先为实行犯罪准备工具、制造条件，然后又进入着手实行的阶段，那么我们就应当有意识地将这两者看作一个犯罪的整体，归入一个事实单元之中。“在绝大多数的案件中，将一个整体的事件切割成预备、实行和既遂几大块，是没有意义的。”[3] 例如：

【西瓜刀案】A 意图杀害 B，于 2017 年 2 月 1 日到五金店购买了一把西瓜刀。同年 2 月 5 日至 8 日，A 又分三次到 B 的住宅附近侦察，掌握 B 每天的活动规律。2 月 12 日晚 10 时许，B 下班回到家，正欲打开房门时，埋伏在一旁的 A 提起西瓜刀朝 B 身上连砍十余下后离去。B 被邻居发现后送往医院，于 2 月 13 日晨 6 时许经抢救无效死亡。

在本案中，尽管从自然事实的角度来看，A 先后实施了三个独立的举动，即买刀、踩点和砍杀，但由于我们根据刑法学的基本知识可以预先认识到，前两者均属杀人的预备行为，所以应当将其与最后的实行行为放在同一个事实单元中去考察。

（3）在多人参与犯罪的情况下，一个事实单元必须包含正犯行为。因为，

---

〔1〕 Vgl. Werne Beulke, Klausurenkurs im Strafrecht Ⅰ, 7. Aufl. 2016, Rn. 49.

〔2〕 Vgl. Werne Beulke, Klausurenkurs im Strafrecht Ⅰ, 7. Aufl. 2016, Rn. 35.

〔3〕 Urs Kindhäuser/Kay Schumann/Sebastian Lubig, Klausurtraining Strafrecht, 3. Aufl. 2016, S. 37.

通说认为，我国《刑法》在共犯人分类的问题上，采取了作用分类与分工分类相结合的模式，故在实质上承认了正犯与狭义共犯（教唆犯和帮助犯）的划分。[1]基于共犯从属性的原理，教唆犯、帮助犯的成立以存在相应正犯行为为前提。这就意味着，对正犯行为的分析必须先于狭义共犯。所以，应当有意识地将正犯者与共犯者的行为置于同一个事实单元之中，从而确保共犯的可罚性从属于正犯。例如：

【土豪别墅案】2012年7月5日，某私营企业主C告诉职员D和E，目前公司资金运转困难，让二人设法到一土豪F家中去偷些现金来。D和E商议后，由D于7月7日去购买了用于撬门的器械。7月10日晚，趁F举家外出之机，D在外望风，E利用工具进入F的别墅，并打开保险箱取走现金20万元。

在本案中，从时间顺序上来看，先后出现了C唆使盗窃、D购买作案工具、D在外望风以及E实施入室盗窃多个举动。但是，如果我们据此将本案划分为4个单元，那就意味着，C的行为与E的行为被分隔在了前后两个事实单元当中。这样一来，当我们判断C是否构成教唆犯时，就不得不预先进入第四个事实单元去考察E的正犯是否违法，这势必造成不必要的混乱。对于仅实施了从旁协助行为的D来说，也同样如此。所以，最好的办法就是将C、D、E的行为全部归入一个事实单元，而后以E为中心，在确定了E的行为性质之后再将分析的目光扩及C和D。

（4）我们需要用简短的标题来对每个单元中的事实情况做一概括。由于标题是对案件事实，而非规范判断结论的总结，所以应当尽量采用中性的用语，避免使用“故意杀人”“入室盗窃”等带有确定罪名意味的表述。[2]例如，前述两个案例的事实可以分别概括为“刀砍致死”以及“入屋取财”。

---

〔1〕 参见张明楷：《刑法学》，法律出版社2016年版，第389页；陈兴良：《教义刑法学》，中国人民大学出版社2017年版，第660页。

〔2〕 Vgl. Helmut Gropengießer/Marius Kohler, Glück und Unglück eines römischen Feldherrn, Jura 2003, S. 277.

（二）参与人员的列出

在每一事实单元之下，需要以单个参与人为单位展开分析。当涉及多人共同参与犯罪时，也应当逐一对每个行为人分别加以考察，而不能“眉毛胡子一把抓”，将所有参与人放在一起同时进行。至于参与人排列次序的先后，需要注意以下几点。

（1）若多人的行为有唆使、协助和实行之分，则应当遵循“先正犯后共犯”的原则，从疑似正犯者，即在客观上与法益侵害结果的发生具有最直接、最紧密关系的行为人开始。[1]因为，由共犯从属性所决定，确定正犯行为的性质是判断教唆、帮助行为是否成立犯罪的先决条件。以“土豪别墅案”为例，由于直接完成窃取现金行为的人是 E，故应当优先考察他的行为，然后再去分析 C 和 D。

（2）在有可能成立间接正犯的场合，应当从直接实现犯罪构成要件的人，即疑似被利用者开始分析。

（3）在有可能成立共同正犯的场合，应当从对实现犯罪贡献最大者开始。若各参与人贡献大致相当，则可以从任何一人开始。

需要说明的是，在肯定共犯从属性原则的前提下，关于正犯须满足何种条件时狭义共犯才能成立，即从属性程度的问题，刑法理论上曾有极端从属性说、限制从属性说、最小从属性说等不同看法。目前，我国多数学者采纳了德、日等大陆法系国家通行的限制从属性说，即认为只要正犯符合构成要件且具有违法性，相应的教唆犯和帮助犯即可成立。[2]因此，即便我们从案件事实中发现某行为人因年龄或者精神病而欠缺责任能力，一看便知该人不可能成立任何犯罪，也必须按照既定的程序对他的行为进行分析。因为，尽管他本人不成立犯罪，但其行为是否符合构成要件、是否违法，却会直接影响到其他犯罪参与人的行为是否成立共犯或间接正犯。

---

〔1〕 Vgl. F. C. Schroeder, Anleitung für strafrechtliche Übungsarbeiten, JuS 1984, S. 699; Werne Beulke, Klausurenkurs im Strafrecht Ⅰ, 7. Aufl. 2016, Rn. 41.

〔2〕 参见周光权:《刑法总论》，中国人民大学出版社 2011 年版，第 229 页；张明楷:《刑法学》，法律出版社 2016 年版，第 414 页；黎宏:《刑法学总论》，法律出版社 2016 年版，第 261 页。

（三）涉嫌犯罪的检验

在每一个参与人之下，我们需要对他在该事实单元中的所作所为可能成立的犯罪逐一进行分析。具体来说如下。

（1）某一行为可能构成的犯罪，都必须毫无遗漏地考虑在内。

即便行为人的行为涉及法条竞合中的特别法条，我们也不能遗漏对行为是否符合普通法条的分析。如果该行为同时符合普通法条和特别法条，那么我们将在下一个分析环节中通过竞合的判断决定优先适用特别法条。如果该行为不符合特别法条所规定的某些要素，但已完全符合普通法条，那么由于“特别法优于普通法”的原则只适用于行为同时符合特别法和普通法的情形，[1]故此时完全可以适用普通法条。

【国有单位出纳案】国有单位的出纳G，利用职务上的便利将其与另一名出纳共同保管的单位现金1万元取走。

我们在分析G的行为时，既需要考虑《刑法》第382条的贪污罪，也不能忘记作为贪污罪普通法条的《刑法》第264条的盗窃罪。由于按照《刑法》第383条的规定和2016年4月18日最高人民法院、最高人民检察院《关于办理贪污、贿赂刑事案件适用法律若干问题的解释》第1条的意见，G贪污的数额不满3万元，又不具有其他较重的情节，故无法适用贪污罪的规定。但该行为却完全符合了《刑法》第264条规定的所有构成要件，故应当以盗窃罪论处。

（2）在考察某一犯罪是否成立时，除了要分析其核心条文之外，还要考虑与其相关的法律拟制条款。

对于某些罪名来说，刑法典中涉及该罪名的条文不止一处。因此，在考察某一行为是否符合该罪名时，就需要全面分析与之相关的所有条文，特别是以法律拟制的方式规定按照本罪处理的那些条文。因为，法律拟制是将原本不符合某种规定的行为也按照该规定处理。[2]这就意味着，某些完全不同

〔1〕 参见张明楷：《刑法分则的解释原理》，中国人民大学出版社2011年版，第730页。
〔2〕 参见张明楷：《刑法分则的解释原理》，中国人民大学出版社2011年版，第631页。

于核心条文所规定之类型的行为，也应当按照该罪名论处。在这种情况下，该罪名实际上就包含了多种不同的行为类型。所以，当我们认定某一行为不符合核心条文的规定时，不能就此打住，而应当进一步考察该行为是否符合相关的法律拟制。要做到这一点，我们平时在学习刑法分则时，就必须"常做有心人"，勤于对涉及同一罪名的不同条文进行分类整理。

例如，抢劫罪的核心条文是《刑法》第 263 条，但刑法典中还有不少按照抢劫罪处理的其他条款。对此可以整理如下：

- 抢劫罪
  - 一般规定：普通抢劫罪（第 263 条）
  - 法律拟制
    - 事后抢劫（转化型抢劫）（第 269 条）
    - 准抢劫（携带凶器抢夺）（第 267 条第 2 款）
    - 聚众"打砸抢"，毁坏公私财物的，对首要分子按抢劫罪论（第 289 条第 2 句）
  - 注意规定：聚众"打砸抢"，抢走公私财物的，对首要分子按抢劫罪论（第 289 条第 2 句）

图 1 《刑法》中有关"抢劫罪"的条款

（3）多个待查犯罪的先后顺序，可按以下原则确定：

第一，当行为人可能触犯的多个法条之间有法条竞合关系时，应当先分析能够对该行为作出最完整的描述的规定，即特别法条，然后再去考察普通法条。例如，行为人偷取他人公务枪支的行为，既可能成立《刑法》第 127 条第 1 款前段的盗窃枪支罪，也可能成立《刑法》第 264 条的盗窃罪。由于盗窃枪支罪能够对该行为做出最完整、详细的评价，故应当先判断行为是否符合第 127 条第 1 款前段。

第二，当行为人可能触犯的多个法条之间没有法条竞合关系时，应当根据严重程度的高低依次检验，若严重程度无明显区别，则可按照发生的时间先后排列。

（4）刑法学中的犯罪论体系，实质上就是判断犯罪是否成立的基本检验框架。

笔者采取了以结果和行为无价值二元论为基础的当代三阶层犯罪论体系。

在认定行为是否构成某一犯罪时，应当依照“构成要件符合性→违法性→责任”的阶层式步骤依次展开；在每一阶层之下，又可细分为若干要素。当然，在赞同“不法—责任”阶层式犯罪论构造的阵营之内，还有其他不同的体系方案。有学者支持以结果无价值论为基础的古典犯罪论体系，亦有学者拥护两阶层的犯罪论体系。同学们在具体进行案例分析时，可以根据自己的喜好自行选择任意一种体系。

现将当代三阶层犯罪论体系的基本构造图示如下（图 2）。

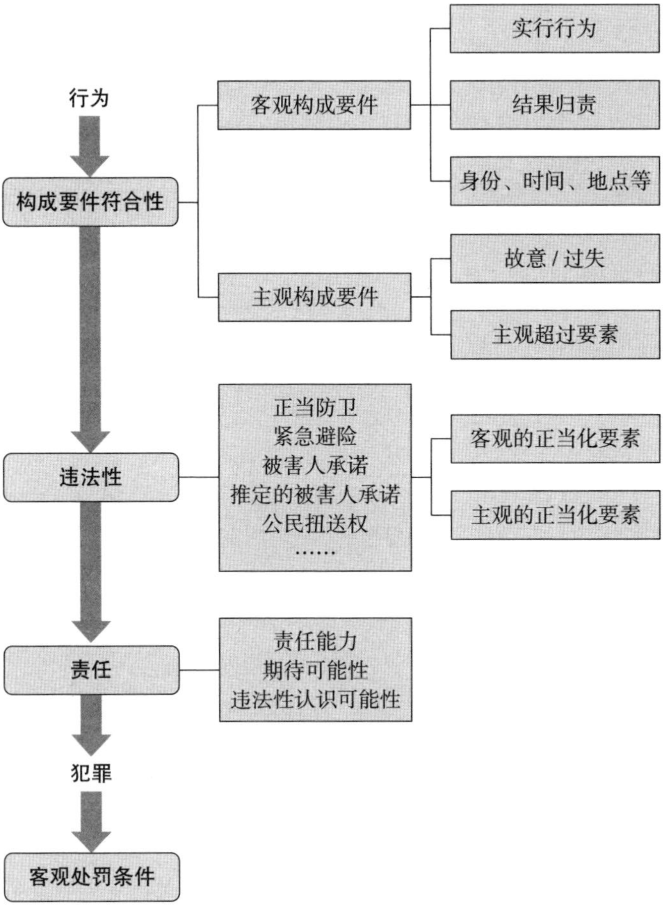

图 2　当代三阶层犯罪论体系的基本构造

（5）对于刑法条文的援引必须精准。

王泽鉴先生在谈到民法上的请求权分析方法时强调：“解题之际，须明确指出支持某项请求权之法律规范。……绝不能以概括笼统用语（如依之规定、依侵权行为法则），来掩饰不清楚法律思维过程。”[1]在刑法中，关于构成要件的分析也必须以罪刑规范的精准援引为基础。在我国《刑法》中，往往一个条文的不同款甚至同一款的前后段（或者不同句）规定了多个罪状。这时，就必须将援引的条文精确到某一条某一款的某一段（句）。例如，在讨论行为是否构成“盗窃危险物质罪”时，必须注明援引的条文是《刑法》第 127 条第 1 款后段。

（6）对于争议和疑难问题，应当有必要的分析论证。

首先，在进行构成要件涵摄的过程中，对于没有争议的问题只需作简略的交代；但是，对于存在争议的问题，则需要耗费较多的笔墨展开分析和论证。[2]

其次，对于争议问题，理论和实务界往往存在多种观点。例如，在着手的认定问题上，存在主观说、形式客观说、实质客观说、折中说等；在不能犯与未遂犯的区分标准问题上，存在主观危险说、印象说、具体危险说、客观危险说等；在防卫限度的问题上，存在必需说、基本相适应说、折中说等。分析者需要对主要的学说进行逐一概述，并且在评说利弊的基础上确立自己的观点。

最后，在论证的过程中，应当遵守文献引注规范。来自书籍、期刊、报刊、集刊上的观点，应当注明出处；来自实务部门典型判例的观点，也应当注明案件编号或者出处（如《刑事审判参考》《中国刑事审判指导案例》《中国审判案例要览》《最高人民法院公报》《最高人民检察院公报》等）。

（四）犯罪竞合的处理

在每一事实单元内，如果经过分析认定某一行为人同时成立两个以上的犯罪，那就需要专门考察其究竟成立真正的竞合（数罪），还是想象竞合，抑或是法条竞合，进而决定对其最终适用的罪名。

（五）全案分析的结论

在案例分析的最后，需要对全案所涉人员的刑事责任逐一进行总结。

---

〔1〕王泽鉴:《民法思维：请求权基础理论体系》，北京大学出版社 2009 年版，第 44 页。

〔2〕不过，由于初学者不太容易准确地把握论述详略的火候，所以建议同学们在刚开始进行案例分析练习的时候，还是应当坚持“宁详勿缺”的原则。

综上所述，刑法鉴定式案例分析的基本结构如下：

一、事实概括

（一）行为人甲

1. 犯罪 1（第 X 条）

（1）构成要件符合性

（2）违法性

（3）责任

（4）结论

2. 犯罪 2（第 X 条）

（1）构成要件符合性

（2）违法性

（3）责任

（4）结论

3. 竞合

（二）行为人乙

犯罪 1（第 X 条）

（1）构成要件符合性

（2）违法性

（3）责任

（4）结论

二、事实概括

行为人丙

1. 犯罪 3（第 X 条）

（1）构成要件符合性

（2）违法性

（3）责任

（4）结论

2. 犯罪 4（第 X 条）

（1）构成要件符合性

（2）违法性

（3）责任

（4）结论

3. 竞合

三、全案分析结论

1. 甲的刑事责任

2. 乙的刑事责任

3. 丙的刑事责任

三、特殊犯罪形态的分析模式

从前面对刑法案例分析基本框架的叙述，我们不难发现，“检验可能成立的犯罪”，是案例分析程序中最为核心的一环。上文主要是以结果犯的既遂为标本，但实际上还存在一些特殊类型的犯罪，其分析模式也有必要特别加以说明。这里着重谈一下犯罪的未完成形态和共同犯罪。

（一）犯罪的未完成形态

当案件事实表明，行为人虽然实施了一定的行为但并未“得逞”时，就提示我们，需要展开对犯罪未完成形态的考察。犯罪未完成形态的检验，需要注意以下两点：

第一，应当遵循“从重到轻”的思维顺序，即先考虑从行为是否成立较重的形态，若不成立，则再进一步考察行为是否符合较轻形态的要件。具体来说：（1）首先根据《刑法》第 23 条的规定，考察行为是否已经进入“着手实行犯罪”的阶段。若是，则根据导致实行行为未既遂的原因，又存在两种可能：一是犯罪未遂，二是犯罪中止。（2）若否，则根据《刑法》第 22 条的规定，考察行为是否属于为实行犯罪作预备的举动。若是，则根据导致预备行为未能进入实行阶段的原因，又存在两种可能：一是犯罪预备，二是犯罪中止。（3）若否，则意味着行为不成立犯罪。

可以将以上检验思路图示如下。

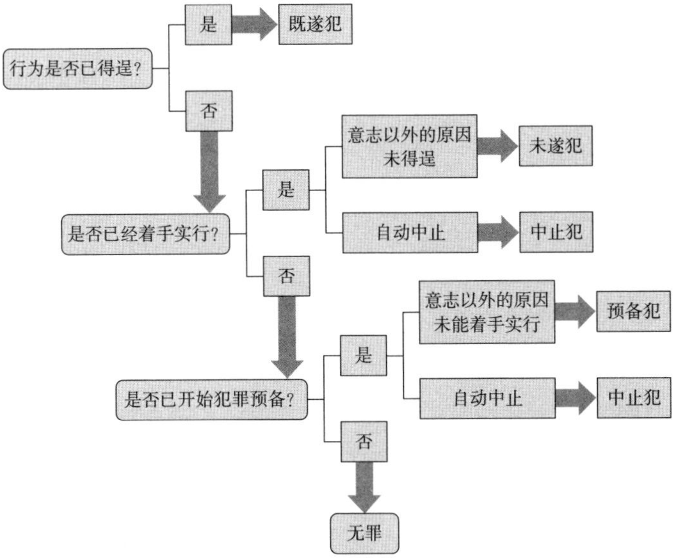

图 3　犯罪未完成形态的检验思路

第二，应当遵循“从主观到客观”的检验顺序。与既遂犯的情况不同，犯罪未完成形态的共同特点在于，客观构成要件根本没有或者未能完整地得以实现。由此决定，在对犯罪未完成形态进行分析时，只有从行为人的主观意图出发，才能确定该行为可能成立何种犯罪。[1] 因此，应当先考察犯罪故意等主观构成要件，尔后再检验客观行为是否已经进入着手实行犯罪的阶段或者是否已经进入犯罪预备阶段。

举一例说明：

【饭馆老板案】 H 因生意亏损，急需一笔资金，但四处拼借无门，就对一饭馆老板 I 说：“三日之内给我 3 万元，否则我就找人把你开的饭馆全给砸了。”I 十分恐惧，回家后便向好友 J 诉说了此事。J 知道 H 要钱的原因，便找到 H，交给他 3 万元现金，说：“这是你要的钱，拿去好生经营，不要再为难 I 了。”

〔1〕 Vgl. Holm Putzke, Der strafbare Versuch, JuS 2009, S. 896; Harro Otto/Nikolaus Bosch, Übungen im Strafrecht, 7. Aufl. 2010, S. 40; Urs Kindhäuser, Strafrecht AT, 8. Aufl. 2017, § 30 Rn. 3.

本案中，由于行为人 H 最后取得了 3 万元现金，故其究竟是否实现既遂可能还有争议。因此，需要预先对其是否成立敲诈勒索罪的既遂进行分析。对 H 刑事责任的分析可以这样展开：

1. 敲诈勒索罪（第 274 条）（×）

（1）构成要件符合性

H 采用以毁坏 I 的财物相威胁的方式，逼迫他在期限内交付 3 万元，实施了敲诈勒索的行为。本罪的既遂要求被害人由于威胁产生恐惧心理，并基于恐惧心理向行为人交付数额较大的财物，进而遭受财产损失。本案中，尽管 H 最终获得了 3 万元现金，但这并不是 I 基于恐惧交付财物，而是 J 自愿相赠的结果，它不能归责于 H 的敲诈勒索行为。因此，H 的敲诈勒索行为并未实现既遂。

（2）结论

H 的行为不成立敲诈勒索罪的既遂。

2. 敲诈勒索罪（第 274 条，第 23 条）（√）

（1）构成要件符合性

① 主观构成要件

H 意图通过以毁坏财物相威胁的方式，迫使 I 交付 3 万元，他明知该行为会导致 I 的财产法益遭受损害而希望这种结果发生，故具有敲诈勒索罪的故意。同时，他也具有非法占有 I 的 3 万元现金的目的。

② 客观构成要件

根据前述分析，H 已经完整地实现了敲诈勒索罪的实行行为，但并未达到既遂，符合本罪未遂的客观构成要件。

（2）违法性

并无违法阻却事由。

（3）责任

并无责任阻却事由。

（4）结论

H 成立敲诈勒索罪的未遂。

当然，如果行为人完全没有造成任何损害结果（如行为人为了杀人开枪，但子弹打偏，无人伤亡），那就不必从既遂犯的分析开始，而是直接进入未遂的考察即可。例如：

【毒鼠强案】K 意图杀害 L，便在 L 的饭盒中投入“毒鼠强”。L 吃下后不久即出现癫痫症状，K 见状顿生不忍之心，立即把 L 送往医院急救，L 经及时治疗脱险，但经鉴定，其伤势构成重伤。

对 K 的刑事责任可以作如下分析：

1. 故意杀人罪（第 232 条，第 23 条）（×）

由于没有出现死亡结果，故 K 的行为可能成立故意杀人罪的未遂。

（1）构成要件符合性

① 主观构成要件

K 在实施杀人行为时，明知自己投放“毒鼠强”的行为会导致 L 的死亡，并追求这一结果的出现，故具备杀人的故意。

② 客观构成要件

首先，K 将足以致死的“毒鼠强”放入 L 的饭食中，并使其吃下，已经将为杀害 L 所必要的实行行为全部实施完毕。其次，L 之所以没有死亡，是因为 K 突生怜悯之心主动救助使其得到及时的医治，而不是意志以外的原因造成的。

（2）结论

K 不成立故意杀人罪的未遂犯。

2. 故意杀人罪（第 232 条，第 24 条）（√）

（1）构成要件符合性

根据前述分析，K 的杀人行为已经实行终了。在实行终了的情况下，只有当行为人自动有效地防止了结果的发生时，才能成立犯罪中止。K 随后基于怜悯的动机自动采取了及时送往医院的救助措施，并且最终避免了 L 的死亡。

（2）违法性

并无违法阻却事由。

（3）责任

并无责任阻却事由。

（4）结论

K 成立故意杀人罪的中止犯。

3. 故意伤害罪（第 234 条）（√）

（1）构成要件符合性

① 客观构成要件

首先，根据前述分析，K 在 L 的食物中投入“毒鼠强”的行为具有致人死亡的危险。由于伤害是死亡的必经阶段，故该行为当然也具有严重损害他人健康的危险。其次，投毒行为所创造的风险也得到了实现，因为毒药的作用最终给被害人 L 造成了重伤结果，故该结果可归责于 K 的行为。

② 主观构成要件

根据前述分析，K 具有杀人的故意。由于伤害是死亡发生所必经的阶段，故任何一个杀人的故意中都必然包含着伤害的故意。因此,K 具备伤害的故意。

（2）不存在违法阻却或者责任阻却事由

（3）结论

K 成立故意伤害罪。

4. 竞合

故意杀人罪与故意伤害罪之间是法条竞合关系，其中故意杀人罪是特别法。故按照“特别法优于普通法”的原理，在 K 的行为同时成立两罪的情况下，应当排除故意伤害罪法条的适用，仅以故意杀人罪（中止）论处即可。

5. 结论

K 成立故意杀人罪的中止犯。由于他造成了重伤这一损害结果，故根据第 24 条第 2 款后段的规定，应当减轻处罚。

（二）共同犯罪

共同犯罪案件的分析应当遵循两个原则：

第一，“先分工分类，后作用分类”。如前所述，我国《刑法》关于共犯的规定采取了作用分类与分工分类相结合的方法。由于分工分类法以是否实施了某一具体犯罪的构成要件为划分共犯参与人的标准，故它对共同犯罪的定罪起着关键性的作用；作用分类法着重解决的则是各参与人的刑罚轻重，即量刑的问题。根据“先定罪，后量刑”的逻辑顺序，应当先确定参与人在何种犯罪内成立共同犯罪，谁是正犯，谁是狭义共犯，然后再根据个人在共同犯罪中所起的实质作用分出主犯与从犯。[1]两种分类法之间的关系，列表如下：

表1　分工分类法与作用分类法的关系

分工分类法	作用分类法	
正犯	主要实行犯	主犯
	次要实行犯	从犯
教唆犯	起主要作用者	主犯
	起次要作用者	从犯
帮助犯	起辅助作用者	从犯

第二，“先正犯，后共犯”。首先，如前所述，在分工分类法之下，基于共犯的限制从属性原理，狭义共犯的成立以正犯具有构成要件符合性和违法性为先决条件，故应当从案件中的疑似正犯者，即与法益侵害结果有最直接和最紧密关系的人入手。其次，就某一参与人来说，对于他在一个事实单元中涉嫌构成的某个犯罪，也应当先考察其是否成立正犯，在不成立正犯的情况下再考虑其是否成立狭义共犯。

共同犯罪，既可能是多人均实行犯罪的情况，也可能是多人之间存在正犯与狭义共犯之分的情况。[2]这两种情况的具体分析模式如下。

〔1〕参见陈兴良：《刑法适用总论》（上卷），中国人民大学出版社2017年版，第471页以下。

〔2〕我国传统刑法理论习惯于将这两种情况分别称为“简单的共同犯罪”与“复杂的共同犯罪”。参见高铭暄、马克昌主编：《刑法学》，北京大学出版社、高等教育出版社2017年版，第169页。

1. 共同正犯

共同正犯要求，在客观上二人以上共同实行了犯罪，在主观上二人以上具有共同的犯意。具体来说可以区分为以下三种情形：[1]

（1）甲、乙共同实行某一犯罪，其行为方式和所作贡献不存在差别，例如二人基于共谋一起往被害人饮用的茶水中倒入毒药。在此情况下，可以从任意一个参与者开始进行分析，在分析过程中需要说明结果可归责于两者的理由。

（2）在复合行为犯的场合，甲、乙各自分担了一部分的实行行为，例如甲、乙基于意思联络，由甲实施暴力压制被害人的反抗，乙则负责从被害人身上抢走财物。在此情况下，可以将甲、乙二人放在一起进行分析，[2] 并且说明，由于二人有意识地合作分担了抢劫罪的实行行为，故甲、乙各自实施的行为可以实现相互归责从而形成一个整体。

（3）甲、乙基于意思联络，乙将被害人引诱至作案地点，甲则开枪射击杀害被害人。在此情形中，由于甲的射杀行为与死亡结果具有更为紧密的联系，故应当先对甲的行为进行检验。然后再论证，乙的诱骗行为虽然单独看来似乎不属于故意杀人罪的实行行为，但对于构成要件的实现起到了重要或者关键作用，[3] 故仍然具有事实支配。

2. 正犯与狭义共犯共存

【入室“教训”案】M、N 两人均与 O 有仇，便商量一起到 O 家中“教训一下他”。但其中 M 只想重伤 O，N 则想趁机将 O 杀害。两人商议定当后仍不放心，遂找到 P，说他们打算进入 O 的住宅内偷些钱物，请 P 届时在外望风，事成之后必有重酬，P 信以为真，遂一口应允。到了商定的日期，P 在外放哨，M、N 两人潜入 O 的住宅，一同对 O 拳打脚踢，导致 O 重伤不治死亡。

尽管 M、N、P 三人实施了多个举动，但根据前述原理，本案是以 M、N

〔1〕 Vgl. Harro Otto/Nikolaus Bosch, übungen im Strafrecht, 7. Aufl. 2010, S. 51f.
〔2〕 Vgl. Urs Kindhäuser, Strafrecht AT, 8. Aufl. 2017, § 40 Rn. 26.
〔3〕 参见张明楷：《刑法学》，法律出版社 2016 年版，第 397 页。

的暴力行为为核心形成的共同犯罪案件，故不应把多个举动分割开来，而应将之并入一个事实单元当中进行分析。对三人刑事责任的分析如下。

（一）M

1. 故意杀人罪（第 232 条）（×）

（1）构成要件符合性

① 客观构成要件

M 拳打脚踢的暴力行为与 N 的行为结合在一起共同引起了 O 的死亡，是引起死亡结果不可或缺的部分。

② 主观构成要件

M 无意杀害 O，对于 N 的杀人计划也没有认识，故不具备本罪的故意。

（2）结论

M 不成立故意杀人罪。

2. 故意伤害罪[1]（第 234 条）（√）

（1）构成要件符合性

① 客观构成要件

M 的暴力行为具有致人重伤的危险，O 的死亡结果也当然地包含了重伤结果在内。

② 主观构成要件

M 明知自己的行为会导致 O 重伤，并追求这种结果发生，故具备本罪的故意。

（2）违法性

不存在违法阻却事由。

（3）责任

不存在责任阻却事由。

---

〔1〕 这里仅讨论了故意伤害罪的基本犯，其实完整的分析还需要包括本罪的结果加重犯。但限于篇幅，并且考虑到此处着重向大家介绍共同犯罪案件的分析模式，而结果加重犯作为一种特殊形态，其分析思路将来还会专门予以介绍，所以这里暂且略去对故意伤害罪结果加重犯的讨论。

（4）结论

M 成立故意伤害罪。

3. 非法侵入住宅罪（第 245 条第 1 款后段）（√）

（1）构成要件符合性

① 客观构成要件

由于 M 没有合法的理由强行进入 O 的住宅，故他实施了非法侵入住宅的行为。

② 主观构成要件

M 明知自己的行为会破坏 O 的住宅安宁，并希望这种结果的发生，故具备本罪的故意。

（2）不存在违法阻却事由和责任阻却事由

（3）结论

M 成立非法侵入住宅罪。

4. 竞合

M 的先后两个行为分别成立非法侵入住宅罪和故意伤害罪。但理论界较为一致的看法认为，为了伤害他人而侵入他人住宅的，仅以故意伤害罪一罪论处即可。至于这样处理的理由，学界尚有不同意见：有的认为两者是牵连关系；[1] 有的主张两者是吸收关系；有的则提出两者属于想象竞合关系。[2]

（二）N

1. 故意杀人罪（第 232 条）（√）

（1）构成要件符合性

① 客观构成要件

N 的暴力行为与 M 的行为共同引起了 O 的死亡。

② 主观构成要件

M 明知两人的暴力行为会致 O 死亡，并且追求这种结果发生，故具备本罪的故意。

---

〔1〕 参见高铭暄、马克昌主编：《刑法学》，北京大学出版社、高等教育出版社 2017 年版，第 479 页。

〔2〕 参见张明楷：《刑法学》，法律出版社 2016 年版，第 490 页。

（2）不存在违法阻却或者责任阻却事由

（3）结论

N成立故意杀人罪。

2. 故意伤害罪（第234条，第26条）（√）

伤害是杀人必经的阶段，既然N成立故意杀人罪，那么他也必然成立故意伤害罪。

同时，由于M和N在伤害的范围内有共同的故意，而且两人也在此基础上共同实施了伤害他人的实行行为。所以，在故意伤害罪的范围内，M与N成立共同正犯。又由于二人对实现故意伤害罪的作用基本相当，故应认为他们在共同犯罪中均起主要作用，都是主犯。

3. 非法侵入住宅罪（第245条第1款后段，第26条）（√）

由于M、N两人的行为在强行进入O的住宅这一事实上完全相同，所以与前述对M的分析一样，N也成立非法侵入住宅罪。同时，M、N既有共同非法侵入他人住宅的行为，也是在相互谋议的基础上实施该行为的，故二人成立本罪的共同正犯，且均为主犯。

4. 竞合

（1）根据前述分析，故意杀人罪与故意伤害罪之间是法条竞合关系，故根据“特别法优于普通法”的原则，仅以故意杀人罪论处即可。

（2）根据前述分析，当行为人为了实施故意杀人而非法侵入他人住宅时，仅以故意杀人罪论处。

5. 结论

N成立故意杀人罪。

（三）P

本案中，P并未实施犯罪构成要件的行为，其单纯望风的行为只可能成立某种犯罪的帮助犯。

1. 故意杀人罪（第232条，第27条）（×）

（1）构成要件符合性

① 前提条件

根据前述分析，N 成立故意杀人罪，故本罪帮助犯赖以成立的正犯行为已经具备。

② 客观条件

虽然在整个作案过程中，并未出现被人发现等异常情况，但 P 的望风行为毕竟还是使行为人更为大胆放心地实施故意杀人罪，故对本罪的实行提供了协助作用。

③ 主观条件

P 对 N 杀害 O 的计划一无所知，故不具有帮助他人实施杀人的故意。

（2）结论

P 不成立故意杀人罪的帮助犯。

2. 故意伤害罪（第 234 条，第 27 条）（×）

与前述分析相似，由于 P 并不知晓 M、N 共同伤害的计划，故不具备帮助他人实施伤害的故意。所以，P 不成立故意伤害罪的帮助犯。

3. 盗窃罪（第 264 条，第 27 条）（×）

（1）构成要件符合性

本案中，正犯者 M 和 N 都没有实施盗窃行为，故本罪帮助犯赖以成立的正犯行为并不存在。

（2）结论

P 不成立盗窃罪的帮助犯。

4. 非法侵入住宅罪（第 245 条第 1 款后段，第 27 条）（√）

（1）构成要件符合性

① 前提要件

如前所述，M、N 成立非法侵入住宅罪的共同正犯。故本罪帮助犯赖以成立的正犯行为已经存在。

② 客观要件

P 的望风行为为 M、N 顺利实施非法侵入住宅提供了有利条件。

③ 主观要件

P 虽然不知道 M、N 暴力袭击 O 的计划，但他知道两人要强行进入 O 的住宅实施犯罪，也知道自己的行为会对两人侵犯O的住宅安宁起到协助作用，并希望该结果发生，故具备本罪的故意。

（2）不存在违法阻却或者责任阻却事由

（3）结论

P成立非法侵入住宅罪的帮助犯。同时，根据第27条的规定，在共同犯罪中起辅助作用的是从犯，故P属于本罪的从犯，应当从轻、减轻或者免除处罚。

（四）全案分析结论

1. M成立故意伤害罪（主犯）。

2. N成立故意杀人罪。

3. P成立非法侵入住宅罪（从犯）。

四、结　语

本文简要地叙述了刑法鉴定式案例分析方法的基本内容。不过，一方面，限于篇幅，诸如过失犯、不作为犯、原因自由行为、结果加重犯以及共犯与未完成形态相交织等情形当中的案例分析细节尚未及展开，这有待将来通过专门的论文详加讲解。另一方面，正所谓“纸上得来终觉浅，绝知此事要躬行”，要真正熟练地掌握该分析方法，还有赖于大量的练习。接下来，同学们不妨运用本文所讲述的五步骤方法，先自行尝试对本文开头列出的“路见不平拔刀相助”一案展开分析。本案的参考分析，且待下回分解。

法学学堂

负担行为与处分行为的区分

杨代雄 *

摘　要： 只要区分物权与债权，负担行为与处分行为的区分就是民法理论逻辑的必然要求，与民事立法是否明文规定该区分无关。在无权处分情形中，负担行为与处分行为的区分体现得尤为明显。不区分负担行为与处分行为，就无法解释为何出卖他人之物的买卖合同有效。动产抵押、债权让与、股权让与等采用意思主义的权利变动，以该权利变动为内容的合同显然是处分行为。负担行为与处分行为的区分具有若干重要法律意义。在处分行为的效力判断上，抽象原则未必可取。

关键词： 负担行为　处分行为　法律行为

一、负担行为与处分行为的概念

负担行为（Verpflichtungsgeschäft）是指使当事人负担给付义务的法律行为。处分行为（Verfügungsgeschäft）是指直接使一项既存财产权利得以变动的法律行为，所谓变动包括权利移转、设定负担、变更或消灭。二者是对财产行为的进一步划分。

负担行为的效果是在当事人之间创设债权债务关系，因此，也被称为债权行为。[1] 通常而言，负担行为是合同，如买卖合同、租赁合同、赠与合同等。仅在例外情况下，单方法律行为才可以成为负担行为，如捐助行为。[2]

处分行为的处分客体包括物权、债权、股权、知识产权等财产权。以物

---

* 杨代雄，华东政法大学法律学院教授、博士生导师。

〔1〕 王泽鉴：《民法总则》，北京大学出版社 2009 年版，第 243 页。

〔2〕 在德国法上，悬赏广告也是单方法律行为和负担行为。我国民法学界关于悬赏广告的性质存在单方法律行为说与契约说之分歧。最高人民法院《关于适用〈中华人民共和国合同法〉若干问题的解释（二）》在“合同的订立”部分的第 3 条规定了悬赏广告，采用契约说。《民法典》第 499 条亦采契约说。

权为处分客体的处分行为被称为物权行为，如所有权让与、他物权设立。以债权等其他财产权为处分客体的处分行为被称为准物权行为。[1] 债权让与虽为债权法上的法律行为，但导致一项既存的债权移转，所以是处分行为，不是债权行为。处分行为可以是双方法律行为，即处分合同；也可以是单方法律行为，如所有权抛弃。有学者认为，处分行为的处分客体除了权利之外，还包括法律关系。例如，当事人通过一项法律行为终止合同、解除合同、撤销合同或撤回合同。[2] 鲁道夫 · 佐姆将通过行使形成权处分一项法律关系的行为称为"处分性形成行为"（verfügende Gestaltungsgeschäfte）。[3] 大多数情况下，行使形成权的法律行为都以变动一项既存的法律关系为效果，[4] 将其纳入处分行为概念未尝不可。广义的处分行为，除了所谓处分性形成行为之外，还包括当事人就一项既存法律关系的变动达成的合意，如关于合同解除的合意、关于合同转让（合同债权债务关系概括移转）的合意等。广义处分行为概念甚至还包括双方当事人通过单纯合意让与"开放占有"，此项合意也是法律行为，[5] 占有人据此处分其占有之法律地位。

二、负担行为与处分行为区分的必然性

只要区分了物权与债权，则负担行为与处分行为的区分就是民法理论逻辑的必然要求，与民事立法是否明文规定该区分无关。即便立法上未作规定，理论及实践上也应区分负担行为与处分行为。在基于法律行为的物权变动情形中，物权变动与债权发生是两个法律效果。当事人先订立动产买卖合同，后进行交付。在交付生效主义下，买卖合同不可能立即导致动产所有权移转，只能在买卖双方之间发生债权债务关系，它是债的发生原因。动产所有权移

---

〔1〕 王泽鉴:《民法总则》，北京大学出版社 2009 年版，第 244 页。

〔2〕 MünchKomm/Schramm，§ 185 Rn.7；Andreas von Tuhr，Der Allgemeine Teil des Deutschen Bürgerlichen Rechts，zweiter Band，erste Hälfte，Duncker & Humblot，1914，S.242f.

〔3〕 Rudolf Sohm，Der Gegenstand：Ein Grundbegriff des Bürgerlichen Gesetzbuches，Duncker & Humblot，1905，S.12.

〔4〕 个别行使形成权的行为仅以创设债权债务关系为效果，并非处分行为。如行使优先购买权或买回权的法律行为，其效果是使双方当事人负担给付义务。

〔5〕［德］施蒂尔纳:《德国物权法》（上册），张双根译，法律出版社 2004 年版，第 119 页。

转之法律效果的发生必须另有其因。事实行为意义上的交付本身不可能成为动产所有权移转的原因，否则该动产所有权移转就不是基于法律行为的物权变动，毋宁是基于事实行为的物权变动。这个问题不可能通过如下方式得以解决：把“基于法律行为的物权变动”中的法律行为理解为买卖合同，并把买卖合同与交付视为物权变动的共同原因。如果说买卖合同是物权变动的原因，就必然意味着买卖合同的法律效果除了债权效果之外，还包括物权效果。因为，基于法律行为的物权变动是因法律行为而发生的物权效果，在所谓的“共同原因”之中，属于法律行为的只有买卖合同，基于法律行为的物权效果只能解释为基于买卖合同的物权效果。一旦承认买卖合同既发生债权效果，也发生物权效果，则其就不再是单纯的债权行为，因为债权行为只能成为债权发生的原因。同时成为债权发生与物权变动之原因的买卖合同必须解释为既包含债权合意，也包含物权合意，两项合意共存于一个交易事实之中。物权行为与债权行为之区分依然不可避免。显然，将买卖合同视为“基于法律行为的物权变动”中的法律行为，并不能给物权行为否定说提供实质帮助。只要物权变动的原因是法律行为，该法律行为就只能是物权行为，债权行为只能发生债权效果，不能发生物权效果。这是逻辑上的必然。

在无权处分情形中，负担行为与处分行为的区分体现得尤为明显。如果出卖人并非标的物所有权人，买卖合同依然有效，[1]但买受人却不能取得标的物所有权，除非构成善意取得。不区分负担行为与处分行为，就无法解释上述现象。如果认为此时只存在一项法律行为，则为了避免无权处分导致买受人取得所有权，必须否定该法律行为之效力。结果是，买受人不仅得不到所有权，而且也不能取得合同债权，无法享受债权法上的保护。试图不否定法律行为效力，仅以欠缺处分权为由阻却买受人取得所有权，并不能令人信服。在物权法上，处分权是指有权通过一项法律行为改变物权的归属或其他状态的权利。享有处分权就可以实施该法律行为，欠缺处分权就不能实施该法律行为。如果实际上实施了该法律行为，其效力即存在障碍。因此，以欠缺处

〔1〕《民法典》第597条第1款之规定表明出卖人欠缺处分权时买卖合同依然有效。

分权为由阻却物权变动实际上就是通过否定法律行为效力阻却物权变动。不可能把处分权与法律行为割裂，在无权处分情形中，法律行为效力问题无可回避。欲阻却买受人从无权处分人手中取得所有权，必然要否定法律行为的效力。只有承认存在两项法律行为，才能仅否定其中一项法律行为的效力，保留另一项法律行为的效力，一方面阻却买受人取得所有权，另一方面使买受人享受债权法保护。被否定效力的法律行为就是处分行为，保留效力的法律行为就是负担行为。

在若干特殊交易类型中，显然存在专门针对权利变动的合意。例如，按照《民法典》第403条的规定，动产抵押权自抵押合同生效时设立。动产抵押权设立是物权变动，抵押合同直接发生该物权变动效果，显然包含了物权合意。土地承包经营权转让、流转期限为五年以上的土地经营权设立、地役权设立等采用登记对抗主义（意思主义）的不动产物权变动合同也都包含了物权合意。如果仅将此类合同解释为债权合同，就会出现“以物权变动为内容的债权合同”之悖论。股权让与、债权让与等权利变动在我国也采用意思主义，以此类权利变动为内容的合同显然也是处分合同。事实上，如果严格遵循逻辑法则，物权变动的意思主义只能解释为物权意思主义，所谓债权意思主义是个伪命题。法律行为的根本特征是法律效果与意思表示之间存在因果关联，债权意思表示与债权效果存在关联，与物权效果关联、能够决定其发生与否的只能是物权意思表示。在所有权保留买卖中，双方当事人达成“标的物所有权自全部价款支付完毕时移转给买受人”之约定，此项约定专门针对所有权移转，显然是物权合意。在占有改定情形中，由于未依常规模式交付标的物，双方当事人为了避免所有权是否已经移转之争议，必然要明示或默示地达成“标的物所有权立即移转给买受人”之约定，此项约定也是物权合意。就简易交付而论，《民法典》第226条规定：“动产物权设立和转让前，权利人已经占有该动产的，物权自民事法律行为生效时发生效力。”此处“民事法律行为”显然包含了物权合意，否则，仅有债权合意如何使物权变动在合意生效时发生效力？在现实交付的情形中，物权行为否定论尚且可以宣称物权因债权行为加上交付行为而变动，而在简易交付情形中，并无真正的交付行为，如果否定物权行为，就等于说物权因债权行为而变动，显然是个悖论。

三、负担行为与处分行为区分的法律意义

区分负担行为与处分行为有如下意义：首先，在理论上承认负担行为独立于处分行为，使得实践中对二者的法律效力予以分别判断具备了可能性。处分行为因某种事由（如欠缺处分权）不发生法律效力的，不影响负担行为的法律效力。负担行为的效果仅为双方当事人之间的债权债务关系，只不过债务的履行可能需要实施一项处分行为。该处分行为可否实施，实施后能否发生效力，属于债务的履行障碍问题，不涉及作为债务发生原因的负担行为之效力判断。负担行为的效果具有相对性，对第三人的权利没有影响，所以，当事人缔结一项负担行为之后，就同一标的物仍然可以与其他相对人缔结一项负担行为，每一项负担行为都有效，两个相对人都取得债权，两项债权不相排斥。

其次，处分行为与负担行为不同，其有效性以处分人对处分客体享有处分权为前提。以一项财产权为处分客体的，享有处分权的通常是该财产权的权利人，如所有权人、股权人、债权人。处分权是这些财产权的权能。不过，在某些情形中，权利人的处分权被剥夺或限制。例如，破产程序开始后，破产债务人对破产财产不再享有处分权，处分权被赋予破产管理人。被继承人指定遗嘱执行人的，尽管被继承人死亡后遗产归继承人共有，但作为共有人的继承人对遗产并无处分权，处分权由遗嘱执行人享有。财产被采取查封、扣押等强制措施的，权利人的处分权受到限制，此即所谓相对处分禁令（relatives Verfügungsverbot）。在民法原理上，违反相对处分禁令的处分行为相对于受该禁令保护的特定人不生效力，相对于其他人发生效力。[1] 在权利人未被剥夺或限制处分权的情况下，其可以将处分权授予他人。授权行为是单方法律行为。被授权人以自己名义实施处分行为，处分行为对授权人发生效力。在这方面，

〔1〕［德］卡尔·拉伦茨：《德国民法通论》，王晓晔、邵建东等译，法律出版社2003年版，第652页。

授权处分与代理不同，代理人须以被代理人名义实施法律行为。权利人将处分权授予他人，并不导致自己丧失处分权，其本人仍然可以行使处分权。[1]

最后，处分行为适用客体特定原则（Spezialitätsprinzip）。最迟于处分行为生效时，处分客体须特定，而且须就一个客体达成一项处分行为，不能就数个客体达成一项处分行为。[2]反之，负担行为不适用客体特定原则，订立买卖合同时，即便买卖物尚不存在或者尚未特定化，也不影响合同生效。

四、关于负担行为与处分行为的有因或无因问题

区分负担行为与处分行为，必然要回答处分行为与负担行为在效力判断上是何关系之问题。该问题在民法文献中经常被表述为：处分行为究竟是有因行为抑或无因行为？有因行为（kausales Rechtsgeschäft）亦称要因行为，无因行为亦称不要因行为、抽象行为（abstraktes Rechtsgeschäft）。一般认为，有因行为与无因行为是对财产给予行为（Zuwendungsgeschäft）的分类。财产给予行为是指一方当事人向另一方当事人或第三人给予一定财产的行为，包括给予一项权利，也包括通过免除债务、代为清偿债务、债务承担等方式给予某种财产利益。财产给予行为可以是处分行为，[3]也可以是负担行为。财产给予须有法律原因（causa，Rechtsgrund），否则取得财产即欠缺正当性，构成不当得利。原因就是使财产给予具备正当性的理由。原因可能存在于法律行为内部，作为法律行为的组成部分，也可能存在于法律行为外部。第一种情形中，法律行为本身包含了原因，为有因行为。第二种情形中，法律行为本身不包含原因，需要从外部寻求财产给予的正当原因，为无因行为。[4]

绝大多数负担行为被认为是有因行为，最典型的是买卖合同。出卖人负担将标的物所有权移转给买受人的义务，原因是买受人负担向其支付价款的

---

〔1〕［德］卡尔·拉伦茨：《德国民法通论》，王晓晔、邵建东等译，法律出版社 2003 年版，第 438 页。

〔2〕王泽鉴：《民法总则》，北京大学出版社 2009 年版，第 245 页。

〔3〕当然，并非任何处分行为都是财产给予行为。例如，所有权抛弃是处分行为，但不是财产给予行为。

〔4〕Brox/Walker, Allgemeiner Teil des BGB, 42. Aufl. 2018, S.55.

义务。给付义务与对待给付义务互为原因，该原因是买卖合同的组成部分。当然，也存在无因负担行为，如票据行为旨在使出票人或承兑人负担债务，是负担行为，原因存在于基础关系（如买卖合同、借贷合同）中，并非票据行为的组成部分，所以是无因行为。

就有因行为而论，原因的功能主要在于保障契约公正。在古罗马大部分时间里，法律通过合同类型法定主义保障契约公正。据此，受法律保护从而能产生诉权的合同仅限于要式买卖、要式口约等要式合同以及借贷、寄存、质押等实践合同。此类合同要么采用特定形式，要么一方当事人已经作出给付，庄严的形式或者实际给付使诉权的取得具备充分正当性。合同类型的限定以及形式主义对交易实践的制约随着罗马版图的扩张日益凸显出弊端，因此，在罗马法发展的中后期，诺成买卖、租赁等诺成合同以及各种无名合同的法律效力逐渐获得承认。原因逐渐取代合同形式成为保障合同公正的手段。法学家主要通过考量双方当事人给付之间的关系决定是否赋予诉权。〔1〕中世纪注释法学家延续了这一趋势，强化了原因对于合同的意义并且构建了原因理论体系。借道多玛与波蒂埃的著作，原因理论被《法国民法典》吸收。〔2〕

实际上，原因概念对于合同公正的保障功能并非毫无缺陷。就赠与合同、无偿保管、无偿借用等无偿合同而论，原因理论始终无法提供令人满意的解释。很难说清楚无偿合同的原因究竟是什么。有学者认为慷慨、酬谢、礼节等动机是无偿合同的原因；〔3〕有学者笼统地将无偿合同的原因称为获利原因，即为了对方而放弃某项利益且法律不禁止其放弃；〔4〕有学者干脆将“无偿地作出给付”本身视为赠与、使用借贷、无偿委托等无偿合同的原因。〔5〕原因既为有因行为的组成部分，则将动机视为无偿合同的原因显然不妥，因为动机是法律行为之外的因素，并非法律行为的组成部分。至于上述第二种观点，无异于宣称“只要一方当事人愿意无偿给予另一方当事人某项利益即可赋予

---

〔1〕［意］彼德罗·彭梵得:《罗马法教科书》，黄风译，中国政法大学出版社 1992 年版，第 308—309 页。

〔2〕［德］维尔纳·弗卢梅:《法律行为论》，迟颖译，法律出版社 2013 年版，第 201 页。

〔3〕［德］维尔纳·弗卢梅:《法律行为论》，迟颖译，法律出版社 2013 年版，第 202 页。

〔4〕［意］彼德罗·彭梵得:《罗马法教科书》，黄风译，中国政法大学出版社 1992 年版，第 66 页。

〔5〕 Larenz/Wolf, Allgemeiner Teil des bürgerlichen Rechts, 9. Aufl. 2004, S.419.

合同约束力”，这事实上已经放弃了作为合同公正之保障手段的原因，取而代之的是当事人的意愿。第三种观点则陷入“无偿给付的原因是无偿给付”之逻辑怪象。

依据现代法上的私法自治原则，只要当事人真诚地就财产给予达成合意，不违反禁止性法律规定且不违背公序良俗，该合意就应发生效力。问题的关键不在于财产给予是否存在对价等原因，毋宁在于依据何种因素判定此项合意是否真诚，或者说判定当事人是否具有自我约束之意。原因充其量只是考量的因素之一。如果财产给予存在对价，则当事人之间的合意无疑是真诚的，应当具备约束力。如果财产给付欠缺对价，则须考察其他因素判定当事人之间的合意应否具备约束力。其他因素如合意是否采用书面形式、公证形式等特殊形式，财产给予方是否已为给付，财产给予是否旨在增进社会公益或者履行道德义务等。即便不存在此类因素，也不意味着合意必然欠缺约束力，毋宁应当依据社会一般观念以及典型行为之类型化等标准决定合意的效力。新近修订的《法国民法典》第1128条已经放弃了以原因作为合同效力基础之规范模式。在英美契约法上，与大陆法系原因概念具有类似功能的约因概念也已渐趋式微。

如果说原因不适合作为合同效力基础，则其也不适合用于解释不当得利。因为，既然合同效力不取决于原因之有无，则在欠缺原因的情况下也可能成立有效的合同，从而，一方基于该合同给予另一方财产，显然不构成不当得利。虽无原因而获利，亦不发生不当得利，这表明原因概念对于不当得利亦非不可或缺。就给付目的不达之不当得利而言，所谓给付目的实际上只是财产给予的动机而已。特殊之处在于，双方当事人就该动机达成了明示或者默示合意。譬如，甲母以甲将来与乙结婚为目的给乙一件财物，但后来甲乙未结婚[1]。理论上未必需要将此项动机视为财产给予的原因，而且事实上也并无太多学者如此认为。就此而论，我国民法将不当得利定义为“没有法律根据取得利益”，而不像传统民法理论那样将其定义为“没有正当原因获得利益”，[2]

〔1〕 Kropholler/Jacoby & Hinden，§ 812 Rn.15.
〔2〕 Palandt/Sprau，§ 812 Rn.6.

并非毫无可取之处。此种定义的优势在于可以回避那个说不清道不明的“原因”。就其本质而言，不当得利是欠缺正当基础的得利。所谓正当基础不限于对价意义上的原因（causa），毋宁说，正当基础在于使对方得利的意愿以及特殊情形中的给付目的。通常情况下，只要受益方得利符合受损方在利益变动时的真实意愿，就不构成不当得利。至于此项意愿是否具备“原因”，在所不问。双方当事人是否基于此项意愿达成法律行为，也无决定意义，因为情谊行为也可能使他人“正当”得利，但却不构成法律行为。

既然原因已经丧失了现实解释力，则其仅剩下概念史意义。将所谓的无因行为称为抽象行为更为合适，实际上在德国法文献中也一直使用抽象行为这一术语。抽象性意味着财产给予行为的效力独立于基础关系。譬如，物权行为的效力不受债权行为效力之有无的影响，票据行为（负担行为）的效力不受基础关系是否成立以及是否存在抗辩之影响。至于作为基础行为的法律行为本身是否包含所谓的原因，在所不问。无论物权行为还是票据行为，都有可能以赠与合同之类的无偿合同为基础行为，而此类无偿合同很难说存在原因。从这个意义上说，基础行为未必是所谓的有因行为。与其坚守有因行为与无因行为之古老分类，不如采用基础行为与抽象行为之概念。当然，采用这对概念之前提是采用抽象原则。如果不采用抽象原则，则根本不存在抽象行为之概念。

从法的价值看，抽象原则未必妥当。就负担行为与处分行为之关系而论，在负担行为不发生效力的情况下，处分行为依然有效显然不符合当事人的本意。一方面，通常而言，出卖人作出向买受人让与买卖物所有权之意思表示时，是以买卖合同有效为前提的，反之，买受人向出卖人让与价金所有权时，亦然。另一方面，买卖双方在受让买卖物或价金所有权时也以买卖合同有效为前提：买受人不可能一方面以买卖合同有效为前提让与价金所有权，另一方面不以买卖合同有效为前提受让买卖物所有权。既然以负担行为之有效为处分行为发生效力之前提通常符合双方当事人之本意，则在法律上将处分行为之效力与负担行为之效力挂钩，未尝不可。无论将负担行为之有效解释为处分行为的法定生效要件，抑或将负担行为视为处分行为的交易基础从而适用法律行为基础障碍规则，或者在欠缺法律行为基础障碍规则的情况下适用意思表示错误（双方动机错误）规则，皆为可取之选择。负担行为与处分行为的关系类似于汽车发动机与传动轴的关系。发动机与传动轴虽为两个独立的部件，但后者发挥作用以前者处于工作状态为前提。负担行为无效如同发动机停止工作，处分行为在权利变动中的传动作用也就无从发挥。

案例研习

保理合同、债权转让通知与不当得利

朱晓喆*

摘　要：本文以一起案例为例，研究保理合同中的债权多重转让问题。文章提出保理合同是债权转让的基础关系，债权转让于转让人与受让人之间意思表示一致时发生效力，转让通知并非债权转让的生效要件，而是为了保护债务人。但转让通知的时间先后，根据《民法典》第768条可作为均未进行债权转让登记的数个保理人之间优先效力的标准。转让他人的债权是一种侵权行为，获得的对价属于不当得利，同时如有合同前提存在还会构成违约，从而债权人可向无权处分人主张违约、侵权以及不当得利，并构成请求权竞合。债权多重转让后，若第二次债权转让的受让人依法取得了债权，则第一次债权受让人不可向其主张侵权或不当得利。

关键词：保理合同　债权转让　无权处分　不当得利

案　情[1]

2021年10月10日，邓某某与H公司签订《借款合同》，约定：H公司向邓某某借款850万元，按银行同期贷款基准利率的4倍计息，借期自2021年10月10日起至2021年11月10日止。

上述借款到期后，H公司未清偿借款。2021年11月16日，H公司与邓某某签订《债权转让协议》，主要内容为：（1）双方一致同意，H公司将对J公司金额为900万元的债权（买卖混凝土的货款债权）转让给邓某某，以充抵上述850万元借款及利息，且从此H公司不再负担借款债务；（2）合同签

---

* 朱晓喆，上海财经大学法学院教授，博士生导师。

〔1〕 案例改编自：邓某某与建行支行合同纠纷上诉案件，南京市中级人民法院民事判决书（2015）宁商终字第636号。

订生效之日起，债权即发生转让。同时，双方共同签署了对 J 公司的债权转让通知（当时未发出）。

2021 年 11 月 20 日，H 公司与建行支行签订框架式的《保理合同》，约定：建行支行为 H 公司核定保理款总额度为 5000 万元，在 H 公司办理应收账款转让事宜后，可支用上述额度。

2022 年 1 月 7 日，H 公司与建行支行签署《应收账款转让书》，约定：H 公司将对 J 公司的应收账款债权 900 万元转让给建行支行，并且将与 J 公司之间的《混凝土买卖合同》合同书交付给建行支行。当日，H 公司向 J 公司邮寄了应收账款转让通知书，于次日到达。同日，H 公司向建行支行提出保理款 800 万元的支用申请，该申请于 2022 年 1 月 8 日得到建行支行审批同意，随后款项转入 H 公司账户。

2022 年 1 月 20 日，J 公司在建行支行要求下，向其支付了 900 万元以清偿债务。

2022 年 2 月 1 日，邓某某为实现债权，将债权转让协议及债权转让通知向 J 公司邮寄送达。J 公司确认收到上述通知，但表示已向建行支行履行债务，自己无须再向邓某某履行债务。

根据以上案情，分析下列问题：

一、邓某某可向 J 公司主张何种请求权？

二、邓某某可向 H 公司主张何种请求权？

三、邓某某可向建行支行主张何种请求权？

参考文献

① 李宇：《保理合同立法论》，载《法学》2019 年第 12 期。

② 李宇：《民法典中债权让与和债权质押规范的统合》，载《法学研究》2019 年第 1 期。

③ 徐涤宇：《〈合同法〉第 80 条（债权让与通知）评注》，载《法学家》

2019 年第 1 期。

④ 朱晓喆：《资产证券化中的权利转让与“将来债权”让与——评“平安凯迪资产支持专项计划”执行异议案》，载《财经法学》2019 年第 4 期。

⑤ 冯洁语：《禁止债权让与特约：比较法的经验与启示》，载《法商研究》2018 年第 5 期。

⑥ 庄加园：《〈合同法〉第 79 条（债权让与）评注》，载《法学家》2017 年第 3 期。

⑦ 尹飞：《论债权让与中债权移转的依据》，载《法学家》2015 年第 4 期。

⑧ 方新军：《合同法第 80 条的解释论问题——债权让与通知的主体、方式及法律效力》，载《苏州大学学报（哲学社会科学版）》2013 年第 4 期。

⑨ 李宇：《债权让与的优先顺序与公示制度》，载《法学研究》2012 年第 6 期。

⑩ 李永锋、李昊：《债权让与中的优先规则与债务人保护》，载《法学研究》2007 年第 1 期。

⑪ 张谷：《论债权让与契约与债务人保护原则》，载《中外法学》2003 年第 1 期。

⑫ 王泽鉴：《不当得利》（第 2 版），北京大学出版社 2015 年版。

⑬ 韩世远：《合同法总论》（第 4 版），法律出版社 2018 年版。

⑭ 朱广新：《合同法总则研究》，中国人民大学出版社 2018 年版。

⑮ 王洪亮：《债法总论》，北京大学出版社 2016 年版。

⑯［德］罗歇尔德斯：《德国债法总论》，沈小军、张金海译，中国人民大学出版社 2014 年版。

解题目录

【问题一】邓某某可向 J 公司主张何种请求权？

一、邓某某可能依据《民法典》第 626 条第 1 句结合第 545 条第 1 款，向 J 公司主张货款债权的请求权

（一）请求权是否发生

1. 是否存在买卖合同的价款债权

2. 邓某某是否享有对于 J 公司的买卖合同价款债权

3. 小结

（二）请求权是否可执行

1. 建行支行是否享有对 J 公司的债权

2. 附论：债权让与中的债务人保护

3. 小结

二、结论

【问题二】邓某某可向 H 公司主张何种请求权？

一、邓某某可能依据《民法典》第 577 条，结合第 509 条第 2 款、第 558 条，向 H 公司主张违约损害赔偿请求权

（一）H 公司是否瑕疵履行

（二）H 公司是否违反保护义务

（三）邓某某可否向 H 公司主张违约损害赔偿请求权

二、邓某某可能依据《民法典》第 1165 条第 1 款向 H 公司主张侵权损害赔偿请求权

三、邓某某可能依据《民法典》第 985 条向 H 公司主张不当得利请求权

（一）一方取得利益

（二）没有法律根据

（三）致使他人受有损失（因果关系）

四、结论：请求权竞合

【问题三】邓某某可向建行支行主张何种请求权？

一、邓某某可能依据《民法典》第 1165 条第 1 款向建行支行主张侵权损害赔偿请求权

二、邓某某可能依据《民法典》第 985 条向建行支行主张不当得利请求权

（一）一方取得利益

（二）没有法律根据

（三）致使他人受有损失（因果关系）

三、结论

解 答

【问题一】邓某某可向J公司主张何种请求权？

一、邓某某可能依据《民法典》第626条第1句结合第545条第1款，向J公司主张货款债权的请求权

（一）请求权是否发生

1. 是否存在买卖合同的价款债权

根据《民法典》第626条第1句，买卖合同的买受人应当支付价款。本案中，H公司对于J公司出卖混凝土而享有900万元的请求权。

2. 邓某某是否享有对于J公司的买卖合同价款债权

邓某某原本不享有对于J公司的债权，但因为受让H公司的债权，而享有对于J公司的买卖合同价款请求权。

通常有效的债权让与需让与人享有处分权、不存在转让的限制。本案中H公司享有债权的处分权，没有问题。根据《民法典》第545条第1款，债权转让有三种限制的情形，即依性质不可转让、当事人约定不可转让、法律规定不可转让。本案中，H公司对于J公司享有900万元的价款请求权，其性质为金钱债权，并不存在转让方面的限制。需要考虑的问题是，本案中的债权让与何时生效。

（1）债权转让与基础关系

关于债权让与的性质理论上有争议。德国民法学理上认为，债权让与导致一种财产地位，即债权之归属（Inhaberschaft）从一个人向另一人发生转移，因而是一种处分行为。[1] 虽然我国也有学者认为债权让与是事实行为，但通

[1] Looschelders, Schuldrecht, Allgemeiner Teil, 16. Aufl. 2018, S. 428.

说认为债权让与是让与人与受让人之间直接发生债权转移效果的合同，属于处分行为。[1]

作为一种处分行为，债权让与应当与其原因行为（Kausalgeschäft）区分开来，原因行为通常是一项负担行为，例如债权之买卖、赠与、清偿或担保。在德国民法理论中，债权让与采用分离原则和无因原则（Trennungs-und Abstraktionsprinzip），即债权让与和原因行为并不需要一起实施，且原因行为（如买卖）的无效，并不影响债权让与的效力，除非其具有与原因行为一样的瑕疵，或者当事人将原因行为的效力作为债权让与的生效条件。若原因行为无效，债权让与有效，则原债权人可以向受让人主张不当得利请求权，通过债权的回复让与而返还。[2]我国合同法理论对于债权让与采分离原则（或独立性）没有疑义，但对于是否采纳无因原则存在争议。[3]韩世远教授认为我国民法总体上采有因原则，在债权让与中亦如是，即原因行为无效或被撤销的场合，债权让与不生效力；原因行为被解除的场合，债权自动复归于让与人。只是对于票据债权或其他证券化债权，例外承认债权让与的无因性。[4]

本案中，H 公司与邓某某之间达成的《债权转让协议》不能仅从转让协议本身考虑，而须回溯到此前双方的《借款合同》。由于 H 公司未能如期履行 2021 年 10 月 10 日双方签订的《借款合同》，届期之后双方再签订《债权转让协议》，H 公司将对于 J 公司的 900 万元货款债权转让给邓某某以抵充借款债务，双方就金钱债权代替清偿借款债务达成意思表示一致，成立了“代物清偿”的合同，该合同是本案中债权让与的原因。我国民法上并无关于代物清偿合同的规定，民法理论上认为，代物清偿合同的效力适用民法总则的一般规定。[5]据此，《债权转让协议》中约定“H 公司将对于 J 公司金额为 900 万元的到期债权（买卖混凝土的货款债权）转让给邓某某，以抵充上述 850 万

〔1〕 韩世远：《合同法总论》（第 4 版），法律出版社 2018 年版，第 595—596 页。

〔2〕 Looschelders, Schuldrecht, Allgemeiner Teil, 16. Aufl. 2018, S. 428 f.

〔3〕 韩世远：《合同法总论》（第 4 版），法律出版社 2018 年版，第 599—600 页。

〔4〕 韩世远：《合同法总论》（第 4 版），法律出版社 2018 年版，第 600 页。韩世远认为债权让与的原因行为解除后，债权自动复归让与人。这一效果与普遍受认可的合同解除效力“折中说”或“清算关系说”不符。韩世远也坚持折中说，即解除后恢复原状不是物权请求权，而是一种债权请求权。参见韩世远：《合同法总论》（第 4 版），法律出版社 2018 年版，第 681 页。因此，解除后的恢复原状并非权利直接归属于转让人。

〔5〕 Looschelders, Schuldrecht, Allgemeiner Teil, 16. Aufl. 2018, S. 138.

元借款及利息”的条款，应适用《民法典》第 143 条以下的规定。本案中的《债权转让协议》并无法律行为效力方面的瑕疵，因而可以作为有效的债权让与的原因行为。

（2）债权何时发生转让

债权让与是处分行为，当事人就债权让与达成合意，债权即随之转移，原债权人脱离债权人地位，新债权人承继其地位，取得同一债权。[1]本案中，2021 年 11 月 16 日 H 公司与邓某某签订《债权转让协议》中明确约定“合同签订生效之日起，债权即发生转让”。因此，在该日 H 公司对于 J 公司的债权即让与给邓某某，后者取得债权。

（3）债权让与通知的效力

《民法典》第 546 条第 1 款规定：“债权人转让债权，未通知债务人的，该转让对债务人不发生效力。”通说认为债权让与通知是观念通知，但其有何法律效力，理论上存在不同认识。

第一种观点认为，债权让与合同生效时债权即发生转让，通知仅是对于债务人或第三人发生效力，这是主流观点。[2]从比较法上看，德国法系将债权让与的效力仅系于让与合意，即使不通知债务人，也发生债权让与，且能够对抗债务人之外的其他第三人（《德国民法典》第 398 条）。换言之，债权出让人如将同一债权作二次处分，即使第一次处分没有通知债务人，对于第二个受让人来说，第一次处分也发生效力。而在法国法系，让与通知不仅是债权让与对债务人生效的要件，而且是对抗债务人之外的其他第三人的要件（《法国民法典》第 1690 条第 1 款、《日本民法典》第 467 条第 1 款）。在债权二次处分场合，如果债权出让人与第二受让人成立债权让与合同，并将第二次的让与通知债务人，则由第二次的受让人取得该债权。[3]由上可见，德国

〔1〕 韩世远：《合同法总论》（第 4 版），法律出版社 2018 年版，第 607 页。例外的是，对于将来债权的转让，处分行为预先做出，但须待将来债权产生时，处分行为才能实际发生效力，受让人于此时才能取得债权。对此参见朱晓喆：《资产证券化中的权利转让与“将来债权让与”》，载《财经法学》2019 年第 4 期，第 154—155 页。

〔2〕 参见徐涤宇：《〈合同法〉第 80 条（债权让与通知）评注》，载《法学家》2019 年第 1 期，第 176 页。

〔3〕 李永锋、李昊：《债权让与中的优先规则与债务人保护》，载《法学研究》2007 年第 1 期，第 44—45 页。

法系与法国法系在债权让与本身的效力上，都不以通知为生效要件，只是在通知对抗债务人或其他第三人方面略有差异。

第二种观点认为，债权让与通知是债权让与的生效要件。换言之，债权让与合同并不能直接导致债权发生转让，而需通知债务人才发生效力。这是少数的观点。[1]

笔者赞同第一种观点，理由如下：① 从法律规范目的上说，《民法典》第546条第1款仅为保护债务人利益而设，也即如果债务人未收到债权让与通知，其仍对原债权人履行债务，是为有效清偿，而无须再对债权受让人履行。② 债权让与通知对债务人还有延伸的保护效力，这体现在如果债权人对债务人已通知债权让与，债务人根据通知而向新债权人履行债务，而实际上并未发生债权让与或让与无效，也即债务人向"表见债权人"进行清偿，也应当受到保护，而无须再对债权人履行债务。③ 从转让人与受让人的内部关系看，以通知为债权让与生效要件，会使很多新的交易形态难以展开。例如，为了担保目的，债权转让人与受让人进行隐蔽型的债权让与，不愿通知债务人，在转让人履行债务后，受让人仍将债权回复让与给转让人。再如，以通知为生效要件，使得债权的连续转让、未来债权转让困难重重，因为此类转让中没必要通知债务人或不知道具体债务人为谁。④ 从受让人与第三人的外部关系看，以通知为让与生效要件，继而在债权多重处分的场合，以通知先后为债权归属的最终依据，可能产生的问题如下：受让人为避免风险，须向债务人调查，此前是否发生过让与通知，以及通知的真实性、有效性，但债务人对受让人不负有准确告知的义务，因为债权转让不能给债务人带来负担。尤其是在集合债权让与、未来债权让与中，受让人查知让与通知的困难更大。因此，债权让与通知不宜具有防范受让债权风险的功能，而仅是为了保护债务人的利益。

综上，结合本案案情可知，尽管H公司与邓某某在2021年11月16日签订《债权转让协议》时尚未通知债务人J公司，但债权已经发生转移。邓某

〔1〕 参见申建平：《对债权让与通知传统理论的反思》，载《求是学刊》2009年第4期，第64页；尹飞：《论债权让与中债权移转的依据》，载《法学家》2015年第4期，第83—89页。官方的立法释义书也指出"通知到达债务人时转让行为生效"，参见胡康生主编：《中华人民共和国合同法释义》，法律出版社2009年版，第134页。似乎是支持转让通知是债权让与的生效要件。

某2022年2月1日将H公司与邓某某共同签署的债权转让通知，向南通J公司进行邮寄送达，只是对于债务人生效的条件，并不决定债权让与的时间。

此外，债权让与通知的主体原则上是原债权人。比较法上和民法学理上也有观点认为受让人可作为通知主体，但必须附有必要的转让证据或文书等。本案中，由于邓某某与H公司共同签署了债权转让通知文件，尽管是邓某某寄送的债权让与通知，即意思表示由邓某某发出，也可以发生让与通知的效力。

3. 小结

综上所述，邓某某因受让H公司对J公司的买卖合同债权，因而享有请求J公司支付900万元价款的请求权。

（二）请求权是否可执行

本案中邓某某的债权没有因清偿等事由消灭。须考虑的是，请求权是否可执行。

前文已述，邓某某针对J公司享有900万元的债权，但迟至2022年2月1日才向J公司发出通知，并主张债权。J公司提出已经向建行支行作出履行，从而不用再向邓某某履行债务。若J公司提出的抗辩事由成立，则意味着邓某某的900万元价款请求权不可执行。以下对此展开论述。

1. 建行支行是否享有对J公司的债权

本案中，H公司对J公司的900万元债权已转让给邓某某，如再行转让给建行支行，会发生“债权二次让与”的问题。

（1）保理合同与债权让与

本案中，2021年11月20日，H公司与建行支行签订框架式的《保理合同》，约定：建行支行为H公司核定保理款总额度为5000万元，在H公司办理应收账款转让事宜后，可支用上述额度。

根据《民法典》第761条，保理合同是应收账款债权人将现有的或者将有的应收账款转让给保理人，保理人提供资金融通、应收账款管理或者催收、应收账款债务人付款担保等服务的合同。保理合同是债权让与之原因行为。

保理合同本身并不直接导致债权发生转让，通常保理合同项下的债权让与，须另行订立合同。本案中，2022年1月7日，H公司与建行支行签署《应收账款转让书》约定转让应收账款债权 900 万元，是债权让与处分行为，此时才有可能发生债权让与。

（2）处分行为是否有效

债权让与是处分行为，须以出让人有处分权才能生效。如前所述，H 公司与邓某某在 2021 年 11 月 16 日签订《债权转让协议》，债权已经转让给邓某某。故而，2022 年 1 月 7 日，H 公司与建行支行签署《应收账款转让书》时，其已非债权人，不能对债权进行处分，且也未取得处分权人邓某某的事前同意或事后追认，故而该债权让与行为无效。

（3）是否构成善意取得债权

既然 H 公司对债权进行无权处分，那么在建行支行不知道且不应该知道 H 公司无处分权的前提下，且已经支付合理对价，那么是否有可能构成善意取得债权呢？

第一，根据《民法典》第 311 条第 1 款，无权处分动产或不动产，在符合下列三个要件时，受让人可善意取得：即“（一）受让人受让该不动产或者动产时是善意；（二）以合理的价格转让；（三）转让的不动产或者动产依照法律规定应当登记的已经登记，不需要登记的已经交付给受让人”。但本案中，建行支行所受让的债权并非动产或不动产，显然不符合善意取得要件。

第二，根据《民法典》第 311 条第 3 款，“当事人善意取得其他物权的，参照适用前两款规定”。本案中，债权不属于“其他物权”，故而不可参照适用第 1 款的善意取得。

第三，可否类推适用《民法典》第 311 条第 1 款。本案中，建行支行受让债权时主观上确为善意，且支付了合理对价，取得代表债权证明的《买卖合同》文书的占有，与第 311 条第 1 款规定的善意取得构成要件类似，可否类推适用善意取得呢？

债权是抽象的权利，并不像动产或不动产一般具有可公示的权利外观，从而足以使受让人产生信赖，进而有保护受让人之必要。本案的案情，尽管与《民法典》第 311 条第 1 款规定的善意取得构成要件具有相似性，但二者在处分的权利方面不一样，在法学方法论上，类推除了要有待解决的案件与现行法的构成要件方面有相似点之外，还须要考虑二者的不同之处，是否导致应该作出不同的判断和对待。

综上，建行支行并不能适用《民法典》第311条第1款、第3款，或类推适用《民法典》第311条第1款，而善意取得债权。

（4）其他的善意保护制度

从比较法上看，债权让与制度中，也有保护善意的债权受让人制度，主要以下有两种模式。

A. 概括模式

我国台湾地区“民法”第87条第1款规定：“表意人与相对人通谋而为虚伪意思表示者，其意思表示无效。但不得以其无效对抗善意第三人。”据此，若原债权人与债务人以虚伪的合同产生虚构的债权，进而债权人将该债权出让给第三人（受让人），则不得以债权为虚构而对抗善意第三人，也即第三人取得对债务人之债权。

B. 特别模式

《德国民法典》第405条规定：“债务人已出具债务证明文书，且债权系在出示该文书的情况下让与的，债务人不得对新债权人主张债务关系的缔结或承认是虚假的，或主张已与原债权人约定排除债权让与，但新债权人在让与时知道或应当知道上述事实的除外。”据此，债务人与债权人虚构债权，或约定排除债权让与，不对抗善意的债权受让人。

但以上二类债权让与中的保护善意第三人制度，都在解决债权本身为虚假的问题，而不解决无权处分债权的问题，故而与本案中的善意第三人无关。

（5）债权转让通知先到达的效果

如前所述，在一般的债权让与中，转让通知只是对债务人发生效力的条件，并不决定债权让与本身。但是，在《民法典》保理合同部分第768条赋予了债权转让通知另一种效力，即决定受让人之间优先性，这是我国债权转让通知规则的特殊之处。根据《民法典》第768条第3分句之规定，若就同一笔应收账款，订立数个保理合同，致多个保理人主张权利，“均未登记的，由最先到达应收账款债务人的转让通知中载明的保理人取得应收账款”。尽管

第 768 条字义上适用于多个保理人之间关系，但理论上认为，第 768 条可类推适用于其他的债权让与。本案中，邓某某与建行支行都是债权受让人，建行支行的债权转让通知最先到达债务人，根据《民法典》第 768 条第 3 分句，应由建行支行取得 900 万元的应收账款债权。

2. 附论：债权让与中的债务人保护

本案中的债务人 J 公司于 2022 年 1 月 20 日在建行支行要求下，向其支付了 900 万元。那么，J 公司在付款之后，是否应受到保护呢？

首先，根据上文所述，建行支行依《民法典》第 768 条第 3 分句可取得受让的 900 万元应收账款债权。J 公司向建行支行付款，是对其债务的履行，属于有效清偿。

其次，即使按照债权让与中的保护债务人的原理，J 公司也不需要再向邓某某清偿。理由如下：

根据《民法典》第 546 条第 1 款，债权人转让债权，未通知债务人的，该转让对债务人不发生效力。本条是对债务人之保护性规定，旨在明确债权发生让与后，但未通知债务人的，新债权人不能对债务人主张债权。如果债务人对原债权人进行清偿，则无须再向新债权人清偿。但须注意，本案中，并非债权让与未向债务人作出通知，而是转让人未将第一次债权让与通知给债务人，而再次作出债权让与后，将第二次债权让与通知债务人。根据《民法典》第 546 条第 1 款的文义，本案并不能直接适用该条款。

本案中，J 公司在未收到第一次债权转让通知的前提下，收到了第二次债权让与通知，这种情况与《民法典》第 546 条第 1 款规定的利益情形类似，因此可以类推适用该款规定。也即第一次债权让与尚未通知时，债权让与对 J 公司不生效力。而 J 公司对第二次受让人履行后，无须再对第一次受让人（邓某某）履行义务。

3. 小结

综上，虽然邓某某取得了受让的债权，但建行支行因为在先进行债权转让通知，因而取得了同一笔债权，J 公司向其支付 900 万元是有效清偿。而且，基于债权转让中保护未受通知的债务人的理由，J 公司也无须再向邓某某履行义务。因此，邓某某的请求权不可执行。

二、结论

邓某某受让取得对于J公司的900万元货款债权，但因为建行支行第二次受让债权并进行债权转让通知，优先获得该笔债权。而且债务人J公司已向建行支行清偿债务，故而可以对邓某某的履行请求提出抗辩，邓某某不能向J公司主张900万元货款的债权请求权。[1]

【问题二】邓某某可向H公司主张何种请求权？

一、邓某某可能依据《民法典》第577条，结合第509条第2款、第558条，向H公司主张违约损害赔偿请求权

《民法典》第577条沿袭原《合同法》第107条规定："当事人一方不履行合同义务或者履行合同义务不符合约定的，应当承担继续履行、采取补救措施或者赔偿损失等违约责任。"据此，合同一方当事人向违约方主张违约责任，须发生"一方不履行合同义务或者履行合同义务不符合约定"。

《民法典》第577条规定的"一方不履行合同义务或者履行合同义务不符合约定"过于宽泛。在民法原理上总结，合同债务人的违约行为包括：期前拒绝履行、履行不能、履行迟延、瑕疵履行、加害履行，以及附随义务（保护义务）违反。显然本案中，H公司向邓某某转让债权，不存在期前拒绝、不能、迟延、加害履行等违约形态。可以考虑的是，是否存在瑕疵履行或保护义务违反。

（一）H公司是否瑕疵履行

本案中《债权转让协议》包括了一项"代物清偿合同"，其是一项有偿合同。根据《民法典》第646条，"法律对其他有偿合同有规定的，依照其规定；没有规定的，参照适用买卖合同的有关规定"。因此，本案中"代物清偿合同"应参照买卖合同的规定。

根据《民法典》第582条第1句"履行不符合约定的，应当按照当事人

---

〔1〕 此处有待深入探讨的一个问题是，虽然《民法典》第768条第3分句规定在先通知的债权受让人取得应收账款的债权，或者说可以对抗在后通知的受让人，但是否必然排除第一次的受让人在特殊情况下仍有可能取得应收账款的债权，例如本案中建行支行放弃受让的债权或放弃优先效力，则邓某某仍是债权人。

的约定承担违约责任”和《民法典》第 617 条“出卖人交付的标的物不符合质量要求的，买受人可以依据本法第五百八十二条至五百八十四条的规定请求承担违约责任”，当事人主张瑕疵履行的违约责任，违约方须“履行不符合约定”，学理上称为“瑕疵”。《民法典》上关于瑕疵的界定如下：

1. 当事人约定的质量要求。《民法典》第 615 条规定：“出卖人应当按照约定的质量要求交付标的物。出卖人提供有关标的物质量说明的，交付的标的物应当符合该说明的质量要求。”若合同给付之履行，不符合当事人约定的质量要求，称为“主观瑕疵”。

2.《民法典》第 616 条规定：“当事人对标的物的质量要求没有约定或者约定不明确，依据本法第五百一十条的规定仍不能确定的，适用本法第五百一十一条第一项的规定。”而《民法典》第 511 条第 1 项质量标准包括强制性国家标准、推荐性国家标准、行业标准以及通常标准或者符合合同目的的特定标准。据此，不符合上述标准的合同给付，称为“客观瑕疵”。

根据《民法典》第 646 条，上述关于买卖合同的瑕疵界定，也可适用于本案中上述关于瑕疵界定和瑕疵履行的违约责任，均可适用于“代物清偿合同”。

具体到本案中，H 公司出卖给邓某某的债权是否存在瑕疵？换言之，H 公司是否完成合同义务的履行？

1. 是否存在主观瑕疵。根据案情，双方并未约定债权的“品质”，故而没有主观标准。

2. 是否存在客观瑕疵。根据《民法典》第 511 条第 1 项，债权并无国家或行业标准，只能“按照通常标准或者符合合同目的的特定标准履行”。据此，作为转让标的的债权，通常应基于真实的交易产生的债权，具备“真实性”（Verität）即可。但债权的出让人，通常不对债权是否能够回收或债务人是否具有履行能力而负责，即出让人不负担“品质责任”（Bonitätshaftung）。

本案中，H 公司对 J 公司的 900 万元债权，已经在《债权转让协议》订立时完成转让，H 公司履行了给付义务。而且，H 公司确实是基于买卖混凝土合同，对于 J 公司享有 900 万元的债权，债权的真实性没有疑义。因此转让的债权符合客观品质标准，不存在客观瑕疵。

总之，H公司没有发生瑕疵履行的违约行为。

（二）H公司是否违反保护义务

附随义务是指伴随在债务履行过程中，当事人应负担的照顾、保护对方固有的人身、财产权益的义务。《民法典》第558条规定："侵权债务终止后，当事人应当遵循诚信等原则，根据交易习惯履行通知、协助、保密、旧物回收等义务。"上述义务都属于保护义务，只是发生在合同展开的不同阶段，前者为合同中的保护义务，后者为合同后的保护义务。违反保护义务的后果是，违约方将根据《民法典》第577条向他方当事人承担违约责任。

本案中，H公司将对J公司的债权通过《债权转让协议》出让给邓某某，但事后又将同一债权无权处分给建行支行，并且J公司已向后者履行义务，致使邓某某不能收回该债权的款项，造成邓某某的价值900万元债权的损失，因而属于违反后合同的保护义务。

（三）邓某某可否向H公司主张违约损害赔偿请求权

根据《民法典》第577条，违约方应向对方承担违约责任。此外，《最高人民法院关于适用〈中华人民共和国合同法〉若干问题的解释（二）》第22条也规定："当事人一方违反合同法第九十二条规定的义务，给对方当事人造成损失，对方当事人请求赔偿实际损失的，人民法院应当支持。"

本案中，邓某某已经遭受损害，无法主张继续履行或采取补救措施，只能向H公司主张损害赔偿。违约损害赔偿请求权，除了发生违约行为以外，还须具备实际损害、因果关系、可预见性的要件，在本案中这些要件都没有问题，因此邓某某可以向H公司主张数额为900万元的违约损害赔偿请求权。

二、邓某某可能依据《民法典》第1165条第1款向H公司主张侵权损害赔偿请求权

一般侵权责任的请求权基础是《民法典》第1165条第1款："行为人因过错侵害他人民事权益造成损害的，应当承担侵权责任。"学理上认为，一般侵权责任的构成要件包括：加害行为、权利侵害、损害事实、因果关系、主观过错，以及没有正当的抗辩事由。具体分析如下：

第一，加害行为。本案中，加害行为是指H公司将已经归属于邓某某的

债权，再次处分给建行支行。该行为导致邓某某的债权不能收取其价值。

第二，权利侵害。债权是否属于侵权法保护的客体，理论和实践上均存有争议。我国民法理论和实践上认可在严格的构成要件下（加害人主观上故意），债权也可作为侵权法保护的客体。而且，《民法典》第 1165 条表述“侵害他人民事权益”，文义上可以包括债权。因此，本案中，邓某某的债权，可以作为侵权法保护的客体。

第三，损害事实。本案中，由于 J 公司已经向建行支行清偿，不用再对邓某某履行义务，故而造成邓某某 900 万元的财产损失。

第四，因果关系。本案中，H 公司的再次处分债权的行为与上述损害事实之间具有相当的因果关系。

第五，主观过错。本案中，H 公司明知已将债权转让给了邓某某，仍然处分给建行支行，主观上存在故意，符合侵害债权的主观要件。

综上，H 公司的二次处分同一笔债权的行为致使邓某某遭受 900 万元的损害，且无正当的抗辩事由，因此邓某某可以基于《民法典》第 1165 条第 1 款向 H 公司主张 900 万元的损害赔偿请求权。

三、邓某某可能依据《民法典》第 985 条向 H 公司主张不当得利请求权

民法原理上将不当得利区分为给付型不当得利和非给付型不当得利，但我国民法实证法上并未对此作明显的区分。《民法典》第 122 条和第 985 条都规定：没有法律根据，取得不当利益，受损失的人可以请求得利人返还不当利益。据此，不当得利请求权的构成要件包括：（1）一方取得利益；（2）没有法律根据；（3）致使他人受有损失。下文将据此考虑本案中邓某某是否享有不当得利请求权。

（一）一方取得利益

不当得利法上的利益应具体认定，包括各种财产利益，可以是财产权的取得、占有或登记的取得、债务的消灭、劳务或使用利益的取得等。[1]

本案中 H 公司可能取得的利益有如下两类：

---

〔1〕 王泽鉴：《不当得利》（第 2 版），北京大学出版社 2015 年版，第 51 页以下。

1. 对邓某某的850万元借款债务的消灭

根据《债权转让协议》，H公司在转让900万元的债权给邓某某后，H公司对于邓某某的借款债务不再履行，从而850万元的债务消灭。这属于取得利益。

2. 将债权二次处分给建行支行，取得保理融资款

根据《保理合同》，在2022年1月7日H公司与建行支行签署《应收账款转让书》后，2022年1月8日建行支行审批同意，H公司取得800万元的融资款。该款项属于取得利益。

（二）没有法律根据

1. H公司对邓某某的借款债务850万元消灭，是基于《债权转让协议》中的代物清偿合同，即邓某某取得H公司的900万元债权后，借款债务消灭，该《债权转让协议》并未发生无效或被撤销的情形，故而债务消灭具有法律根据。

2. H公司取得保理融资款800万元，是无权处分邓某某的债权，获得的利益，因而没有法律根据。〔1〕

附论：王泽鉴指出，侵害他人权益型的不当得利理论基础有违法性说和权益归属说。前者认为，侵害他人权益，因侵害行为具有不法性，因而构成不当得利。但不当得利制度目的在于使受益人返还其无法律上原因所受之利益，其考虑的不是不当得利的过程，而是保有利益的正当性。〔2〕后者认为，权益具有一定的利益内容，专属于权利人，归其享有，并具排他性。违反法秩序所定权益归属而取得利益者，例如处分他人之物致受让人善意取得，其取得之价金，乃违反财产法上利益归属秩序，欠缺法律上原因，应成立不当得利。该理论以保有利益的正当性作为判断标准，符合不当得利法的规范目的，可资赞同。〔3〕

---

〔1〕 王泽鉴就权利侵害型不当得利指出，无权抵押他人之物，获得借款，受有借款利益，属于不当得利。王泽鉴：《不当得利》（第2版），北京大学出版社2015年版，第158页。

〔2〕 王泽鉴：《不当得利》（第2版），北京大学出版社2015年版，第141页。

〔3〕 王泽鉴：《不当得利》（第2版），北京大学出版社2015年版，第141页。

（三）致使他人受有损失（因果关系）

既然 H 公司从建行支行取得的保理融资款欠缺法律根据，继而须考虑的是，其与邓某某受有损失（不能收取债权金额）之间存在因果关系吗？

就权益侵害型不当得利，通说认为应以“致他人受有损害”为要件，即受益与受损害须具有直接性，其受利益系直接来自受损害者。但须注意的是，此处的受损害，并不以实际上受有损害为必要，因为不当得利的目的并非在于填补损害，而是在消除无法律上原因所取得的利益。[1] 例如，利用他人屋顶放置广告招牌，他人是否有使用屋顶的计划，是否存在不能使用收益的损害，在所不问。

本案中，导致邓某某不能收取 900 万元债权款项的原因在于：H 公司二次处分债权，建行支行受让同一笔债权，并且根据《民法典》第 768 条第 3 分句，在先进行债权转让通知的保理人，优先获得应收账款债权（或者说保理人可以对抗第一次受让债权的邓某某）。因而，H 公司的二次处分债权，获取 800 万元保理融资款是导致邓某某受有损失的原因。

综上，H 公司由于第二次处分债权，获得保理融资款 800 万元，并致使邓某某受有损失，因此邓某某可以根据《民法典》第 985 条向 H 公司主张 800 万元的不当得利请求权。

四、结论：请求权竞合

由上可见，邓某某可以根据《民法典》第 577 条向 H 公司主张基于《债权转让协议》的违约损害赔偿请求权，也可以根据《民法典》第 1165 条第 1 款主张侵权损害赔偿请求权，数额均为 900 万元。此外，邓某某还能根据《民法典》第 985 条向 H 公司主张不当得利请求权，但数额是 800 万元。

根据《民法典》第 186 条，违约与侵权请求权发生竞合时，原告可以选择主张何种请求权。本案中的两个请求权，在构成要件方面有所差别，尤其是侵害债权的请求权须以主观上的故意为构成要件，比较严格，邓某某需对此进行举证。在其他方面，包括损害赔偿具体数额、诉讼时效等，没有显著

---

〔1〕 王泽鉴：《不当得利》（第 2 版），北京大学出版社 2015 年版，第 143 页。

差别。邓某某可自行选择主张何种请求权。

类推适用《民法典》第186条，邓某某还可以在违约、侵权和不当得利请求权之间进行选择，但不当得利请求权的数额较违约或侵权请求权要低。

【问题三】邓某某可向建行支行主张何种请求权？

一、邓某某可能依据《民法典》第1165条第1款向建行支行主张侵权损害赔偿请求权

《民法典》第1165条第1款规定："行为人因过错侵害他人民事权益造成损害的，应当承担侵权责任。"一般侵权责任的构成要件包括：加害行为、权利侵害、损害事实、因果关系、主观过错，以及没有正当的抗辩事由。

本案中，建行支行的确由于受让H公司的债权，并且向J公司提示付款，获得清偿，从而J公司向邓某某抗辩，不再履行债务，导致邓某某的损失。但建行支行的行为一方面并不具有违法性，不属于侵害他人权利的行为，另一方面主观上也没有过失，即没有注意到该债权已经是第二次转让。再者，从因果关系上看，也超出了一般理性人的预见范围，不具有相当性。因此，邓某某对建行支行不享有《民法典》第1165条第1款规定的侵权损害赔偿请求权。

二、邓某某可能依据《民法典》第985条向建行支行主张不当得利请求权

《民法典》第985条规定没有法律根据，取得不当利益，受损失的人可以请求得利人返还不当利益。不当得利请求权的构成要件包括：（1）一方取得利益；（2）没有法律根据；（3）致使他人受有损失。据此考虑本案中邓某某是否存在不当得利请求权。

（一）一方取得利益

本案中，建行支行的得利有两种可能：

第一，取得H公司对J公司的900万元的货款债权。根据前文所述，H公司将同一债权无权处分给建行支行，且未得到权利人的追认，故而处分行为无效。但是又根据《民法典》第768条第3分句，建行支行受让债权已经对债务人J公司进行了通知，建行支行取得了应收账款的债权，构成一项得利。

第二，建行支行向J公司提示付款，获得清偿，获得900万元款项，取

得利益。

（二）没有法律根据

如前已述，建行支行取得应收账款的债权，以及据此收取900万元款项，都有法律依据，不符合这一构成要件。

（三）致使他人受有损失（因果关系）

不当得利法上的因果关系强调直接性。本案中，建行支行根据《民法典》第768条第3分句有权收取900万元货款债权的款项，且因为比邓某某的债权让与通知更早地生效，因而优先于后者取得该笔债权。因此，邓某某未能获得应收账款债权，并非建行支行的行为造成的，本案不符合不当得利法的因果关系。

综上所述，邓某某不能根据《民法典》第985条向建行支行请求返还收取的900万元款项。

三、结论

本案中，邓某某既不能根据《民法典》第1165条向建行支行请求侵权损害赔偿请求权，也不能根据《民法典》第985条向建行支行请求不当得利请求权。由此可见，《民法典》第768条关于保理合同同一应收账款存在数个保理受让人时，登记、通知在判断取得债权的顺序中起到关键的作用。

代办托运案案例研习报告*

——复杂诉讼中当事人地位的确定方法

刘哲玮**

摘　要：案例研习是民事诉讼教学改革中的一种尝试，在延续民法请求权基础方法的前提下，对民事诉讼法的规范问题进行进一步的研习，强调对学生分析方法和思维过程的训练，希望通过提供一体化的分析框架，让学生在面对案件时能够一以贯之地使用一套思维体系加以解决，并通过方法论的更新，对民事司法实务产生影响。本文以一个具体案例为例，展现了在复杂诉讼中存在多数当事人可能时，如何按照法定顺序对必要共同诉讼人、普通共同诉讼人、有独立请求权第三人、被告型无独立请求权第三人和辅助型无独立请求权第三人依次检索，确定要件是否满足，最终确定相关主体当事人地位的方法。此种方法的使用有助于建构民事诉讼的体系化思维，凸显法律解释方法的重要性，暴露民事诉讼理论中的实质分歧；但也可能存在僵化教条和信息不足的困难，需要使用者有意识地克服。

关键词：复杂诉讼　多数当事人　共同诉讼　第三人　案例研习

绪　论

民事诉讼法学是一门与实践高度结合的学科。但由于种种原因，中国民事诉讼法学的教学和研究都存在与实践不同程度的脱节。[1]近年来，一些法官

---

*　本文写作于2021年12月民事诉讼法第四次修改之前，出版时保持了原貌，未根据民事诉讼法进行修改。——编辑注

**　刘哲玮，北京大学法学院副教授、博士生导师。本文的完成需要特别感谢许德峰、曹志勋两位老师在案例编撰和答案编写上贡献的智慧，以及北京大学法学院民诉案例研习课程历年的助教团队为案情和答案的完善贡献的批评。本文系国家社科基金项目“构建中国特色案例制度的综合系统研究”（16ZDA068）阶段性研究成果。

〔1〕参见张卫平：《对民事诉讼法学贫困化的思索》，载《清华法学》2014年第2期。

和律师为弥合这种脱节进行了相关的探索，并在实务界引起了较大的反响。[1]很多民诉学者也通过改革教学方法，或开设专门课程来增强民诉理论与实践的联系。细究起来，这些教学改革虽然都强调案例、实践的重要性，但在具体方法上却又有不同的侧重，或许可以粗略地分为两种类型：第一类偏重实证，强调提高学生的实践操作能力，通过研讨真实案件的裁判文书或模拟真实的民事案件，帮助学生对诉讼程序祛魅，提高其在处理案件上的操作熟练度，因此注重高度还原案件的真实场景，旨在让学生了解中国司法实践的真实状态[2]。第二类则更倚重规范，强调对学生分析方法和思维过程的训练，希望通过提供一体化的分析框架，让学生在面对案件时能够一以贯之地使用一套思维体系加以解决，因此并不十分关注案例信息本身的真实性，而是强调案例中蕴含的知识及其体系。[3]

从 2013 年起，笔者加入北京大学法学院葛云松教授、许德风教授、张双根教授、贺剑博士的民法案例研习团队，探索如何在一个民事案例中，引入诉讼法的思维，与民法请求权方法相结合。从 2016 年开始，根据北大法学院的教学安排，笔者又在民法老师的大力帮助下，与曹志勋博士一起开设民诉案例研习课程，在延续请求权方法的前提下，对民事诉讼法的问题进行进一步的研习。因此，如果对应上述民事诉讼教学改革的分类，笔者的探索应该更接近第二类，即强调对案例分析框架和思维方法的训练。事实上，在目前北大的案例研习课堂上，虽然每学期都会用一个真实案例来作为一学期课程的收尾，但其他近十个案例都是教学案例。教学案例虽然有真实案件的影子，但无论是提供的素材，还是作业的要求，都并非旨在训练学生实际操作案件

---

〔1〕 例如，邹碧华：《要件审判九步法》，法律出版社 2010 年版；邹碧华、许可等：《民商事审判方法》，法律出版社 2017 年版。

〔2〕 最典型如章武生主编：《个案全过程新论：以集中审理为中心》，复旦大学出版社 2020 年版。此外，很多强调情景式、场景化的教学改革，都可以归属于此类。而王亚新教授与其弟子编写的产生了较大影响的教科书，也强调对中国司法实践的介绍和讨论，高度重现了中国司法实务的操作。参见王亚新、陈杭平、刘君博：《中国民事诉讼法重点讲义》，高等教育出版社 2017 年版。

〔3〕 清华大学任重副教授已经发表了其在教学中使用的分析框架，参见任重：《论民事诉讼案例分析框架：案例教学与研究方法》，载《法治现代化研究》2020 年第 1 期。据笔者粗略的了解，中南财经政法大学的袁中华副教授、华东师范大学的袁琳博士、重庆大学的廖浩博士等一批青年学者也在各自的教学中尝试使用此类方法，西南政法大学推行的双师同堂教学模式虽然更强调实体法与程序法的交融，但也包含着对思维方法的训练。

的技能。

之所以采用此类方法推进教学改革，一方面与笔者近年来的学术兴趣有关，另一方面也受到了请求权方法在中国发展的重要影响。请求权方法在中国最初的引入来自比较法上的借鉴[1]，伴随着民法学者在各大院校推广案例教学，并撰写了一批具有影响力的案例研习报告和教学改革论文，[2]现在已经对中国民法学的教学和实务操作产生了巨大的影响。随之而来的问题是，与民法紧密配合的民事诉讼法，在教学上是否可以复制在民法教学中应用请求权方法的路径，通过方法论的更新，对实务产生影响。采用这一方法，可以在民事司法案件的分析中打通实体与程序，形成体系化的思维。

本文以笔者在教学中使用的一个案例为例，目的是展示在可能存在多方主体的复杂诉讼中，如何准确确定当事人的地位。需要说明的是，本文的目的主要是展现这种思维方法的具体分析路径，因而对一些具体知识层面尚存在争议的观点，并未做充分论证，例如在诉讼标的上直接采取了旧实体法说，在诉讼要件上套用了积极要件（《民事诉讼法》第 119 条）和消极要件（《民事诉讼法》第 124 条）的简单分类。此外，作为一个教学案例，教师完全可以自行掌控案例所涉知识层面的难度，例如在具体教学中，为了增加民法部分的讨论，将案例运输的物品变更为火药，就可以引入违法无效等民法知识。总之，因为篇幅所限，本文关注的重点是具体的思维过程和方法，但这并不意味着这一方法只能讨论简单案例，相反，在掌握了这一方法后，才更能够将疑难问题暴露出来。

---

〔1〕 王泽鉴：《民法思维：请求权基础理论体系》，北京大学出版社 2009 年版；[德] 梅迪库斯：《请求权基础》，陈卫佐、田士永、王洪亮、张双根译，法律出版社 2012 年版；以及国家法官学院联合德国国际合作机构编著的《法律适用方法》系列丛书。

〔2〕 例如，葛云松：《服务器留置案分析——一份案例练习报告》，载《师大法学》2017 年第 1 期；葛云松：《一份基于请求权基础方法的案例练习报告——对于一起交通事故纠纷的法律适用》，载《北大法律评论》第 16 卷第 2 辑，北京大学出版社 2015 年版；吴香香：《请求权基础思维及其对手》，载《南京大学学报（哲学·人文科学·社会科学版）》2020 年第 2 期；朱晓喆：《请求权基础实例研习教学方法论》，载《法治研究》2018 年第 1 期；田士永：《民法学案例研习的教学实践与思考》，载《中国法学教育研究》2011 年第 3 期。

案　情

2015 年 9 月 1 日，服装公司甲（住所地位于 A 县）与仓储公司乙（住所地位于 B 县）订立仓储保管合同，约定由乙为甲保管一批布料（价值 30 万元），保管期为 3 个月。2015 年 11 月 30 日，甲又与乙订立运输合同，要求乙将该批布料运送至甲在 A 县的工厂，并按照约定通过银行转账的方式将运费 1 万元汇至乙的账户。

从事跨省运输业务的个人丙（住所地为 A 县）完成上一单运输业务后，恰好要空车途径 B 县返回 A 县。丙得知甲乙订立运输合同一事后，主动向乙提出可以 6000 元的价格为其运输。2015 年 12 月 1 日，乙与丙直接订立了书面的运输合同，约定运费 6000 元，将布料交由丙运送。合同中同时约定因该合同履行发生的一切争议都应由 B 县法院管辖。乙将剩余 4000 元据为己有，并未归还甲。

2015 年 12 月 3 日，运输途中，丙因疲劳驾驶，在转弯处操作不当导致货车翻入路边的河中。车载布料全部被水浸泡损害，无法继续使用。事后，乙、丙向警方交代了合同订立的全部过程。

2015 年 12 月 4 日，甲知悉了布料损坏和乙丙缔约的事实。因沟通无果，以上述事实为基础向法院提起诉讼。

问　题

1. 假如甲向 B 县法院起诉乙违反合同约定，要求其赔偿布料损失 30 万元，并在起诉状中列明丙为无独立请求权第三人。乙答辩主张，丙才是真正的损失制造者，因而请求法院判令丙承担损害赔偿责任；甲则表示，由于不清楚乙、丙的偿债能力，希望法院判令二人对 30 万元的损失连带承担违约损害赔偿责任。以上表示均在开庭前，作为最终的诉讼主张，以书面方式呈递给法院并记录在案。请问，法院应当如何确定丙在本案中的当事人地位？（注意：为降低题目难度，该问项下只需考虑违约责任，无需考虑侵权法上的问题。）

2. 假如甲向A县法院起诉丙，要求其承担侵权责任，赔偿布料损失30万元。A县法院审理中发现，乙对本案的审理和纠纷的彻底解决有十分重要的作用。但甲顾及与乙的其他业务往来，明确表示不愿意追加乙为共同被告或无独立请求权第三人；丙也认为乙是否参加本诉与自己并无太大关联，因而始终未对乙的诉讼地位明确发表意见。以上表示均在开庭前作出，并作为最终的诉讼主张，有书面材料存档。请问，法院能否让乙参加本案的审理，如果能，应如何确定乙在本案中的当事人地位？

注意：请以现行法律和司法解释作答，无须考虑民法典的适用。

参考答案

【第一问】甲乙合同之诉中丙的当事人地位分析

关于当事人如何确定，存在不同的理论学说，例如意思说、行动说、表示说（又可以分为严格表示说和宽松表示说）、适格说、并用说、规范分类说和纠纷主体特定责任说等。[1]我国曾有学者认为，中国的立法体例决定了我国对原告采取适格说，对被告采取表示说，[2]但目前的通说认为均应当采表示说，即以诉状中的载明为准。[3]本文同意以表示说作为确定当事人地位的基本标准，但主张采取宽松的表示说，也即不限于起诉状首部，而应根据具体的诉讼声明、原因事实以及法律依据等来确定当事人。在我国的司法实践中，立案庭法官在收到起诉状后，如果认为诉状中罗列的当事人与真正的法律关系主体不符，往往会根据诉状所载明的内容对原告进行释明，要求当事人予以变更，这也能佐证我国在实质上采取的是宽松表示说。

根据《民事诉讼法》第五章第一节的规定，当事人的种类包括原告、被告、必要共同诉讼原告、必要共同诉讼被告、普通共同诉讼原告、普通共同诉讼被

---

〔1〕 各种学说的具体说明，可参见［日］高桥宏志：《民事诉讼法：制度与理论的深层分析》，林剑锋译，法律出版社2003年版，第131—134页。

〔2〕 杨荣新：《民事诉讼法学》，中国政法大学出版社1990年版，第154页。

〔3〕 参见张卫平：《民事诉讼法》（第五版），法律出版社2019年版，第127页；李浩：《民事诉讼法学》（第三版），法律出版社2016年版，第73页。

告、有独立请求权的第三人和无独立请求权的第三人。依据法典编纂的体例顺序，上述当事人地位具有顺位上的先后次序，需要依次检索，如果应当是前一顺位的当事人，则不论起诉状如何记载当事人，都应当通过释明等方式，要求当事人变更，以确定当事人。

本案中，丙未向法院提起诉讼，明显不具备成为原告的条件，且因为甲已经起诉了乙，所以丙也不可能构成单独的被告。而且从案情来看，丙显然不能与甲构成必要共同诉讼的原告，本案不可能发生法院依职权追加丙为原告的情形，因此下文仅在共同被告和第三人层面进行分析。

一、共同被告

甲虽在起诉状中将丙列为无独立请求权第三人，但随后又表示希望法院判令乙丙对 30 万元损失连带承担违约损害赔偿责任，在确认原告的意思表示后，应视为原告对起诉状进行了修改，即甲将乙、丙列为共同诉讼被告。

（一）必要共同诉讼的被告

《民事诉讼法》第 52 条第 1 款规定："当事人一方或者双方为二人以上，其诉讼标的是共同的，或者诉讼标的是同一种类、人民法院认为可以合并审理并经当事人同意的，为共同诉讼。"通说一般认为，必要共同诉讼的特征包括：

1. 当事人一方或双方为二人以上。此要件为简单的形式条件，本案显然满足。

2. 诉讼标的同一。是指基于实体法上的规定，共同诉讼人之间对诉讼标的具有共同的权利或义务，当事人在实体上的处分权或管理权以及作为诉讼标的的形成权必须由全体权利人共同行使。[1] 本案中，乙丙并未与甲存在于同一合同法律关系之中，因而并不具有需共同行使的权利或需共同承担的义务，此要件不满足，丙不构成必要共同诉讼被告。

近年来，受比较法影响，我国民诉学界理论有呼吁引入大陆法系国家"类似必要共同诉讼"的主张，包括最高人民法院的实务部门，对这一概念也做

〔1〕 张卫平：《民事诉讼法》（第五版），法律出版社 2019 年版，第 148 页。

了似是而非的引入，认为在连带责任等情况下构成类似的必要共同诉讼。事实上，且不论我国立法者是否有建立类似必要共同诉讼的主观意图，即便从比较法上看，类似必要共同诉讼的适用也非常有限，主要集中在家事案件和公司诉讼等涉及社员权的案件中，作为一种既判力主观范围扩张的特殊情形，不应无限扩大到常规的合同、侵权案件之中。[1]本案将案件的诉讼标的限定在合同法上的请求权，自然也不存在类似必要共同诉讼的适用可能。

综上，丙不构成必要共同诉讼被告。

（二）普通共同诉讼的被告

普通共同诉讼的法律规定为《民事诉讼法》第52条第1款后半句："…或者诉讼标的是同一种类、人民法院认为可以合并审理并经当事人同意的，为共同诉讼。"普通共同诉讼的核心目的是提高诉讼效益，其实质是在满足合并审理条件的情况下对原告提起的多个诉进行合并。因此，判断是否能构成普通共同诉讼，需遵循以下步骤：（1）形式上是否存在原告提起的多个诉；（2）各诉是否均具备合法性；（3）是否满足作为普通共同诉讼合并审理的条件。

1. 形式上存在原告提起的多个诉

在本案的诉讼过程中，甲表示希望法院判令乙丙对30万元损失承担违约损害赔偿责任。如前所述，根据宽松的表示说，甲其实对乙、丙均提出了诉讼请求，且由于合同的相对性，甲乙、甲丙之诉并不属于同一诉讼标的，不构成必要共同诉讼。因此，原告已经在形式上提出了两个诉，该条件满足。

2. 两个以上的诉均具备合法性

普通共同诉讼作为诉的合并的具体类型，其前提条件是被合并的诉都满足基本的诉讼要件，构成合法的诉。中国法上尚未形成诉讼要件的通说理论，一般套用《民事诉讼法》第119条和第124条关于起诉的实质条件来进行判断。

本案甲乙之诉，原被告之间存在运输合同，被告明确，原告提起的违约损害赔偿有明确的请求、事实与理由，管辖法院B县法院作为被告住所地法

---

〔1〕 参见蒲一苇：《诉讼法与实体法交互视域下的必要共同诉讼》，载《环球法律评论》2018年第1期，第48—49页；任重：《反思民事连带责任的共同诉讼类型——基于民事诉讼基础理论的分析框架》，载《法制与社会发展》2018年第6期，第146—147页；曹云吉：《多数人诉讼形态的理论框架》，载《比较法研究》2020年第1期，第192页。

院具有管辖权，也没有其他消极否定情形，因此满足诉的合法性要件。

而甲丙之诉在是否满足当事人适格这一合法性要件的问题上则存在疑问。《民事诉讼法》第119条第1项规定“原告是与本案有直接利害关系的公民、法人和其他组织”。对于何谓有直接利害关系，我国通说以是否是争议法律关系的主体为标准，[1]即从实体法上来认定当事人是否具有成为争议法律关系主体并接受裁判约束的资格，而不仅仅是诉讼法意义上能否成为当事人的判断。[2]根据题目要求，甲是基于合同法上的请求权请求丙承担违约损害赔偿责任。但基于当事人在起诉阶段提供的事实与理由，甲丙之间并无合同关系，二者在合同法上根本不存在权利义务关系。因此，甲不构成适格的原告，丙自然也无法成为争议法律关系的主体，并非适格的被告。

因此，甲丙之诉不具合法性，本要件不满足。

3. 满足普通共同诉讼合并审理的条件

根据《民事诉讼法》第52条第1款后半句，普通共同诉讼进行合并审理的条件包括：（1）具有同一种类诉讼标的；（2）法院认为可以合并审理，当事人也同意合并审理。除此以外，理论界根据《最高人民法院关于适用〈中华人民共和国民事诉讼法〉的解释》（以下简称《民诉解释》）第221条和328条，还可以解释出诉的合并的另外一些要件，其也是普通共同诉讼合并的条件，即（3）各个诉由同一法院管辖；（4）适用同一诉讼程序。

其中，诉讼标的属同一种类是指各个共同诉讼人与对方当事人争议的法律关系的性质或者请求权的性质是相同的，有学者认为可分为三种类型：其一是基于同类事实或法律上的同类原因形成的同种类诉讼标的，如数个业主欠交物业管理费，物业管理人一并提起的请求交纳管理费的诉讼；其二是基于同一事实或法律上的原因形成的同种类诉讼标的，如公共汽车发生交通事故导

---

〔1〕 刘家兴、潘剑锋主编：《民事诉讼法学教程》（第四版），北京大学出版社2013年版，第95页；张卫平：《民事诉讼法》（第五版），法律出版社2019年版，第137页；李浩：《民事诉讼法学》（第三版），法律出版社2016年版，第77页。但在大陆法系尚有其他学说值得研究。

〔2〕 在学理上，当事人可以区分为实体上的当事人和程序上的当事人，前者需要根据实体权利义务关系予以判断，后者只需要根据起诉状加以认定。参见王甲乙：《当事人适格之扩张与界限》，载民事诉讼法研究基金会主编：《民事诉讼法之研讨（六）》，1997年自版发行，第5页。邱联恭教授认为，此即当事人适格和当事人确定的区分，参见邱联恭：《口述民事诉讼法讲义》，2012年自版发行，第289页。

致乘客数人受伤，受害的乘客要求赔偿的诉讼；其三是基于数人对同一权利义务的确认形成的同种类诉讼标的。如甲对乙、丙、丁分别提起的关于特定不动产所有权确认的诉讼（乙丙丁非该不动产的共有人，否则甲提起的应为必要共同诉讼）。[1]

本案中，基于上文的分析，甲对丙基于违约损害赔偿请求权提起的诉讼不满足起诉要件，不具有合法性，更无法与甲乙之诉满足合并审理的条件。

综上，丙不能成为普通共同诉讼被告。

二、有独立请求权的第三人

《民事诉讼法》第 56 条第 1 款规定："对当事人双方的诉讼标的，第三人认为有独立请求权的，有权提起诉讼。"有独立请求权的第三人提起的诉讼与本诉之间属于诉的合并，在形式上同样需要满足：（1）形式上存在多个诉，且第三人需在本诉处于诉讼系属中时向法院提起诉讼；（2）两个以上的诉具有合法性；（3）符合有独立请求权第三人的合并条件。

本案中，丙并未向法院提起诉讼，显然不符合第一个形式上的条件，因此丙不能成为有独立请求权的第三人。

三、无独立请求权的第三人

《民事诉讼法》第 56 条第 2 款第 1 句规定："对当事人双方的诉讼标的，第三人虽然没有独立请求权，但案件处理结果同他有法律上的利害关系的，可以申请参加诉讼，或者由人民法院通知他参加诉讼。"无独立请求权第三人的相关问题在我国司法实践中争议较多，为了提高分析的准确性，一些学者尝试着对其进行类型化梳理。由于类型化标准和路径的不同，形成了不同的主张，但较具代表性的观点是将无独立请求权第三人划分为"被告型第三人（义务型第三人）"和"辅助型第三人"两种类型。[2]

（一）被告型第三人

我国《民事诉讼法》第 56 条第 2 款第 2 句规定："人民法院判决承担民事责任的第三人，有当事人的诉讼权利义务。"该规定突破了大陆法系传统意义

---

〔1〕 张卫平：《民事诉讼法》（第五版），法律出版社 2019 年版，第 151 页。
〔2〕 张卫平：《民事诉讼法》（第五版），法律出版社 2019 年版，第 163—168 页。

上辅助参加人的范畴，成为具有我国特色的被告型第三人的法律依据。虽然目前明确规定“被告型第三人”的规范并不多见〔1〕，但在司法实务中，被告型第三人占据了无独立请求权第三人的主流。因此理论界现在的通说观点也基本承认了被告型第三人的存在。〔2〕

相较于大陆法系的辅助参加人，中国法上被告型第三人最主要的特性在于：其可能被法院直接判决承担民事责任，因而享有当事人的全部诉讼权利和义务。而法院判决某一民事主体承担民事责任的必要前提是存在另一个民事主体对其提出了权利主张。依此可以发现，被告型无独立请求权第三人参加诉讼的方式具有被动性特征，必然是主诉的当事人对其提出了专门的诉讼请求。因此，被告型第三人制度在本质上与普通共同诉讼相似，二者均存在多个诉讼法律关系，属于诉的合并，制度目的也都在于一次性解决纠纷，提高效率。

而要厘清普通共同诉讼被告与被告型第三人的区别，关键是要理解被告型第三人制度的功能是转移本诉被告的民事责任，向第三人提出诉讼请求的不能是本诉的原告，而是本诉的被告。普通共同诉讼被告面对的是同一原告，都是因为本诉原告的诉请被纳入诉讼，而存在被告型第三人的情形，一般是由本诉被告为转嫁责任，对第三人提出请求，从而将其纳入诉讼。〔3〕

司法实务中对于被告型第三人有两种错误的理解：一种情形是原告的诉讼请求在本诉的诉讼中已经发生了转移，随着诉讼的进展，原告认为民事责任者并不是本诉的被告而应当是本诉外的第三人，此种情形应属当事人的更换，而不应将其认定为被告型第三人。另一种情形则是在本诉进行过程中，原告认为本诉外的第三人也有可能是民事责任的承担者，因此试图扩大诉讼请求的请求对象。此种情形下原告其实是对第三人提出了诉请，此时需要考察第

〔1〕 例如，《最高人民法院关于贯彻执行〈中华人民共和国民法通则〉若干问题的意见（试行）》第 153 条第 2 款规定：“运输者和仓储者对产品质量负有责任，制造者或者销售者请求赔偿损失的，可以另案处理，也可以将运输者和仓储者列为第三人，一并处理。”又如，《最高人民法院关于审理旅游纠纷案件适用法律若干问题的规定》第 5 条规定：“旅游经营者已投保责任险，旅游者因保险责任事故仅起诉旅游经营者的，人民法院可以应当事人的请求将保险公司列为第三人。”

〔2〕 参见张卫平：《民事诉讼法》（第五版），法律出版社 2019 年版，第 167 页；李浩：《民事诉讼法学》（第三版），法律出版社 2016 年版，第 103 页。

〔3〕 本质上，被告型第三人在大陆法系上并无效仿的对象，其更类似于美国法上的第三人引入制度（impleader）。

三人是否符合前述共同被告的构成条件，如果构成，应当分情况列为共同被告，而不能将其作为诉讼第三人，否则不仅可能导致滥诉，也会导致以实体请求权作为诉讼标的的诉讼结构被完全架空。[1]

因此，成为被告型第三人的条件与各类因为诉的合并而产生的复杂当事人类似，需要满足：（1）形式上存在两个诉，除本诉原告对本诉被告提出诉讼外，本诉被告也对第三人提出了诉请；（2）两个诉均具有合法性；（3）符合因为被告型第三人而进行诉的合并的具体条件。下面结合本案分别考察之。

1. 形式上存在两个诉

在本案中，甲虽然在诉讼中表达了要求乙丙都对自己承担违约责任的请求，但如前所述，根据甲主张的事实，甲丙之间并不存在合同关系，因此甲作为原告，其提出的合法的诉只限于对乙的诉请。而乙的答辩可以视为其有向丙提起新诉的意思表示，法院应释明，要求乙确认是否申请将丙列为被告型第三人。

需要特别强调的是，《民诉解释》第 221 条[2]不能作为原告有权在起诉状中直接列被告型第三人的依据。原告在诉状中虽然可能有列举第三人的形式表示，但依然需要通过释明对其真意进行明确，如果其希望由该主体直接承担责任，则应当视为是共同被告；而如果原告无意将其作为诉请的直接承受者，则其地位应为辅助型第三人。无论如何，都不能仅仅因为原告诉状的形式表示，而在被告没有明确意思表示的情况下，直接产生被告型第三人。

2. 两个诉各自具有合法性

甲对乙的诉满足诉讼要件，具有合法性，自不必说。

而如乙确认向丙提出诉讼请求，乙丙之诉具有合法性，也应做考察。根据乙的主张，其与丙之间已经订立了有效的运输合同，因此其在合同法上对丙可以享有请求权，符合适格原被告的主张，其请求理由与事实也已基本陈述，双方的管辖协议所确定的管辖法院是 B 法院，正是本诉的受诉法院，此外消极

---

〔1〕 张卫平：《“第三人”：类型划分及展开》，载《民事程序法研究》2004 年第 1 期。

〔2〕《民诉解释》第 221 条规定：“基于同一事实发生的纠纷，当事人分别向同一人民法院起诉的，人民法院可以合并审理。”

要件上亦无障碍。故而乙丙之间的诉的诉讼要件满足，该诉具有合法性。

3. 两诉符合被告型第三人合并审理的条件

被告型第三人的参加之诉与本诉进行合并审理的重要条件，应当是《民事诉讼法》第56条第2款规定的，第三人与本诉的处理结果具有“法律上的利害关系”。

张卫平教授认为，这种“法律上的利害关系”大致包括以下类型：其一，第三人尽管不是本诉的被告但却是案涉民事义务的直接承担者；其二，第三人的行为与本诉原告利益受损有因果关系，但原告与被告在形式上存在更直接的关系；其三，第三人与本诉原告之间没有合同关系，而与本诉被告之间有合同关系。本诉被告败诉与第三人履行与被告之间的合同义务有关。但他也特别指出，在合同关系上是否只要存在链条式的关联就应当作为有“关联性”处理则需要具体把握，在尺度上应当考量链条式追加被告型第三人是否会导致严重迟延诉讼从而不利于纠纷的解决这一因素。这种折中的解读令利害关系的具体界定多少具有了自由裁量的空间，难以准确地把握。〔1〕李浩教授则认为，此种利害关系主要是义务性关系，即被告败诉后会向第三人请求赔偿或返还。〔2〕不难看出，对于该问题的界定，目前尚无统一有效的理论，有待中国司法实务和学术界的整理研判。但无论哪种观点，大都认可本诉被告要求第三人来承担本诉原告请求其承担的案涉民事责任时，构成有效的合并条件。

本案如果乙被判决承担赔偿责任，则势必向丙进行追偿，丙终将承担最后的民事赔偿责任。因此，丙与本诉处理结果有法律上的利害关系，满足此条件。除此以外，被告型第三人的合并还需要满足诉的合并的其他条件，例如属于同一管辖法院，属于同一类型审理程序等。本案显然都满足。

综上，本案中，乙的答辩已经可以视为其有向丙提起新诉的意思表示，如果法院经过释明，明确了乙确有申请将丙列为被告型第三人的意图，对丙提出了明确的合同法上的请求，则丙构成被告型无独立请求权的第三人。

---

〔1〕参见张卫平：《“第三人”：类型划分及展开》，载《民事程序法研究》2004年第1期，第94页。

〔2〕李浩：《民事诉讼法学》（第三版），法律出版社2016年版，第104页。

（二）辅助型第三人

辅助型第三人参加诉讼时，并没有在本诉之外又形成一个新的诉。辅助型第三人移植自大陆法系国家辅助参加人制度，其并不主动主张权利，本诉原被告也并不要求其承担责任。辅助型第三人参加诉讼的目的，通常是因为其与案件的处理结果可能存在法律上的利害关系，因此需要辅助原被告中的某一方，以避免诉讼结果发生后，对其造成不利的影响。

所谓案件的处理结果，在理论上存在争议，是仅限于判决主文，抑或与案件事实认定和判决理由有关即可？大陆法系传统理论认为应当仅限于判决主文，例如债权人起诉保证人，判决主文必然与债务人的权利义务有关，因此其可以作为辅助人参加诉讼，但较新的学说也主张扩张范围，从判决主文扩大到争点。〔1〕我国对此问题并无专门讨论，但在一般当事人的确定上，法院往往出于诉讼经济的考虑，对相关主体获得诉讼中的地位持宽松态度，因而似采新说更为合理。

而关于何谓“有法律上的利害关系”，我国通说认为这是指第三人与诉讼当事人一方存在某种法律关系，而该法律关系与当事人之间发生争议的法律关系有直接的牵连，第三人在该法律关系中行使权利和履行义务的状况，将直接影响与其有关系的那方当事人在争议的法律关系中的权利行使和义务履行。〔2〕但这一标准依然有诸多模糊之处，譬如“直接的牵连”“直接影响”都还有待更进一步的解释和说明。大陆法系将辅助参加利益作为标准，辅助参加利益表现为“参加人之权利义务或其他法律上之地位如何系以法院就该诉讼之主要争点所作之判断为前提，故参加人之法律地位有可能因主诉判决带

---

〔1〕参见［日］高桥宏志：《重点讲义民事诉讼法》，张卫平、许可译，法律出版社2007年版，第283—284页。

〔2〕刘家兴、潘剑锋主编：《民事诉讼法学教程》（第四版），北京大学出版社2013年版，第24页；江伟主编：《民事诉讼法》，高等教育出版社、北京大学出版社2004年版，第126页。也有学者提出过更为细致的判断标准：首先，无独立请求权第三人所参加的法律关系与原、被告之间的法律关系有民事法律上的牵连；其次，第三人与当事人一方的法律关系直接影响了当事人双方的法律关系，尤其是前者的履行及其适当与否直接影响了后者的履行及其适当与否；最后，第三人在法律上的利害关系依本诉案件的处理结果而定。江伟、单国军：《论民事诉讼中无独立请求权第三人的确定》，载《中国人民大学学报》1997年第2期。

来事实上之不利影响”,[1] 该表述依然十分抽象,日本法上采取了类型化手段,将辅助参加具体化为义务型、示范性和转用型等种类,从而为解释不利影响提供了更充分的空间。但我国对这一具体类型的介绍依然十分有限,司法实务中也未接受比较法上的经验,而是“摸着石头过河”般演化出前述被告型第三人的类型。在 20 世纪 90 年代,由于存在法院滥用职权追加承担责任的无独立请求权第三人的情形,因而理论界一贯主张严苛地限定第三人参加诉讼的条件,故而会用“直接牵连”“直接影响”等限定型词语,比如:最高人民法院《关于在经济审判工作中严格执行〈中华人民共和国民事诉讼法〉的若干规定》第 9 条至第 11 条也专门规定了不得作为无独立请求权第三人参加诉讼的三种情形。[2] 但这些限定都更多地适用于被告型第三人。如果明确了辅助参加人的地位及其效力,则此种严格限定的意义就值得重新考虑。由于辅助参加人参加诉讼的前提是其自己的处分结果,因而或许应当从更为宽泛的角度来理解利害关系这一要件。

不难看出,辅助型第三人加入诉讼并未引入本诉之外新的诉,故不会产生诉的合并。事实上,辅助型第三人实为本可以成为有独立请求权第三人却没有主动提起诉讼,或者本诉被告未要求可能成为被告型第三人的第三人承担责任,由于该第三人还是构成与本诉处理结果的法律上利害关系,因而符合辅助性第三人的条件。反之,如果当事人已经构成有独立请求权第三人或者被告型第三人,则无需再对辅助型第三人进行讨论。因此,在第三人诉讼地位的判断顺位上,应当将辅助型第三人置于最后,在全部检索完毕后,如果认为其与案件确实存在关联,但又无法以其他诉讼主体身份进入诉讼之中,

---

〔1〕[日]高桥宏志:《重点讲义民事诉讼法》,张卫平、许可译,法律出版社 2007 年版,第 286 页。德国法上也认为辅助参加利益是“只有并且一旦辅助参加人与当事人或者主诉的标的处于这样一种法律关系,以至于对主诉当事人不利的判决可能对第三人私法或公法法律状态造成某种法律上的不利”。

〔2〕为了防止通过追加第三人转嫁民事责任,最高人民法院 1994 年 12 月 22 日发布的《关于在经济审判工作中严格执行〈中华人民共和国民事诉讼法〉的若干规定》(已废止)的第 9 条至第 11 条明确规定了不得追加第三人的情形,具体包括:(1)受诉人民法院对与原被告双方争议的诉讼标的无直接牵连和不负有返还或者赔偿等义务的人,以及与原告或被告约定仲裁或有约定管辖的案外人,或者专属管辖案件的一方当事人,均不得作为无独立请求权的第三人通知其参加诉讼。(2)人民法院在审理产品质量纠纷案件中,对原被告之间法律关系以外的人,证据已证明其已经提供了合同约定或者符合法律规定的产品的,或者案件中的当事人未在规定的质量异议期内提出异议的,或者作为收货方已经认可该产品质量的,不得作为无独立请求权的第三人通知其参加诉讼。(3)人民法院对已经履行了义务,或者依法取得了一方当事人的财产,并支付了相应对价的原被告之间法律关系以外的人,不得作为无独立请求权的第三人通知其参加诉讼。

则其可能具有辅助第三人的身份。

结合《民事诉讼法》第 56 条第 2 款第 1 句第三人可以由自己申请或由法院通知参加的规定，辅助型第三人参加诉讼的条件为：（1）第三人对本诉的诉讼标的无独立请求权，或有独立请求权但不行使；（2）第三人与案件处理结果有法律上的利害关系，可能在案件处理完毕后与本诉原被告发生与涉案标的或事实有关的诉讼；（3）本诉正在进行过程中；（4）形式上，第三人自行申请或根据法院的通知参加诉讼。需要说明的是，法院通知辅助型第三人参加诉讼，不同于《民事诉讼法》第 132 条规定的追加必要共同诉讼当事人。大陆法系国家对法院通知（诉讼告知）有较为明确的效力规定，法院只是通知第三人案件的相关情形，由第三人自行决定是否参加诉讼。[1] 我国虽未有明确规定，但笔者主张在解释上采用大陆法系国家规定的效果。

本案中，如果乙未向丙主张权利，则丙不获得前述任何一种当事人资格，但考虑到丙与本案事实和法律关系都有密切牵连，因而其与本案的处理结果的确存在利害关系，完全可以基于辅助一方的目的加入诉讼，而本案也尚未审结，因此可以依据其自行申请、原告主张（在起诉书中列明）、被告主张（答辩中通过释明确认），以及法院依职权（为了查明本诉事实）通知参加诉讼，使其获得辅助第三人的诉讼地位。

四、结论

本案中，如果经过法官释明，乙明确要求丙承担最终的赔偿责任，则丙的诉讼地位是被告型无独立请求权的第三人；若乙明确不在这一诉讼中主张由丙来承担责任，则丙仍然可以自行申请或由法院依职权通知，以辅助型第三人的身份加入甲乙的诉讼之中。

【第二问】甲丙侵权之诉中乙的当事人地位分析

在本案中，甲丙之间的诉讼已经发生，分别构成本诉的原被告。因而在

---

〔1〕 例如，《德国民事诉讼法典》第 73 条和第 74 条专门规定了诉讼告知的方式和效力，《日本民事诉讼法》第 53 条也有关于诉讼告知的规则，并在第 4 款中专门强调对诉讼告知对辅助参加人（无独立请求权第三人）的效力。

分析乙的诉讼地位时，可以直接略去简单原告、简单被告两类。又因为乙并未向法院提起诉讼，因而也无需分析其是否构成共同原告以及有独立请求权的第三人，讨论范围只限于能否成为共同被告或无独立请求权第三人。

一、共同被告

（一）必要共同诉讼的被告

如前所述，根据我国《民事诉讼法》第 52 条第 1 款前半句的规定，必要共同诉讼的特征为：

1. 当事人一方或双方为二人以上。此要件为简单的形式条件，本案显然满足。

2. 诉讼标的同一。本案中虽然乙将货物交由丙转运未经过甲的同意，并从中谋取了大量利润，但以上行为均不具备违法性，且丙具有相应的运输资质，因此乙已经尽到了选任合格的承运人的合理注意义务。货物毁损是由丙个人违规操作所致，乙与丙订立运输合同的行为与货物毁损之间欠缺相当因果关系。所以，乙丙不构成共同侵权，二者也不存在其他需共同承担的义务，本案并不构成同一诉讼标的。条件不满足，乙不是必要共同诉讼的被告，法院不能依职权追加进行合并审理。

值得进一步思考的问题在于，假如乙丙构成共同侵权，是否就成立必要共同诉讼的被告呢？中国司法实务中，对连带责任的一般思路是将其作为必要共同诉讼，一个典型的例证就是《最高人民法院关于审理人身损害赔偿案件适用法律若干问题的解释》第 5 条第 1 款，该条规定赔偿权利人起诉部分共同侵权人的，人民法院应当追加其他共同侵权人作为共同被告。这显然是将共同侵权作为必要共同诉讼来对待。理论界也有很多解释方案，或从连带责任的原因事实同一性来解释必要共同诉讼之基础，[1]或从比较法上援引类似必要共同诉讼的概念来扩张连带责任人作为共同诉讼被告的适用机理。[2]但

〔1〕 参见江伟主编：《民事诉讼法》，高等教育出版社 2000 年版，第 115—116 页；谭兵主编：《民事诉讼法学》，法律出版社 1997 年版，第 217—219 页。

〔2〕 参见段文波：《德日必要共同诉讼"合一确定"概念的嬗变与启示》，载《现代法学》2016 年第 2 期；卢佩：《多数人侵权纠纷之共同诉讼类型研究———兼论诉讼标的之"案件事实"范围的确定》，载《中外法学》2017 年第 5 期；罗恬漩：《数人侵权的共同诉讼问题研究》，载《中外法学》2017 年第 5 期。

也有观点认为，共同侵权等连带责任应该仅构成普通共同诉讼。[1]限于篇幅，本文对此问题不做深入展开，仅仅从结论上做出判断，根据《侵权责任法》第13条和《民事诉讼法》第52条第1款的基本文义，连带责任人进入诉讼应当根据权利人的请求，因此不宜作为任何一种必要共同被告处理。

（二）普通共同诉讼的被告

我国《民事诉讼法》第52条第1款后半句被认为是对普通共同诉讼的规定。普通共同诉讼的本质是诉的合并，需要按照（1）形式上是否存在多个诉；（2）各诉是否都具有合法性；（3）是否满足合并审理的条件的步骤来考察。

本案中原告甲并未对乙提起诉讼，形式上不存在多个诉，因此乙不能成为普通共同诉讼的被告。

二、无独立请求权的第三人

（一）被告型第三人

被告型第三人的本质依然是诉的合并，亦需要按照以下步骤进行检视：（1）形式上存在两个诉，除本诉原告对本诉被告提出诉讼外，本诉被告也对第三人提出了诉请；（2）两个诉均具有合法性；（3）符合因为被告型第三人而进行诉的合并的具体条件。由于本案中，本诉被告丙未对乙提起诉讼，第一个条件不满足，因此乙不构成被告型第三人。

（二）辅助型第三人

辅助型第三人参加诉讼并没有在本诉之外又形成一个新的诉。辅助型无独立请求权第三人参加诉讼的条件为：（1）第三人对本诉的诉讼标的无独立请求权，或有独立请求权但不行使；（2）第三人与案件处理结果有法律上的利害关系，可能在案件处理完毕后与本诉原被告发生与涉案标的或事实有关的诉讼；（3）本诉正在进行过程中；（4）形式上，第三人自行申请或根据法院的通知参加诉讼。

本案中，乙自己未提出独立的诉讼请求，双方当事人也未对其提出主张，

---

〔1〕参见卢正敏、齐树洁：《连带债务共同诉讼关系之探讨》，载《现代法学》2008年第1期，第80页；任重：《反思民事连带责任的共同诉讼类型——基于民事诉讼基础理论的分析框架》，载《法制与社会发展》2018年第6期，第150页。

满足条件（1）；而乙对于甲丙之间的诉讼请求具有法律上的利害关系，法院对丙与甲之间侵权关系的认定，亦会涉及甲乙和乙丙之间合同法律关系相关权利的处理，满足条件（2）；案件正在进行中，满足条件（3）。因此虽然本诉原被告双方都没有将其作为第三人列入诉讼的意思，但如果法院认为有必要，或乙自己向法院提出申请，则其都可以具有辅助型第三人的身份。

需要说明的是，一旦乙获得辅助型第三人的身份，则虽然法院不能强制其出庭或为其他诉讼行为，也不得在判决中直接判决其承担义务，但仍可以将其视为判决的对象，判决对其具有相应的效力。德国法上，本诉原被告提出增加辅助参加人申请或法院认为有必要追加辅助参加人时，法院应以诉讼告知的方式，将诉讼的具体状态通知辅助参加人。在主当事人与辅助参加人之间的后来的诉讼中，法官基于辅助参加效力而受第一个诉讼中的判决的拘束，包括判决中的事实确认和权利确认。一旦告知，即使辅助参加人不参加诉讼，也将对被告知人产生参加效力。〔1〕我国法上目前虽无明确的参加效力概念，但由于我国法上对判决效力的主观范围持宽松的理解态度，并不强调判决的相对性，因此本诉判决对事实和权利的确认，自然会约束于已经被列为诉讼当事人的辅助型第三人，而具体的细化规则还有待进一步讨论。

三、结论

根据案情，乙可以自行申请或由法院通知，作为辅助型无独立请求权的第三人参加诉讼。否则，在甲丙的侵权诉讼中，乙不具备当事人地位。

简要的总结

（一）复杂诉讼中当事人的确定方法

在传统的民事诉讼教学中，受制于我国民事诉讼法安排，一般都是在当事人部分讲授复杂诉讼中当事人的类型和要件，较少将其与具体的民事诉讼程序联系在一起。而且在讲授时，往往只介绍每一种类型的当事人的具体特

〔1〕 参见［德］穆泽拉克：《德国民事诉讼法基础教程》，周翠译，中国政法大学出版社 2005 年版，第 214—219 页。

征和参诉条件，缺乏体系性理解当事人识别确定的方法。这也导致了，虽然很多法科学生已经熟悉了复杂诉讼中各类当事人的概念、所涉及的法条和学理上的构成要件，但在实务中却经常出现对关键概念的理解不一，最终同案不同判的情况。

经过总结，我们认为，《民事诉讼法》第五章第一节规定的当事人中，除了简单诉讼的原被告外，在复杂诉讼中，还可以具体分为必要共同诉讼、普通共同诉讼、有独立请求权第三人、被告型无独立请求权第三人和辅助型无独立请求权第三人五种类型。[1]而除了必要共同诉讼和辅助型第三人外，其他几种类型都构成诉的合并。

对必要共同诉讼而言，必须满足两个基本条件：（1）形式上的一方当事人人数为二人以上；（2）实质上的诉讼标的同一。关于诉讼标的的同一，需要做更加细致的解释。本案由于并不涉及，因此未就该要件具体展开。但却十分有必要认真对待该要件，从解释学上划清“同一性”的边界，避免在诉讼中任意以必要共同诉讼之名，强制追加当事人参加诉讼，以及因此导致的诉讼拖延。

对各种类型的因诉的合并而形成的多数当事人来说，必须满足三个条件：（1）在形式上已经有多个诉的存在。民事诉讼的基本原则是不告不理，因此起诉必须基于当事人的行为。当然，由于我国对复杂诉讼的起诉条件并不十分规范，因此需要由法官根据当事人在诉讼中的具体主张进行释明，来确定是否有明确的起诉。（2）每个诉都满足合法性条件。这是诉的合并的题中之义，至于单独每个诉的合法性条件，是民事诉讼另一个重要的分析工具，涉及法院、当事人、诉讼标的等多个要件，需要逐个具体分析。（3）符合具体的合并条件。诉的合并需要满足普遍的合并条件，例如在同一程序中、当事人和法院同意、不违背专属管辖等强制性规则；除此之外，对于各种复杂诉讼的当事人，还有不同的要件，普通共同诉讼关注多个诉的诉讼标的上的同类性，有独立请求权第三人强调第三人对本诉的诉讼标的主张独立的权利，被告型

---

〔1〕这种划分基本遵循了我国现行法规则的文义，只有被告型第三人和辅助型第三人的划分，是参考理论界对我国司法实践的细致观察后进行的拆分，以便对两种完全不同类型的第三人的构成要件予以体系化整理。

第三人则要求本诉与参加之诉有牵连关系。上述要件在具体的司法实践中都可能有不同的解释标准，理论上也可能存在不同的见解。但这并不妨碍在思维方法上将其纳入这一体系之中。

辅助型第三人其实是我国司法实务中较为陌生的一种制度，但却又是大陆法系国家规定的辅助参加人（也即我国法上的无独立请求权第三人）的本宗。因此，其实质要件可以完全根据我国现行法条的规则分解为：（1）第三人对本诉的诉讼标的无独立请求权，或有独立请求权但不行使；（2）第三人与案件处理结果有法律上的利害关系，可能在案件处理完毕后与本诉原被告发生与涉案标的或事实有关的诉讼；（3）本诉正在进行过程中。除此之外，在形式上，应当强调辅助型第三人可以自行申请或根据法院的通知参加诉讼。

（二）使用方法的必要性

我们之所以要总结出这样一套方法，并通过案例的方式引导学生使用，主要出于以下因素的考虑。

第一，建构民事诉讼的体系化思维。民事诉讼法学并没有完全按照中国民法学界熟悉的潘德克顿体系，采用总分结构的编排体系，因此很容易让人产生知识零散之感。多数当事人的规则虽然规定在当事人一节，但在内部关系上，涉及各种当事人的对比；在外部关系上，涉及与诉的合并、诉讼要件、既判力范围等制度和理论的衔接。仅仅根据当事人一节的法条，自然无法构建出体系化的思维。而没有方法指导的法律人在具体的司法适用上，如果只查阅其认为可能涉及的法条，就会迷失方向。而通过确定检索顺序和要件结构，我们这套方法可以在面对确定复杂诉讼时，为法律人提供清晰的思维体系，避免遗漏可能的当事人地位和相关要件。

第二，凸显法律解释的方法。虽然本案例在设计上，有意识地降低了难度，但已经足以体现在某些法律概念上的解释论分歧。例如，何谓“同一种类的诉讼标的”，在传统的民事诉讼教学中，大多仅对其做一般的文义解释，将其作为与必要共同诉讼“同一诉讼标的”区别的对象。而在适用本套方法时，就会发现，这一问题并不是直接作用于当事人确定，与必要共同诉讼的关系也不大，真正重要的是它是决定诉的合并能否成立的条件。因此，在解释“同一种类的诉讼标的”时，就应该从诉的合并角度入手，兼顾体系解释和目的解释，方能为把握“同一种类”做出更好的解释方案。

第三，暴露民事诉讼理论中的实质分歧。如果民事诉讼法学理论仅仅关注法条文义本身，其各种理论见解恐并不能给予实践真正的指导，只有在一套统一的思维方法中，方能彰显不同理论的优劣长短。辅助型第三人在中国法上缺位，并在实务中异化为被告型第三人，很大程度上就是因为民诉理论只关注空洞的“利害关系”，而无法在具体个案中提供“利害关系”的案型，并与其他当事人类型进行比较区分。而在一套完整的思维方法中，我们可以准确地找到不同理论之间真正的分歧，以及其可以解决的问题和无法克服的困难。在本案的参考答案中，其实已经隐含着一些理论立场的选择，例如共同侵权不构成必要共同诉讼；非合同当事人可以作为合同诉讼的辅助第三人。这些理论恐未必构成中国法上的通说，但在本案中，却能较好地回应问题，因而最终为我们采纳。我们也乐见其他学说的支持者，就相关问题展开讨论，真正推进中国民事诉讼法学的繁荣发展。

一言以蔽之，我们希望在多数当事人的确定上，引入体系化的规范分析方法，不是从个案的实质正义入手，而是根据既定法规则和通行的法律概念，以体系化的方式，做出推演，得出结论。

（三）存在的问题及其完善

当然，由于民事诉讼法典在编排体系和立法技术上存在诸多不足，这一方法本身还面临一些问题，有待进一步的完善。况且，任何方法自身也必然有其局限性和不足。一些不足属于先天带来的，无法避免，只要选择，就只能利弊皆收。既然这套方法的本质是规范分析的方法，那么就必然带有规范分析的匠气和笨重。[1]不难看出，这一方法显得颇为烦琐和笨重，尽管在答题时已经有所取舍，但依然有一些明显不构成的类型，需要出现在检索线上，徒劳无功的检索和思考，对最终的结果而言显然是事倍功半。此类问题的克服，一来依靠司法者对方法运用娴熟后，能够快速过滤无用步骤，提高效率；

---

〔1〕 对此种教学方法的反思，可参见张凇纶：《作为教学方法的法教义学：反思与扬弃——以案例教学和请求权基础理论为对象》，载《法学评论》2018 年第 6 期。

二来依靠立法者通过修订法律，构建更为清楚完整的法律体系，减轻操作上的负担；三来依靠理论界推陈出新总结方法，完成抽象归纳，以合并同类型的方式，实现多个步骤的合并。例如，在诉的合并上，通过立法者、理论界的共同努力，如果能够有更为清晰完整的框架，就可能减少需讨论的要件，从而为司法实务操作减负。

还有一些不足，是中国司法现实状况所导致，也即某些现实程序不尽规范，导致这样一套以规范为基础的方法在实务中可能没有充分的用武之地。例如，我国没有完善的诉答程序，原告在起诉时并没有十分完善的诉状要求，因此诉讼标的甚至在开庭前都无法准确确定，[1]遑论对诉讼标的同一、同类或者有无独立请求权的判断，这就导致在多数当事人的确定上面临极大的困难。此类问题一方面依然要寄希望于程序制定者出台规范化的起诉、答辩、审前准备程序规则，确保立案程序和审前准备程序功能的落实；另一方面只能寄希望于实务操作的法官及时地行使释明权，帮助当事人澄清其主张，固定争点。本案案情中引入的法官以释明的方式让当事人明确主张和诉请的事实，是一种尝试。需要强调的是，在当事人地位确定时，必然需要一些实质判断，但这并不等同于最终的实体判决，而仅仅是根据当事人在诉答和审前准备环节中的陈述予以确定，并不妨碍法院根据庭审情况对相关事实作出相反的认定。

综上所述，本文讨论的多数当事人的确定方法，首先是法学教育中训练学生知识体系的一种探索，通过该方法对案例的反复分析，可以培养学生掌握完整的思维体系，并将民事诉讼法学中的具体知识点串联在一套有序的方法中。但同时，当中国的司法实务工作者——法官抑或律师——面临复杂诉讼时，也可以用此套方法来理顺思维顺序，沿着统一的脉络，来探讨可能存在的分歧和问题。

是的，分歧永远存在，知识不断更新，但有了统一的思维方法，法律共同体才有交流的平台和基础。这就是法律方法的力量，也正是案例研习的意义之所在。

---

〔1〕 理论界对此也往往抱有同情的理解，例如曹志勋：《民事立案程序中诉讼标的审查反思》，载《中国法学》2020 年第 1 期。

刑法案例研习：嫉恨的保姆

车　浩*

摘　要：鉴定式分析方法是培养法学思维模式，提高案件分析的体系性、严谨性的重要手段，亦是当下法学教育的重要方向之一。本文以“保姆案”为例，重点展示使用鉴定式分析方法对《刑法》第275条故意毁坏财物罪、第264条盗窃罪、第263条抢劫罪、第269条（转化型）抢劫罪和第246条侮辱罪及相应犯罪未完成形态、犯罪参与形态进行分析的基本分析结构和思路；梳理了相应罪名中具体构成要件要素的常见解释学说、阐释其优势、不足之处及其对案件定性产生的影响。

关键词：故意毁坏财物罪　盗窃罪　抢劫罪　侮辱罪　诽谤罪　未遂犯　教唆

案　情

陈红[1]是林梦家的保姆，嫉恨林梦的美貌和财富，两人因琐事日久生怨。林梦养了一只名贵的鹦鹉（市价2万元）。某日，陈红打开鸟笼，将鹦鹉放飞。陈红希望用这种方式给林梦一个警告，发泄一下自己的不满。当时天气非常寒冷，陈红知道鹦鹉有可能在外边冻死。因为陈红自己也很喜欢这只小鸟，所以她又希望鹦鹉能尽快回到家里。最终，这只鹦鹉没有飞回，生死未卜，不知所踪。林梦气愤之下，决定立刻辞退陈红。陈红痛哭流涕地道歉，林梦心软就不再追究了。但是，陈红却对林梦更加怀恨在心。

一个月后，林梦邀请公司同事来家里聚会。趁着林梦去厨房，陈红对林

* 车浩，北京大学法学院教授、博士生导师。

〔1〕本案中的人物均为化名。

梦的同事们说，林梦生性淫荡，骨子里就不是什么正派人，经常带不同的男人回家过夜，而且参加了不久前在某游轮上举办的淫乱派对，接客赚了几十万元。陈红知道自己所说为假，就是希望以此来搞臭林梦。林梦的同事们听说后，都大为吃惊，其中一个林梦的追求者唐海立刻离去。林梦觉察出有些不对，便追出去挽留唐海。其他一些同事也相继散去，只留下张三和李四。

陈红趁着林梦没回来，向张三和李四展示了林梦收藏的一些古玩，表示其实林梦根本记不清自己有多少收藏，唆使两人偷偷带走，同时表示可以打着自己的旗号去找黑道上的老乡王五将东西出手。张三和李四遂起贼心。张三拿起一件唐三彩（价值 20 万元），李四也拿起两件花瓶（每件价值 10 万元），都打算离开。此时林梦带着唐海回到家里，见状大声呵斥，张三吓得赶紧向林梦解释，说都是陈红唆使的，并将唐三彩放下，转身溜走。李四为了逃跑制造混乱，举起手里的一件花瓶砸向林梦和唐海，两人闪过，花瓶落地后粉碎。李四趁机带着另一件花瓶逃离。

林梦知道一切都是陈红搞的鬼，遂向身边的护花使者唐海哭诉，让唐海教训一下陈红。林梦原以为唐海就是给陈红几个耳光，最多打成个轻伤，自己来出医药费就是了。但是陈红面对唐海的怒斥，毫不服软，反而更加羞辱林梦。唐海见到自己心中的女神被这样侮辱，杀心立起，拿起椅子就砸向陈红的头部，陈红被砸成重伤倒地昏死过去。林梦大惊失色。唐海误以为陈红被自己砸死，十分后悔自己的一时冲动。但事已至此，于是和林梦一起动手将“陈红的尸体”塞进一个麻袋中捆紧放到地下室，打算过几天再处理。一天之后，陈红因为窒息而死。

李四带着林梦的花瓶离开后，联系到陈红的老乡王五，表示由陈红介绍而来，将花瓶委托给王五，说明了真实来源并让其代为销售。王五将花瓶卖得 10 万元后，起了贪心，便向李四谎称只卖了 8 万元，李四信以为真收下了 8 万元，王五用余下的 2 万元为自己买了一块手表。

问案中人的刑事责任。

考察重点

1. 总论部分：罪刑法定原则，因果流程偏离，因果关系错误，未遂犯，共同正犯，教唆犯，帮助犯，实行过限，共同过失犯罪

2. 分论部分：故意杀人罪，故意伤害罪，过失致人死亡罪，侮辱罪，诽谤罪，盗窃罪，抢劫罪，（转化）抢劫罪，故意毁坏财物罪，侵占罪，掩饰、隐瞒犯罪所得罪

分析提纲

【第一部分】鹦鹉事件

A. 陈红的刑事责任

A–1. 陈红将林梦的鹦鹉放飞，涉嫌构成《刑法》第 275 条故意毁坏财物罪

一、构成要件该当性

（一）客观构成要件

1. 公私财物

2. 毁坏

二、结论

【第二部分】聚会事件

A. 陈红的刑事责任

A–2. 陈红对林梦同事称“林梦生性淫荡，骨子里就不是什么正派人”，涉嫌构成《刑法》第 246 条侮辱罪

一、构成要件该当性

（一）客观构成要件

1. 侮辱

2. 公然

（二）主观构成要件

故意

二、入罪情节

情节严重

三、结论

A–3. 陈红对林梦同事称“林梦经常带不同的男人回家过夜，还参加了不久前在某游轮上举办的淫乱派对，接客赚了几十万元”，涉嫌构成《刑法》第 246 条诽谤罪

一、构成要件该当性

（一）客观构成要件

诽谤

（二）主观构成要件

故意

二、入罪情节

三、结论

A–4. 陈红唆使张三偷走林梦的古玩，涉嫌构成《刑法》第 264 条盗窃罪（教唆犯）

一、构成要件该当性

（一）客观构成要件

1. 主行为

2. 教唆行为

（二）主观构成要件

1. 故意引起他人的犯意

2. 对特定犯行的既遂具有故意

二、违法性

三、责任

四、结论

A–5. 陈红唆使李四偷走林梦的古玩，涉嫌构成《刑法》第 264 条盗窃罪（教唆犯）

一、构成要件该当性

（一）客观构成要件

1. 主行为

2. 教唆行为

（二）主观构成要件

1. 故意引起他人的犯意

2. 对特定犯行的既遂具有故意

二、违法性

三、责任

四、结论

B. 张三的刑事责任

B–1. 张三和李四在陈红唆使下决意偷走林梦家的古玩，最终李四带着一件古玩离开，两人涉嫌构成《刑法》第 264 条盗窃罪的共同正犯

一、构成要件该当性

（一）客观构成要件

1. 参与实行构成要件行为

2. 各行为之间相互归功

二、结论

B–2. 张三在陈红唆使下要拿走林梦家的唐三彩，被林梦发现后放下离开，涉嫌构成《刑法》第 264 条盗窃罪（未遂）

一、构成要件该当性

（一）主观构成要件（行为决意）

1. 故意

2. 非法占有目的

3. 自以为秘密

（二）客观构成要件

着手实行盗窃罪的构成要件

二、违法性

三、责任

四、结论

C. 李四的刑事责任

C–1. 李四拿走林梦的花瓶，与林梦、唐海发生暴力冲突后带着花瓶逃离，涉嫌构成《刑法》第 269 条（转化型）抢劫罪

一、构成要件该当性

（一）客观构成要件

1. 前提行为

2. 当场使用暴力或者以暴力相威胁

（二）主观构成要件

1. 前提主观要素

2. 为窝藏赃物、抗拒抓捕或者毁灭罪证

二、违法性

三、责任

四、结论

C–2. 李四拿走林梦家的花瓶，与林梦和唐海发生暴力冲突后带着花瓶逃离，涉嫌构成《刑法》第 263 条抢劫罪

一、构成要件该当性

（一）客观构成要件

1. 公私财物

2. 以暴力、胁迫或者其他方法取财

（二）主观构成要件

1. 故意

2. 非法占有目的

（三）加重构成要件

入户

二、违法性

三、责任

四、结论

C-3. 李四用林梦的花瓶砸向林梦和唐海，花瓶落地粉碎，涉嫌构成《刑法》第 275 条故意毁坏财物罪

一、构成要件该当性

（一）客观构成要件

1. 公私财物

2. 毁坏

（二）主观构成要件

故意

二、违法性

三、责任

四、结论

【第三部分】麻袋事件

D. 唐海的刑事责任

D-1. 唐海用椅子将陈红砸昏后，误以为对方死亡，将陈红装入麻袋，致使其窒息而死，涉嫌构成《刑法》第 232 条故意杀人罪（既遂）

一、构成要件该当性

（一）客观构成要件

1. 人

2. 死亡结果

3. 因果关系与客观归责

（二）主观构成要件

故意与错误

二、违法性

三、责任

四、结论

D-2. 唐海用椅子将陈红砸成重伤昏迷，涉嫌构成《刑法》第 232 条故

意杀人罪（未遂）

一、构成要件该当性

（一）主观构成要件

杀人决意

（二）客观构成要件

着手实现杀人罪的构成要件

二、违法性

三、责任

四、结论

D–3. 唐海误以为陈红死亡，将其装入麻袋，致使陈红窒息而死，涉嫌构成《刑法》第 233 条过失致人死亡罪

一、构成要件该当性

1. 结果

2. 因果关系

3. 客观归责

二、违法性

三、责任

四、结论

E. 林梦的刑事责任

E–1. 林梦唆使唐海教训陈红，涉嫌构成《刑法》第 234 条故意伤害罪（教唆犯）

一、构成要件该当性

（一）客观构成要件

1. 主行为

2. 教唆行为

（二）主观构成要件

1. 故意引起他人的犯意

2. 对特定犯行的既遂具有故意

二、违法性

三、责任

四、结论

E-2. 林梦误以为陈红死亡，与林海一起将陈红装入麻袋，致使其窒息而死，涉嫌构成《刑法》第 233 条过失致人死亡罪

一、构成要件该当性

1. 结果

2. 因果关系

3. 客观归责

二、违法性

三、责任

四、结论

【第四部分】销赃事件

C. 李四的刑事责任

C-4. 李四将林梦的花瓶委托给王五，说明来源并让其代为销售，涉嫌构成掩饰、隐瞒犯罪所得罪

一、构成要件该当性

（一）客观构成要件

犯罪所得及其产生的收益

二、结论

F. 王五的刑事责任

F-1. 王五明知李四的花瓶系赃物，仍然代为销售，涉嫌构成掩饰、隐瞒犯罪所得罪

一、构成要件该当性

（一）客观构成要件

1. 犯罪所得及其产生的收益

2. 代为销售

（二）主观构成要件

故意

二、违法性

三、责任

四、结论

F-2. 王五将花瓶卖得 10 万元但对李四谎称只卖得 8 万元，用余下 2 万元为自己买了一块手表，涉嫌构成侵占罪

一、构成要件该当性

（一）客观构成要件

1. 代为保管的他人财物

2. 非法占为己有

3. 拒不退还

（二）主观构成要件

故意

二、违法性

三、责任

四、结论

A. 陈红的刑事责任

A-6. 陈红唆使李四偷走林梦的古董，并表示可以打着自己的旗号去找黑道上的老乡王五将东西出手，涉嫌构成掩饰、隐瞒犯罪所得罪（正犯）

一、构成要件该当性

（一）客观构成要件

犯罪所得及其收益

二、结论

A-7. 陈红唆使李四偷走林梦的古董，并表示可以打着自己的旗号去找黑道上的老乡王五将东西出手，涉嫌构成掩饰、隐瞒犯罪所得罪（对李四的教唆犯）

一、构成要件该当性

（一）客观构成要件

主行为

二、结论

A–8. 陈红向李四表示可以打着自己的旗号去找黑道上的老乡王五将东西出手，涉嫌构成掩饰、隐瞒犯罪所得罪（李四的帮助犯）

一、构成要件该当性

（一）客观构成要件

主行为

二、结论

A–9. 陈红向李四表示可以打着自己的旗号去找黑道上的老乡王五将东西出手，涉嫌构成掩饰、隐瞒犯罪所得罪（王五的帮助犯）

一、构成要件该当性

（一）客观构成要件

1. 主行为

2. 帮助行为

（二）主观构成要件（双重故意）

1. 帮助行为的故意

2. 帮助他人实现特定犯行既遂的故意

3. 片面共犯

二、违法性

三、责任

四、结论

【第五部分】最终结论

解　答

【第一部分】鹦鹉事件

A. 陈红的刑事责任

A–1. 陈红将林梦的鹦鹉放飞，涉嫌构成《刑法》第 275 条故意毁坏财物罪

《刑法》第 275 条　故意毁坏公私财物，数额较大或者有其他严重情节的，处三年以下有期徒刑、拘役或者罚金；数额巨大或者有其他特别严重情节的，处三年以上七年以下有期徒刑。（此处列出涉嫌罪名和相关法条，起到预判导引之用，依此进行检验）

一、构成要件该当性

（一）客观构成要件

1. 公私财物

行为对象为公私财物，即为国家、单位或者他人所有的财物。一般认为毁坏财物罪中的财物限于具有经济价值的有体物（也有少数观点认为包括无形的经济性利益）。本案中的鹦鹉，作为一种被饲养的动物，是否属于刑法上的财物？根据《刑法》第 92 条规定，公民私人财产包括公民的合法收入、生活资料、生产资料等。一般认为，生活资料可按照需求层次分为生存、发展、享受资料等，在此意义上，饲养的动物可以被评价为用于提高个人生活品质的享受资料，由此归入私人财产。现代社会中投入资金饲养动物者日益增多，如果将动物排除在财物的范围之外，放弃对饲养者的财产保护，似有违刑法分则第五章的立法目的。因此，从刑法的视角看，应当将有饲养者归属的动物评价为财物。[1] 在本案中，林梦饲养的鹦鹉具有不菲的经济价值，构成本罪的行为对象。（√）

动物与物的关系，是一个重要的法律问题。我国民法典对此没有作出明确规定。从国外立法例来看，《德国民法典》第 90 条规定，“动物不是物。它们由特别法加以保护。除另有其他规定外，对动物准用有关物的规定”。该条的意义在于，一方面避免将动物当作与那些无生命的物同等看待，另一方面又保证适用物权法的同等保护。即使存在民法上的争议，但在刑法上并不影响将动物当作物来对待。

---

〔1〕 无人饲养的野生动物，不是财产犯罪的保护对象，而是通过其他专门罪名予以保护。例如，第 341 条“危害珍贵、濒危野生动物罪”、“非法猎捕、收购、运输、出售陆生野生动物罪”以及“非法狩猎罪”，第 151 条“走私珍贵动物、珍贵动物制品罪”等。

从各国家地区对虐待动物者科处刑罚的立法模式来看，既有单独设立虐待动物罪，为动物提供特殊保护的，如美国、加拿大；也有未单独设立罪名，但明确将动物作为财产予以保护的，如德日。在实务上，动物是否受毁坏财物罪的保护，国内较早受到关注和讨论的案例是“刘海洋伤熊案”。学界多数意见认为：“动物具有财产属性，刘海洋构成故意毁坏财物罪。”[1]

2. 毁坏

在故意毁坏财物罪中，仅有毁坏行为但未出现毁坏结果的未遂犯，通常是不罚的。从规范特征上来看，本罪属于结果犯。[2]

作为一个普遍性犯罪，各国刑法理论和司法实务对于本罪中“毁坏”含义的讨论，有普遍性的价值。例如，《德国刑法典》第 303 条第 1 款同时规定了损害（beschädigt）和损毁（zerstört）。按照德国实务界和学界的观点，损害是指通过对物体施加物理性影响，改变物体的物质成分或破坏其完整性，或者减损其用途和功能。[3] 简言之，损害包括物质损害和功能损害两种情形。后者不以前者为必要，即完全可以“在不损害物质的情况下损害功能”。[4] 损毁是指破坏物体的根本性质，使其物质统一性被外部影响完全瓦解，或者彻底丧失其功能和效用，以至于这个物体已经不再符合它的概念了。[5] 通常认为，损毁是程度更严重的损害，或者说，损害是部分的损毁。[6] 此外，《德国刑法典》第 303 条第 2 款还规定了非暂时性地显著改变物品外观的情形。[7] 我国刑法规定的毁坏，包含了《德国刑法典》规定的损害和损毁两种情形，但是否包括外观改变这一情形，还值得研究。

---

〔1〕 张靖：《众专家剖析“伤熊案”——律师准备为刘海洋作无罪辩护》，载《北京日报》2002 年 3 月 30 日；于宛等：《法理论关注社会热点问题——足球“黑哨”事件、“伤熊”事件刑法学术研讨会综述》，载《法学家》2002 年第 4 期。

〔2〕 Johannes Wessels/Thomas Hillenkamp, Strafrecht Besonderer Teil 2, 40. Aufl. 2017, § 1 Rn. 12; Urs Kindhäuser, Strafrecht Besonderer Teil II, 9. Aufl. 2016, § 20 Rn. 8.

〔3〕 Martin Heger, in: Lackner/Kühl Strafgesetz Kommentar, 29. Aufl. 2018, § 303 Rn. 3.

〔4〕 Brunhild Wieck-Noodt, in: Münchener Kommentar-StGB, Band 5, 3. Aufl. 2019, § 303 Rn. 21.

〔5〕 Rainer Zaczyk, in: Urs Kindhäuser/Ulfrid Neumann/Hans-Ullrich Paeffgen (Hrsg.), Nomos-Kommentar zum Strafgesetzbuch, Band 2, 5. Aufl. 2017, § 303 Rn. 9.

〔6〕 Bernd Hecker, in: Schönke/Schröder Strafgesetzbuch Kommentar, 30. Aufl. 2019, § 303 Rn. 14. 举例来说，如果损害形式是放火烧衣服，那么毁坏就是指烧成灰烬；如果损害形式是用手撕文件，那么毁坏就是将文件撕成不可黏合修复的碎片；如果损害形式是用棍子打宠物狗，那么毁坏就是把狗打死。

〔7〕 这是《德国刑法典》2005 年修正时增设的规定。

日本刑法关于毁弃、隐匿类犯罪的规定，位于刑法典第 40 章下，包括毁弃公（私）用文书罪、损坏建筑物罪、损坏器物罪、隐匿书信罪等。日本学界和实务界围绕着“毁弃”概念展开的讨论，主要有“物理性损坏”和“侵害效用说”两种观点。通说是侵害效用说，即不限于物理性、物质性的损坏，但凡有损财物效用的一切行为，都构成毁弃。[1]这些理解大体上与德国相近。

有分歧的是，行为既没有引起物理性的物质损害也没有引起客观上的功能丧失，但是导致物品对权利人的主观效用丧失，是否构成毁弃，值得研究。除了上文讨论的“使得财物脱离物主占有”的情形之外，这一问题在日本的讨论形式还表现为，由于影响到权利人的情感、心理感受因而被放弃使用的情形——例如，向餐具撒尿——显然，洗干净的餐具，在物理和客观功能上都没有损害，但是物主心理上可能无法再接受了。对此，日本判例和理论没有争议地认为属于侵害效用，构成“毁弃”。在德国的讨论中，有争议的情形是违背物主意愿的物品修缮，尽管在客观上没有减损甚至修补了物品的原初功能，但是却阻碍了物主按个人想法使用该物品的处置意愿。例如，违反业主可推定或明示的意愿，将业主被砸毁的门窗恢复原状，故意打乱业主以此作为控告证据的计划。对此，是否构成《德国刑法典》第 303 条第 1 款的损坏，尚存争议。[2]

在本案中，陈红打开鹦鹉的笼子，将其从家中放飞，最后鹦鹉生死未卜，不知所踪。该事实涉及的法律问题是，将他人的财物脱离他人占有，是否构成故意毁坏财物罪的“毁坏”？一种观点对此是持完全肯定的结论。按照日本的判例和学界通说，单纯使得物品脱离物主占有的情形——例如，将鱼塘中的鱼放走——都应当构成毁弃。主要理由是出于填补惩罚漏洞的考虑，认为如果对“毁弃”的概念限定过窄，就无法惩罚那些不具有非法占有目的因

〔1〕［日］西田典之：《日本刑法各论》，王昭武、刘明祥译，法律出版社 2013 年版，第 295 页。

〔2〕 赞同的观点，参见 Jörg Eisele, Strafrecht – Besonderer Teil II, 5. Aufl. 2019, Rn. 459; Rudolf Rengier, Strafrecht Besonderer Teil I, 22. Aufl. 2020, § 24 Rn. 14. 也有反对的观点，

而无法按照盗窃罪论处的行为。[1]受日本理论影响，国内部分学者也将脱离占有的情形一律认定为毁坏。例如，张明楷、周光权、黎宏等，均认为像将他人饲养的动物放走的这一类脱离占有的情形，构成毁坏财物罪。因为这些行为会“使他人财物的效用减少或者丧失”，[2]“对于财物的正常功能发挥有影响”，[3]或者“致使财物主人无法对其加以利用，客观上也是使财物的本来功用受到破坏”。[4]有学者持反对意见，如陈兴良认为，不能从保护的法益价值本质的角度去推究毁坏行为，“毁坏的后果不在于使他人丧失对财物的占有，更为重要的是使财物丧失价值”。[5]

另一种观点，则在原则上否认单纯脱离占有的毁坏性质。按照德国判例和学界通说，单纯地使得物品脱离物主的占有状态，包括将他人戒指扔进河里，打开鸟笼放飞他人的小鸟，藏匿他人的财物等，均不能构成毁坏财物罪。[6]主要理由是这种解释超越了“损坏”的文义边界，而且这种扩张解释恰恰是有违立法者对于单纯的排除占有行为原则上不罚的价值决定。[7]不过，如果使物品脱离了物主占有进一步造成了物品的毁损，那情况就不同了。总的来说，丢弃一件物品，或者释放一只动物，这种单纯的占有脱离本身，并不能构成损坏，除非由此造成了物品的毁损或动物无法存活而死亡。[8]

如何理解上述观点的差异？这里首先探究将脱离占有视作“毁坏”的观点的合理性。

刑法理论的通说认为，故意毁坏财物罪与盗窃罪、诈骗罪等其他财产犯

---

〔1〕 参见［日］西田典之：《日本刑法各论》，王昭武、刘明祥译，法律出版社 2013 年版，第 295 页。但也有日本学者对此存疑，“单纯使对方丧失对物的占有的行为，是否属于‘毁弃’等日常用语的语义范围之内，仍有质疑的余地，最好是以立法形式解决此问题”。［日］山口厚：《刑法各论》，王昭武译，中国人民大学出版社 2011 年版，第 410 页。

〔2〕 张明楷：《刑法学》（下），法律出版社 2016 年版，第 1026 页。

〔3〕 周光权：《刑法各论》，中国人民大学出版社 2016 年版，第 147 页。

〔4〕 黎宏：《刑法学各论》，法律出版社 2016 年版，第 339 页。

〔5〕 陈兴良：《故意毁坏财物行为之定性研究——以朱建勇案和孙静案为线索的分析》，载《国家检察官学院学报》2009 年第 1 期。

〔6〕 Bernd Hecker，in：Schönke/Schröder Strafgesetzbuch Kommentar，30. Aufl. 2019，§ 303 Rn. 11，Rn. 10；Brunhild Wieck-Noodt，in：Münchener Kommentar-StGB，Band 5，3. Aufl. 2019，§ 303 Rn. 29；Hagen Wolff，in：Strafgesetzbuch Leipziger Kommentar，Band 10，12. Aufl. 2008，§ 303 Rn. 19.

〔7〕 BGHSt 44，34（38）.

〔8〕 RGSt 20，182（185）；Matthias Weidemann，in：Beck'scher Online-Kommentar StGB，46. Aufl. 2020，§ 303 Rn. 13.

罪的关键区分，在于故意毁坏财物罪不具有非法占有目的。非法占有目的包括两个部分，一是使得财物永久性地脱离原物主控制的“排除意思”，二是像所有人那样使用财物的“僭用意思”。[1]无论是将小鸟当场杀死，还是将小鸟放飞，显然都具有排除意思，同时又都不具备僭用意思。而且，考虑到将鱼从鱼塘放走、将小鸟从鸟笼放飞这一类的行为，也不同于那些短暂使用他人交通工具后又返还的行为（所谓“使用盗窃”），虽然两者都是在客观上排除了原物主对物品的占有，但前者是永久性的，后者则基于返还意思而具有暂时性。基于上述考量，将“单纯使对方丧失对物的占有”视同于一般的效用损害，进而都评价为“毁坏”的观点，不能说是毫无道理的。

但是，这种观点仍然存在难以逾越的障碍。任何目的解释都不能超越文义解释划定的边界。在中文的语境中，戒指被扔进河里，宠物鸟被放飞，这些情形都超越了日常用语中“被毁坏”的语义边界。一般人在运用中文语词描述上述这些情形的时候，无论是口头表达还是书面交流，都不会使用“毁坏”这样的用语。除非是在比喻的意义上使用，但这种文学化使用，已经违反了法律对语言用法的要求。

即使从功能和效用的角度来理解“毁坏”，它的语义，也应当指向毁坏财物作为人造物或生物自身的、客观的、被社会一般观念普遍认可的本来价值。例如，对于扔到河里的金戒指来说，它一旦被人捞起仍然可以佩戴或者出售，这里遭受损失的，是物主的财产总量和对戒指的支配自由，但是戒指作为贵重金属的客观价值没有遭到毁坏。一幅名画在未经主人允许的情况下被取走，脱离了物主的占有，但是对这幅名画来说，却不能说失去或者减损了价值，它作为一件艺术品，对于这个社会的功能和用途没有改变，更没有被“毁坏”。当这幅画被完好无损地追回来时，可以说这是一幅曾经被“偷走”的画，但是却很难说，这是一幅曾经被“毁坏”的画。

相反，如果评价一个财物的功能和效用是否减损和丧失，完全取决于是否脱离了物主的占有，就会出现由于主观效用恣意化也难以准确评价的问题。按

---

〔1〕 参见车浩：《占有不是财产犯罪的法益》，载《法律科学（西北政法大学学报）》2015年第3期。

照“脱离占有就是损害效用”的观点，当饲养的鲤鱼被主人放生时，这个处分行为就可以被替换表述为是这条可怜的鱼儿被主人自愿地“毁坏”了，这个说法有点像童话故事里面舍不得离开主人的美人鱼的拟人化哀怨；同理，当饲养者接受他人请求而允许他人将鱼塘打开将鲤鱼放生时，对此也应当评价为“得到被害人同意的毁坏”，这个奇怪的结论，显然也是一个脱离了生活事理的荒诞表述。正如有学者指出：“以物质层面的损坏为基础之学说与以效用层面的侵害为基础之学说的对立在于：是应恪守刑法明确性之原则，将毁坏财物罪限制在一定的范围之内；抑或对构成要件予以实质性解释，对财物的所有人予以周全之保护。”〔1〕这一表述准确地阐明了两种对立观点背后的理念差异。

综上，本文认为，单纯的脱离占有本身，既不能评价为一个毁坏结果，也不能认定一个毁坏行为。但是，如果使得财物脱离占有的行为，制造了使得财物在物理或功能上遭受损害的风险，而最终这一风险又在特定结果中实现，则使得财物脱离占有的行为，应当被评价为毁坏行为。在本案中，陈红未经林梦同意，就打开鹦鹉的鸟笼，将鹦鹉放飞，最终鹦鹉不知所踪。仅仅就打开鸟笼放飞鹦鹉，使得鹦鹉脱离林梦占有这一点而言，尚不能评价为毁坏。当然，在寒冷天气里放飞一只被居家饲养的鹦鹉，这种行为客观上包含着将鹦鹉生命置于危险境地的可预见的风险（制造了法不容许的风险），如果该风险确实现实化为鹦鹉被冻死的结果，那么，陈红放飞鹦鹉致使其冻死的行为构成毁坏。不过，本案中的情形是，鹦鹉生死未卜，不知所致，根据存疑有利于被告的原则，不能认定本案出现了财物毁坏的结果，也不能认定陈红实施了毁坏行为。（×）

由于客观构成要件不符合，到此就不必再往下检验，而是直接跳到最后，得出无罪的结论。相反，如果支持“单纯的脱离占有就构成毁坏”的观点，那么就还需要继续向下分析主观构成要件，即行为人是否具有故意。

二、结论

陈红将林梦的鹦鹉放飞，不构成《刑法》第275条故意毁坏财物罪。（×）

〔1〕张梓弦：《论故意毁坏财物罪中的“毁坏”——“有形的影响说”之提倡》，载《法学》2018年第7期。

【第二部分】聚会事件

A. 陈红的刑事责任

A–2. 陈红对林梦同事称“林梦生性淫荡，骨子里就不是什么正派人”，涉嫌构成《刑法》第246条侮辱罪

《刑法》第246条　以暴力或者其他方法公然侮辱他人或者捏造事实诽谤他人，情节严重的，处三年以下有期徒刑、拘役、管制或者剥夺政治权利。

一、构成要件该当性

（一）客观构成要件

1. 侮辱。侮辱是指使用暴力或者其他方法，对特定的他人予以轻蔑和减损性的价值评判，败坏他人名誉的行为。评判内容通常与他人的品德、能力、身份、身体状况等相关。被败坏的名誉，主要是指外部名誉（社会对人的价值评判），而不是内部名誉（客观存在的人的内部价值），也不是人的名誉情感（主观的名誉）。侮辱行为既可以通过举止动作，也可以通过语言文字的形式表达出来。在本案中，陈红对林梦同事宣称，“林梦生性淫荡，骨子里就不是什么正派人”，这是使用言辞针对林梦的生活作风和人格做出价值评价，而该评价在社会公众的主流价值观中属于人格贬低性和羞辱性的内容。因此，陈红的行为构成侮辱。（√）

2. 公然。关于公然的含义，存在不同见解。面向的对象，有的观点认为是不特定且多数人；有的观点认为不问特定与否，多数人即可；有的观点认为是不特定或多数人。最后一种观点，是学界多数意见。[1] 此外，公然不意味着必须发生在公共场所，也不要求被害人必须在场。[2] 在本案中，从案情描述来看，参加聚会的林梦的公司同事应当在三人以上，虽然聚会场所在林梦家中，但是从在场的人际关系来看，这种公司同事之间的多人聚会，不同于家庭内部成员之间的封闭性聚会，不仅形成了开放意义上的社交空间，而且具有进一步向外传播和扩散的可能性。因此，陈红的行为具有公然性。（√）

---

〔1〕 张明楷：《刑法学》（下），法律出版社2016年版，第917页；周光权：《刑法各论》，中国人民大学出版社2016年版，第64页。这种对公然的理解就是当众，即当着第三者的面或以能够使第三者看到或听到的方式进行。

〔2〕 高铭暄、马克昌：《刑法学》（第六版），北京大学出版社2014年版，第476页。

（二）主观构成要件

故意。本罪是故意犯，要求行为人认识到自己在对他人做轻蔑的、贬损性的价值评判，会败坏他人的名誉，并希望或放任这种结果的发生。本案中，陈红由于对林梦怀恨在心，所以特地对林梦的公司同事发表贬低林梦人格的言论，具备侮辱他人的故意。（√）

二、入罪情节

情节严重。侮辱罪成立要求情节严重，但对此没有明确的司法解释。可以参考2013年“两高”《关于办理利用信息网络实施诽谤等刑事案件适用法律若干问题的解释》第2条的规定：“利用信息网络诽谤他人，具有下列情形之一的，应当认定为刑法第二百四十六条第一款规定的‘情节严重’：（一）同一诽谤信息实际被点击、浏览次数达到五千次以上，或者被转发次数达到五百次以上的；（二）造成被害人或者其近亲属精神失常、自残、自杀等严重后果的；（三）二年内曾因诽谤受过行政处罚，又诽谤他人的；（四）其他情节严重的情形。”从上述规定来看，网络诽谤的严重性标准，主要体现在几个方面：一是传播的范围，二是被害人受到的刺激和伤害程度，三是行为人在同类犯罪上屡教不改的危险性人格。本案虽然不属于网络信息诽谤，而是线下现场的侮辱，但是可以参照上述标准来认定情节的严重性。就此案情来看，尚未达到情节严重的程度。（×）

三、结论

陈红在聚会中面对林梦的公司同事发表贬低林梦人品的价值评判，尚未达到情节严重，不构成侮辱罪。（×）

A–3. 陈红对林梦同事称“林梦经常带不同的男人回家过夜，还参加了不久前在某游轮上举办的淫乱派对，接客赚了几十万元”，涉嫌构成《刑法》第246条诽谤罪

《刑法》第246条第1款　以暴力或者其他方法公然侮辱他人或者捏造事实诽谤他人，情节严重的，处三年以下有期徒刑、拘役、管制或者剥夺政治权利。

一、构成要件该当性

（一）客观构成要件

诽谤。诽谤是指捏造并散布某种事实，[1]足以败坏他人名誉的行为。如果行为人散布的是有损他人名誉的真实事实，则不构成诽谤罪。侮辱与诽谤主要区别在于，诽谤是一种虚假的事实陈述，而侮辱主要指向价值评判。[2]行为人散布的事实不足以使人信以为真的，不是诽谤，但可能属于侮辱。例如，说某人是“猪头”，就属于侮辱而非诽谤。在本案中，陈红对林梦同事宣称，“林梦经常带不同的男人回家过夜，而且参加了不久前在某游轮上举办的淫乱派对，接客赚了几十万元”，又根据案情描述，“陈红知道自己所说为假，但是希望用这种方式来打击林梦”，由此可知，陈红的言辞内容为事实陈述而非价值评判，而且陈述内容虚假，属于捏造事实并向林梦的同事散布。以社会公众的主流价值观为衡量标准，所捏造的内容具有贬损和败坏林梦名誉的效果，从其同事“大为吃惊”“趁势离去”，可以看出事实上已经对林梦的名誉造成了实际损害。因此，陈红的行为构成诽谤。（√）

（二）主观构成要件

故意。本罪是故意犯，要求行为人认识到自己是在散布损害他人名誉的虚假事实，会败坏他人的名誉，并希望或放任这种结果的发生。本案中，陈红由于对林梦怀恨在心，所以特地对林梦的公司同事捏造林梦生活作风方面的虚假事实，损害林梦的名誉，具备诽谤他人的故意。（√）

二、入罪情节

情节严重。诽谤罪的成立要求情节严重，对此可参见上文关于2013年“两高”《关于办理利用信息网络实施诽谤等刑事案件适用法律若干问题的解释》

---

〔1〕 法条中规定了“捏造事实诽谤他人”，关于捏造事实和诽谤的关系，存在争议。有的观点认为捏造事实和诽谤是两个同时兼具的行为。参见张开骏：《名誉保护与言论自由的衡平：诽谤罪比较研究》，载《政治与法律》2011第6期；付立庆：《恶意散布他人捏造事实行为之法律定性》，载《法学》2012年第6期，第107页。也有学者将“捏造事实诽谤他人”解释为“利用捏造的事实诽谤他人”或者“以捏造的事实诽谤他人”。张明楷：《网络诽谤的争议问题探究》，载《中国法学》2015年第3期，第60页。但是这一争议并不会影响对本案的判断，因为陈红既有捏造事实又有散布的行为。

〔2〕 理论上一般认为，对于“捏造事实”的判断是诽谤罪和侮辱罪的真正分野，主要涉及的问题是事实与意见的区分。如果言论只是行为人个人的评价、观点，那么只可能成立侮辱罪；反之，则可能成立诽谤罪。参见陈珊珊：《诽谤罪之省思》，载《华东政法大学学报》2012年第2期；陈涛：《“捏造事实诽谤他人”之展开》，载《刑事法判解》（第17卷），人民法院出版社2015年版。

第 2 条的分析。从上述规定来看，网络诽谤的严重性标准，主要体现在几个方面：一是传播的范围，二是被害人受到的刺激和伤害程度，三是行为人在同类犯罪上屡教不改的危险性人格。本案的第一传播范围较小，即发生在林梦与单位同事的家庭聚会中，被害人也没有遭受严重的伤害后果，就此案情来看，尚未达到情节严重的程度。（×）

三、结论

陈红在聚会中面对林梦的公司同事捏造并散布虚假事实败坏林梦声誉，但尚未达到情节严重，不构成诽谤罪。（×）

A–4. 陈红唆使张三偷走林梦的古玩，涉嫌构成《刑法》第 264 条盗窃罪（教唆犯）

《刑法》第 264 条　盗窃公私财物，数额较大的，或者多次盗窃、入户盗窃、携带凶器盗窃、扒窃的，处三年以下有期徒刑、拘役或者管制，并处或者单处罚金；数额巨大或者有其他严重情节的，处三年以上十年以下有期徒刑，并处罚金；数额特别巨大或者有其他特别严重情节的，处十年以上有期徒刑或者无期徒刑，并处罚金或者没收财产。

《刑法》第 25 条　共同犯罪是指二人以上共同故意犯罪。

《刑法》第 29 条第 1 款　教唆他人犯罪的，应当按照他在共同犯罪中所起的作用处罚。教唆不满十八周岁的人犯罪的，应当从重处罚。

预判：本案不存在可能成立间接正犯的情形。案情没有表明张三和李四欠缺刑事责任能力，两人也没有受骗陷入错误或者被强制，因此首先按照普通教唆犯的框架进行审查是合适的。

一、构成要件该当性

（一）客观构成要件

1. 主行为。按照共犯从属性原理，（相对于间接正犯意义上的）教唆犯的成立，应以存在一个正犯的违法行为作为前提。换言之，至少要存在一个该当构成要件且具有违法性的主行为。该主行为可以是既遂也可以是未遂。在本案中，张三实施了一个该当构成要件且违法的盗窃行为（按照正犯先于共犯的检

验顺序，在完成张三的刑事责任之B–1之后，再来进行本部分检验)。(√)

2. 教唆行为。教唆是指故意唆使他人实行犯罪。具言之，通过怂恿、鼓动、利诱、威胁等各种方式，使得他人从无到有或从不确定到确定地产生犯罪故意，进而实行犯罪。这里的“犯罪”，指的是至少该当于构成要件且违法的行为(可以欠缺有责性)。在本案中，陈红向张三和李四展示林梦收藏的古玩，表示其实林梦根本记不清自己有多少收藏，唆使两人偷偷带走，同时表示可以打着自己的旗号去找黑道上的老乡王五将东西出手。从指示犯罪对象到提示犯罪机会和方式，再到提供销赃渠道，构成一个比较完整的教唆行为。(√)

(二)主观构成要件(双重故意)

1. 故意引起他人的犯意。教唆犯的第一重故意，是针对教唆行为本身而言，即行为人是故意而非过失地引起他人的犯意。行为人必须认识到自己的行为对唤起他人的犯罪意图具有促进作用和刺激效果，并对此有意欲。在本案中，陈红的怂恿，足以使张三萌生取走林梦财物的犯罪决意，陈红认识到这一点并有意为之。(√)

2. 对特定犯行(由特定行为人实施的特定犯罪)的既遂具有故意。教唆犯的第二重故意，是针对教唆对象而言，即教唆必须是指向特定犯行，并希望该犯行达到既遂。这里的“特定”是指教唆内容应较为具体而不能仅仅是抽象的犯罪种类。仅仅是希望他人产生犯罪决意但并不希望其实现犯罪结果的，仍然欠缺教唆故意。在本案中，陈红的教唆非常明确地指向了林梦在家中收藏的古玩，以及趁林梦不在家取走财物的具体的盗窃行为，甚至还为盗窃既遂后的出路提供销赃渠道。具备针对特定犯行既遂的故意。(√)

二、违法性

本案不存在违法阻却事由。(√)

三、责任

本案不存在责任阻却事由。(√)

四、结论

陈红唆使张三偷走林梦的古玩，涉嫌构成盗窃罪的教唆犯。(√)

A–5. 陈红唆使李四偷走林梦的古玩，涉嫌构成《刑法》第 264 条盗窃罪（教唆犯）

一、构成要件该当性

（一）客观构成要件

1. 主行为。在本案中，李四在与林梦和唐海发生冲突之前，已经实施了一个该当构成要件且违法的盗窃行为，只是没有到达既遂阶段（参见李四的刑事责任之 C–1 关于前提行为部分的检验）。（√）

2. 教唆行为。教唆是指故意唆使他人实行犯罪。在本案中，陈红向张三和李四展示林梦收藏的古玩，唆使两人偷走并提供销赃渠道，构成一个比较完整的教唆行为。（√）

（二）主观构成要件（双重故意）

1. 故意引起他人的犯意。在本案中，陈红的怂恿，足以使李四萌生取走林梦财物的犯罪决意，陈红认识到这一点并有意为之。（√）

2. 对特定犯行的既遂具有故意。在本案中，陈红的教唆内容非常明确，即趁着林梦不在家且记不清自己的收藏，"唆使两人偷偷带走"。显然，该教唆的具体犯罪行为是盗窃行为，且陈红表示可以提供销赃渠道，表明希望李四的盗窃达到既遂的结果。问题是，李四在被林梦堵住后以实施扔花瓶的暴力方式逃走，超出了陈红教唆的"偷偷带走"的行为方式。在共同犯罪中，参与人实施了超出共同犯罪故意内容的部分，属于实行过限，一般应当由行为过限人自己单独负责，而不会归为共同犯罪的结果。因此，本案仅是在盗窃的范围内成立共同犯罪，陈红具有针对教唆李四实现特定的盗窃犯行既遂的故意，是盗窃罪而非抢劫罪的教唆犯。（√）

实行过限又称为共同犯罪中的过剩行为，是指实行犯实施了超出共同犯罪故意的行为。我国刑法对实行过限没有明文规定，理论上一般认为，过限行为超出了共同故意的范围，应当由实行的人对过限行为单独承担刑事责任，其他共同犯罪人对过限行为不负刑事责任。[1] 具体而言，可以按教唆类型进一步区

---

〔1〕 参见陈兴良：《论共同犯罪中的实行过限》，载《法学杂志》1989 年第 6 期，第 14 页。

分。在明确性教唆的情况下，被教唆人明显超出教唆内容的犯罪为实行过限，教唆人不对这部分犯罪承担责任；在概然性教唆的情况下，被教唆人的行为只要没有明显超出教唆的限度，一般不认为是实行过限；在选择性教唆中，被教唆人在供选择的犯罪之外实施的犯罪行为属于实行过限。[1]

二、违法性

本案不存在违法阻却事由。（√）

三、责任

本案不存在责任阻却事由。（√）

四、结论

陈红唆使李四偷走林梦的古玩，涉嫌构成盗窃罪的教唆犯。（√）

B. 张三的刑事责任

B–1. 张三和李四在陈红唆使下决意偷走林梦家的古玩，最终李四带着一件古玩离开，两人涉嫌构成《刑法》第 264 条盗窃罪的共同正犯

《刑法》第 264 条　盗窃公私财物，数额较大的，或者多次盗窃、入户盗窃、携带凶器盗窃、扒窃的，处三年以下有期徒刑、拘役或者管制，并处或者单处罚金；数额巨大或者有其他严重情节的，处三年以上十年以下有期徒刑，并处罚金；数额特别巨大或者有其他特别严重情节的，处十年以上有期徒刑或者无期徒刑，并处罚金或者没收财产。

《刑法》第 25 条　共同犯罪是指二人以上共同故意犯罪。

一、构成要件该当性

（一）客观构成要件

1. 参与实行构成要件行为。共同正犯包括参与实行构成要件行为、参与实行构成要件以外的行为以及参与犯罪实行的谋划等行为类型，对此存在重

〔1〕 陈兴良：《刑法适用总论》（上卷），法律出版社 1999 年版，第 505—506 页。被教唆人明显超出教唆内容的犯罪为实行过限，这一点已经基本上没有争议。参见孙万怀、孙远：《教唆犯罪中实行过限认定的本质和标准》，载《东方法学》2014 年第 5 期。

大争议。[1]其中，参与实行构成要件行为，也就是各个参与人均实现了至少部分构成要件特征，是最无争议的共同正犯类型。盗窃罪的行为特征是“打破”他人先前对物的占有状态，并建立起一个新的占有状态。所谓打破占有，是指在违反或至少是未得到占有人同意的情况下，对之前占有状态的取消。[2]简言之，就是未经同意的占有转移。盗窃罪的对象是公私所有的财物，且一般要求具备经济价值。在本案中，林梦收藏的古玩归林梦所有，且价值不菲，最终被李四带离现场的古玩卖出 10 万元，符合“公私财物”。张三和李四均未得到林梦同意，而是趁林梦不在之机，拿起古玩欲离开林梦家，最终，李四带着一件花瓶逃离现场。张三和李四的行为均符合未经财物主人同意而转移占有的客观特征，都各自较完整地实行了盗窃罪的构成要件行为。(√)

2. 各行为之间相互归功。要成立共同正犯，各个参与者之间要存在分工协作，由此体现出对结果发生的贡献分担。每个参与者都要对犯罪作出自己的贡献并将其并入犯罪中，以使其作为另一参与者的行为的一部分出现。[3]简言之，每个人都是他人不可或缺的功能性补充——“你中有我，我中有你”。在本案中，张三与李四在取走林梦古玩的过程中，是各自分别进行的，属于独立施行的打破不同财物的占有的行为，既没有支持对方也没有从对方处得到合作；最终李四将一件花瓶带离林梦家，也是独自在与林梦和唐海的冲突中完成的；对于该花瓶脱离占有的结果，张三从始至终都没有在其中发挥过作用，而取走该花瓶的经济获益也与张三无关。“你是你，我是我。”因此，张三与李四仅是分别实行的同时正犯，彼此之间没有功能协作关系，各自的行为之间也不能相互补充和归功。(×)

如果审查者在客观构成要件部分没有否定掉共同正犯性，就要进入主观构成要件层面来审查共同正犯的决意。即要求各个行为人认识到自己是在与他人一起共同实施盗窃行为，并追求或放任结果的发生。这种共同实施，不是说时

---

〔1〕 Wolfgang Joecks/Jörg Scheinfeld, in: Münchener Kommentar-StGB, Band 1, 4. Aufl. 2020, § 25 Rn. 194ff.

〔2〕 车浩:《盗窃罪中的被害人同意》,载《法学研究》2012 年第 2 期; Schmitz, MK-StGB, 3. Aufl. 2019, § 242 Rn. 74;[日]山口厚:《刑法各论》,王昭武译,中国人民大学出版社 2011 年版,第 225 页。

〔3〕 Hans Kudlich, in: Beck'scher Online-Kommentar StGB, 46. Aufl. 2020, § 25 Rn. 45.

间或空间上的相同，而是说作为一个整体，相互支持、相互合作地实施犯罪。

在本案中，张三和李四是林梦的公司同事，受邀到林梦家聚会，在受到陈红的唆使后，“张三和李四遂起贼心，决意趁机偷走，于是各自拿起两件古玩握在手里就要离开”。根据这段案情描述，看不出两人之间有任何犯意联络，后面逃跑时，也没有体现出作为一个犯罪共同体的逃离意图。因此，张三和李四只是在同一时间、地点，受到同一个人的唆使，而实施了同样性质的盗窃行为而已，两人并不具备共同盗窃的故意。

二、结论

张三和李四在陈红唆使下决意偷走林梦家的古玩的行为，不构成盗窃罪的共同正犯。（ × ）

B-2. 张三在陈红唆使下要拿走林梦家的唐三彩，被林梦发现后放下离开，涉嫌构成《刑法》第 264 条盗窃罪（未遂）

《刑法》第 264 条　盗窃公私财物，数额较大的，或者多次盗窃、入户盗窃、携带凶器盗窃、扒窃的，处三年以下有期徒刑、拘役或者管制，并处或者单处罚金；数额巨大或者有其他严重情节的，处三年以上十年以下有期徒刑，并处罚金；数额特别巨大或者有其他特别严重情节的，处十年以上有期徒刑或者无期徒刑，并处罚金或者没收财产。

《刑法》第 23 条第 1 款　已经着手实行犯罪，由于犯罪分子意志以外的原因而未得逞的，是犯罪未遂。

预判：张三受陈红唆使，原打算偷走唐三彩，但还未离开林梦家，就被林梦发现堵住。由于这一意志以外的原因，放下唐三彩仓皇离去。这里涉及盗窃财物是否既遂，即是否已经“得逞”的问题。关于盗窃罪既遂 / 未遂的判断标准，我国刑法学界一直存在失控说、控制说以及失控说加控制说等各种观点的争讼。[1] 但是无论采取哪种观点，就案情描述来看，都应当认定为未遂。在物理空间上，财物尚处于林梦家内部这一由林梦支配的占有空间，且在林

〔1〕 参见高铭暄：《新中国刑法学研究综述》，河南人民出版社 1986 年版，第 640—643 页。

梦发现的情况下也难以顺利地离开现场。在这种情况下，既不能认为唐三彩已经脱离了林梦的控制支配，更不能认为张三已经建立起了新的控制支配关系。因此，应当认定为未遂，按照未遂犯的审查框架进行检验。

一、构成要件该当性（未遂犯）

（一）主观构成要件（行为决意）

1. 故意。故意是对客观构成要件的实现有认知和意欲。张三认识到自己拿走林梦家里的唐三彩，是要使得该财物脱离林梦的占有，并建立起自己对财物的新占有，仍努力实施，希望这一结果发生。（√）

2. 非法占有目的。非法占有目的要求同时具备排除意思和僭用意思。张三打算将唐三彩带离林梦家归自己所有，具有将财物脱离于原物主占有控制的排除意思和据为己有的僭用意思。（√）

3. 自以为秘密。行为人主观上认为自己的行为具有相对于原占有人的秘密性，自以为没有为被害人发觉。至于客观上是否被发觉，并不影响盗窃罪的成立。在本案中，张三是趁着林梦出去追唐海不在家时取走财物，自认为林梦当时没有发现，具有秘密性。（√）

（二）客观构成要件

着手实行盗窃罪的构成要件。《刑法》第 23 条规定的“着手实行犯罪”，是指开始着手实现特定犯罪的构成要件。这里的“着手”，是判断行为是否已经越过预备进入实行阶段。依通说观点，如果行为人按照自身设想，其行为已经相当接近于构成要件实行行为，以至于不存在实质意义上的间隔行为就能顺利实现构成要件，即开始着手。[1] 盗窃罪的构成要件之一是转移财物的占有状态。在本案中，张三已经将林梦家的唐三彩拿在手中准备离开，此时，林梦对财物的占有状态开始受到冲击，按照当时的情形和张三的计划，如果没有出现林梦赶回来堵住的情形，张三已带着财物离开，即建立起了新

〔1〕 Vgl. Thomas Fischer, Strafgesetzbuch und Nebengesetze, 67. Aufl. 2020, § 22 Rn. 10ff.; Thomas Hillenkamp, in: Strafgesetzbuch Leipziger Kommentar, Band 1, 12. Aufl. 2007, § 22 Rn. 77; Urs Kindhäuser/Eric Hilgendorf, Strafgesetzbuch Lehr- und Praxiskommentar, 8. Aufl. 2020, § 22 Rn. 18ff.; 认为至少外观上具有明显可分的行为步骤的类型适用该标准的观点也见：Albin Eser/Nikolaus Bosch, in: Schönke/Schröder Strafgesetzbuch Kommentar, 30. Aufl. 2019, § 22 Rn. 40.

的占有。因此，张三已经进入盗窃罪的着手实行阶段。（√）

二、违法性

本案不存在违法阻却事由。（√）

三、责任

本案不存在责任阻却事由。（√）

四、结论

张三在陈红唆使下要拿走林梦家的唐三彩，被林梦发现后放下财物离开，涉嫌构成盗窃罪（未遂）。（√）

C. 李四的刑事责任

C–1. 李四拿走林梦的花瓶，与林梦、唐海发生暴力冲突后带着花瓶逃离，涉嫌构成《刑法》第 269 条（转化型）抢劫罪

《刑法》第 269 条　犯盗窃、诈骗、抢夺罪，为窝藏赃物、抗拒抓捕或者毁灭罪证而当场使用暴力或者以暴力相威胁的，依照本法第二百六十三条的规定定罪处罚。

一、构成要件该当性

（一）客观构成要件

1. 前提行为。事后（转化型）抢劫的成立，以行为人犯盗窃、诈骗、抢夺罪为前提条件。在本案中，李四受陈红唆使，打算从林梦家取走财物，并将花瓶拿在手中准备离开，当时，李四已经进入盗窃罪的着手实行，但是在李四拿着花瓶离开林梦家之前，就与赶回家中的林梦和唐海遭遇并发生冲突，此时，花瓶尚未脱离开林梦的房屋，李四并没有对花瓶建立起新的占有关系，因此属于盗窃未遂。（√）

这里的问题是，《刑法》第 269 条中的“犯盗窃……”，是否对盗窃罪的完成形态有限定要求？尚未实现占有转移而处于盗窃未遂状态时实施暴力的，能否构成事后抢劫？对此一直存在争议。[1]一种观点认为，适用《刑法》第

〔1〕关于此问题的早期的争议文献，可参见刘明祥：《事后抢劫问题比较研究》，载《中国刑事法杂志》2001 年第 3 期。

269条不必考虑盗窃的既遂或未遂，只要具有盗窃行为即可。[1]另一种观点认为，适用《刑法》第269条以盗窃既遂为必要条件，如果是盗窃未遂而使用暴力的，应当直接适用《刑法》第263条。[2]这里涉及如何理解抢劫罪的暴力行为与取财行为之间的关系。抢劫罪中的强制行为，必须是一种使取财行为成为可能的手段。就此而言，可以认为暴力与取财之间有一种手段—目的关联性，如果行为人在已经实施完（结束）暴力之后，才作出取走财物的决定，那么就应该排除抢劫罪的成立。[3]按照这种目的性关联的观点，从时间上看，强制手段一般截止到取财行为既遂之时。如果行为人是为了保持和巩固住一个已经取得的财物的占有，而使用暴力或威胁，这就不是《刑法》第263条意义上的抢劫罪，而应该考虑《刑法》第269条的转化抢劫。

如果采取后一种观点，则审查结束，直接得出不适用《刑法》第269条的结论，跳到C-2进行《刑法》第263条普通抢劫罪的审查。（×）如果采取前一种观点，则继续向下审查。（√）两种观点可任选其一。

2. 当场使用暴力或者以暴力相威胁。当场是指行为人处在前提行为（盗窃、抢夺、诈骗等）发生的近距离的、紧密相连的物理空间内，在行为完成后的极短时间内被发觉。使用暴力是指对他人身体施加物理强制力。以暴力相威胁是指以即将实施暴力作为胁迫和压制对方的手段。在本案中，李四打算离开林梦家里时，被林梦堵住，遂举起手里的花瓶砸向林梦和唐海，趁两人躲闪时带着另一件花瓶逃离现场，这是借助器物针对人身实施物理冲击，构成"当场使用暴力"。（√）

（二）主观构成要件

1. 前提主观要素。转化型抢劫不仅要求客观上的前提行为，主观上也

---

〔1〕参见张明楷：《刑法学》（下），法律出版社2016年版，第977页；陈兴良主编：《刑法各论精释》，人民法院出版社2015年版，第318页；周光权：《刑法各论》，中国人民大学出版社2016年版，第106页。黎宏：《刑法学各论》，法律出版社2016年版，第299页。

〔2〕日本刑法也规定了事后抢劫罪，一般认为，该法条规定的"窃盗"就意味着"盗窃既遂犯"。参见［日］西田典之：《日本刑法各论》，王昭武、刘明祥译，法律出版社2013年版，第183页。也有日本学者对此限定持怀疑态度。参见［日］山口厚：《刑法各论》，王昭武译，中国人民大学出版社2011年版，第267页。

〔3〕Volker Krey/Uwe Hellmann/Manfred Heinrich，Strafrecht Besonderer Teil，Band 2，17. Aufl. 2015，Rn. 193.

要具备盗窃、诈骗或抢夺的故意，以及对他人财物的非法占有目的。在本案中，李四在未得到林梦同意的情况下打算带财物离开，具备上述主观要素。（√）

2. 为窝藏赃物、抗拒抓捕或者毁灭罪证。转化型抢劫的成立，要求行为人主观上是为了窝藏赃物、抗拒抓捕或者毁灭罪证而使用暴力或者以暴力相威胁。在本案中，李四面对林梦的呵斥和围堵，举起手里的一件花瓶砸向林梦和唐海，[1]趁两人躲闪时带着另一只花瓶逃离。行为意图明显是抗拒林梦和唐海的抓捕，也有窝藏赃物的目的，符合转化抢劫的主观条件。（√）

二、违法性

本案不存在违法阻却事由。（√）

三、责任

本案不存在责任阻却事由。（√）

四、结论

李四拿走林梦的花瓶并与林梦、唐海发生暴力冲突，最后带着花瓶逃离，构成（转化型）抢劫罪。（√）

C–2. 李四拿走林梦家的花瓶，与林梦和唐海发生暴力冲突后带着花瓶逃离，涉嫌构成《刑法》第 263 条抢劫罪（如果 C–1 审查已得出肯定结论，就不必再进行 C–2 的审查；如否定 C–1，再进行 C–2）

《刑法》第 263 条　以暴力、胁迫或者其他方法抢劫公私财物的，处三年以上十年以下有期徒刑，并处罚金；有下列情形之一的，处十年以上有期徒刑、无期徒刑或者死刑，并处罚金或者没收财产：（一）入户抢劫的；……

一、构成要件该当性

（一）客观构成要件

1. 公私财物。林梦的古玩花瓶属于“公私财物”。（√）

2. 以暴力、胁迫或者其他方法取财。抢劫罪属于行为定式犯，即要求行

〔1〕 转化抢劫的暴力行为对象不限于财物所有人，也可以包括阻止行为人的第三人。

为人以暴力、胁迫等方式转移财物的占有。抢劫罪的暴力、胁迫出现的时点，可以在取财之前，也可以在取财的过程之中。有两点需要特别检验。一是实施暴力的目的，必须是为了实现财物占有转移。如果把盗窃罪的形象简化为取财（转移财物占有），则抢劫罪的客观构成要件结构不是简单的暴力＋取财，而是一种通过暴力（或胁迫等方式）的取财。二是暴力应达到被害人无法或不敢反抗的程度。在本案中，李四拿着花瓶准备离开，是开始转移财物的占有，但是被林梦堵住时，花瓶尚未脱离开林梦的占有空间，此时尚处于盗窃未遂阶段，即处在取财的过程之中。在这种情况下，李四向林梦和唐海投掷花瓶的目的，是趁机带着另一只花瓶逃离现场，建立起对该花瓶的占有关系。这符合为了取财而实施暴力。

问题是，李四举起手里的花瓶砸向林梦和唐海，其目的只是让对方躲闪从而创造逃跑机会，并不是伤害对方，那么，这一“暴力”是否达到了抢劫罪对暴力的要求，即压制对方难以抗拒的程度？对此，应当围绕着暴力行为的性质本身进行评价，而不是取决于具体场合中行为所导致的结果。从客观性质上来看，用花瓶砸人，就如同用刀刺人一样，具有可能致人伤害的风险。这一点，并不以行为人主观上是追求伤害结果还是趁机逃跑为转移，也不会因为没有出现林梦和唐海被砸伤的后果而被否定。即使李四并不追求砸伤林梦或唐海，而是希望制造机会趁机逃跑，那也说明，他对于用花瓶砸人这一行为可能出现的伤害后果，持有认识而放任的态度。如果说，被花瓶砸伤可以评价一种受到压制的状态，那么，为了避免伤害的出现而躲避，恰恰表明被害人难以直面这一伤害后果，因而也可以认定处于一种被暴力压制的状态。（√）

（二）主观构成要件

1. 故意。行为人认识到自己是在使用暴力、胁迫或其他方法以压制他人取得财物，并对此有追求或放任。在本案中，李四在取财过程中被林梦发现，进而使用暴力以实现财物的占有转移，对此，李四具有认识和意欲。（√）

2. 非法占有目的。包括排除意思和僭用意思。李四打算将花瓶脱离林梦的占有并将其据为己有，具有排除意思和僭用意思。（√）

（三）加重构成要件

入户。在抢劫罪的基本犯构成要件满足的基础上，进一步检验本案是否符合“入户抢劫”的加重构成要件。根据《关于审理抢劫、抢夺刑事案件适用法律若干问题的意见（2005 年）》关于“入户”目的的非法性的规定，“进入他人住所须以实施抢劫等犯罪为目的。抢劫行为虽然发生在户内，但行为人不以实施抢劫等犯罪为目的进入他人住所，而是在户内临时起意实施抢劫的，不属于‘入户抢劫’”。在本案中，李四属于受邀做客反当贼，是经过林梦允许进入房屋后临时起意取财的情形，不属于“入户”抢劫。（×）（加重部分的否定，不影响基本犯构成要件的成立，可以继续向下审查）

二、违法性

本案不存在违法阻却事由。（√）

三、责任

本案不存在责任阻却事由。（√）

四、结论

李四拿走林梦家的花瓶，与林梦和唐海发生暴力冲突后带着花瓶逃离，构成抢劫罪。（√）

C-3. 李四用林梦的花瓶砸向林梦和唐海，花瓶落地粉碎，涉嫌构成《刑法》第 275 条故意毁坏财物罪

《刑法》第 275 条　故意毁坏公私财物，数额较大或者有其他严重情节的，处三年以下有期徒刑、拘役或者罚金；数额巨大或者有其他特别严重情节的，处三年以上七年以下有期徒刑。

一、构成要件该当性

（一）客观构成要件

1. 公私财物。林梦的价值不菲的花瓶属于“公私财物”。（√）

2. 毁坏。无论采取物质损害还是功能损害的观点，花瓶被扔到地上粉碎，都没有争议地构成财物的毁坏。（√）

（二）主观构成要件

故意。毁坏故意要求行为人认识到自己的行为会造成财物的物质损害或功能损害的结果，而希望或放任结果的发生。在本案中，李四就是为了制造混乱好趁机逃跑，因此向林梦唐海投掷花瓶，对于花瓶落地摔碎的结果，至少是抱着放任的态度。其是在使用暴力、胁迫或其他方法以压制他人取得财物，并对此有追求或放任。（√）

二、违法性

本案不存在违法阻却事由。（√）

三、责任

本案不存在责任阻却事由。（√）

四、结论

李四用林梦的花瓶砸向林梦和唐海，花瓶落地粉碎，构成故意毁坏财物罪。（√）

【第三部分】麻袋事件

D. 唐海的刑事责任

D–1. 唐海用椅子将陈红砸昏后，误以为对方死亡，将陈红装入麻袋，致使其窒息而死，涉嫌构成《刑法》第 232 条故意杀人罪（既遂）

《刑法》第 232 条　故意杀人的，处死刑、无期徒刑或者十年以上有期徒刑；情节较轻的，处三年以上十年以下有期徒刑。

一、构成要件该当性

（一）客观构成要件

1. 人。本罪中的“人”是指在生命存续期间的自然人。陈红符合“人”的要素。（√）

2. 死亡结果。本罪的结果是自然人的生命断绝。本案中出现了陈红死亡的结果。（√）

3. 因果关系与客观归责。在条件说意义上的因果层面，本案中唐海用椅子砸昏陈红的动作举止，是最终导致陈红死亡“不可想象其不存在”的必要条件，成立因果关系。在客观归责的层面，需要判断的重点，是唐海创设的风险是否在特定结果中实现的问题。根据案情，“唐海见到自己心中的女神被这样侮辱，杀心立起，拿起椅子就砸向陈红的头部”，显然，唐海最初设想并创设的是“用椅子砸死陈红”的风险。这一风险与陈红最终在麻袋中死于窒息之间，是否出现了一个重大的因果流程偏离，以至于在客观上不能再将该死亡结果算作“用椅子砸死陈红”这一原初风险的实现？对于偏离的重大性的判断，可以将客观事实与主观想象的共同部分提取出来，找出二者的最大公约数组成一个“重合的事实”，再将这个“重合的事实”与构成要件的规范标准进行比照，看是否构建了不受允许的风险，由此得出因果流程是否出现重大偏离、是否影响既遂归责的结论。〔1〕

在本案中，客观事实是唐海用椅子将陈红砸成重伤昏迷但并未死亡，后将昏迷的陈红装入麻袋中导致其窒息而死，而唐海主观想象的事实，则是用椅子砸陈红头部致其死亡，然后将“陈红的尸体”装入麻袋中。这两部分事实的重合之处，是“唐海基于杀人的故意用椅子砸陈红的头部”，这一“重合事实”显然是创设了一个不受允许的致人死亡的风险，因此，本案并没有出现重大的因果流程偏离，应当在客观层面上将陈红的死亡结果归在唐海的头上。〔2〕（√）

（二）主观构成要件

故意与错误。故意是对客观构成要件的实现有认知和意欲。唐海明知用椅子砸击陈红头部的行为可能会导致对方死亡，仍然追求这一结果，具备杀人的故意。但是，陈红实际上是因为在麻袋中窒息而死，但是唐海误以为是被自己用椅子砸死，这一关于因果流程的认识错误，是否会阻却故意？

---

〔1〕 Ingeborg Puppe，in：Nomos Kommentar-Strafgesetzbuch，Band I，5. Aufl. 2017，§ 16 Rn. 80f.

〔2〕 有学者提出依据介入因素对结果实现影响力大小判断结果归属，包括：前一行为对发生死亡结果的作用大小；后一行为作为介入因素的异常性大小；后一行为对发生死亡结果的作用大小。若肯定第一行为对结果发生的作用力大，介入因素行为的出现并非异常，则可以将结果归属于前行为。柏浪涛：《结果的推迟发生与既遂结论的质疑》，载《法学家》2016 年第 1 期。按此，当唐海实施后一行为时，前一行为的危险仍在继续发生作用，也即陈红仍处在昏迷中。此时的情形属于继续发生作用的因果关系。但后一行为危险阻断并超越前一行为危险，即后一行为危险抢先实现死亡结果（陈红窒息而死），导致前一行为危险失去了发挥作用的土壤，由此阻断了前一行为危险的发展，故会得出前一行为未遂，而最终的死亡结果应归责于后一行为的结论。

此处涉及“复数行为”的认识错误问题。即行为人误以为被害人死于前行为，但实际上被害人是死于后行为。该错误是否影响到既遂认定，刑法理论上存在较大争议。第一种观点可称为“概括的故意”，即将前后两个行为视作一个整体，均为杀人的故意所覆盖，在客观构成要件满足的情况下，主观上也不存在错误，成立杀人既遂。第二种观点认为，前后两行为是相互独立的，行为人在实施后行为时已经没有杀人的故意，只能认定为过失。对于前行为则认定为杀人未遂。两行为数罪并罚。第三种观点，是把判断重心放在前行为上面。因为后行为及其结果都是由前行为引发的，所以，只要基于一般的预见可能性，前后因果流程的偏离没有超出前行为创设的风险，就仍然可以将后行为的结果归在实施前行为时可预见的范围，那么这种错误就不会成立既遂。[1]

上述第一种观点，主张了一种实际上不存在的虚构的故意形式。第二种观点看似逻辑清晰，但在理论方案和最终结论上，却难以把此类特殊的案件类型，与其他一般的杀人未遂与过失致人死亡并罚的案件类型区别开来，降低了切割前后行为的合理性。第三种观点目前得到比较多的支持，属于理论上的通说。值得注意的是，在此基础上，仍有学者提出按照犯罪计划进一步区分的必要，即在一个杀人罪的客观构成要件得到满足的情况下，还要进一步区分行为人是以追求被害人的死亡为目的，还是把死亡作为一个附随结果不得不容忍地接受。如果是前者，则后行为导致的死亡，即使在因果流程上有偏离也是无关紧要，不妨碍犯罪计划的实现；如果是后者，则意味着因果偏离脱逸了犯罪计划，或者在偏离之前计划已经被放弃（或者说修改了故意），则不能再对杀人的故意归责。[2]

在本案中，唐海是见到林梦被陈红侮辱之后，“杀心立起，拿起椅子就砸向陈红的头部”，等到陈红被椅子砸昏倒地后，“唐海误以为陈红被自己砸死，十分后悔自己的一时冲动。但事已至此，于是和林梦一起将‘陈红的尸体’

---

〔1〕 国内学界关于因果关系错误的较早研究，可以参见刘明祥：《论刑法中的因果关系错误》，载《法学评论》1994年第4期。关于概括的故意的评述，可参见方鹏：《韦伯故意的推理及推论》，载陈兴良主编：《刑事法评论》（第28卷），北京大学出版社2011年版，第317—340页。

〔2〕 Claus Roxin/ Luís Greco, Strafrecht Allgemeiner Teil I, 5. Aufl. 2020, § 12 Rn. 177f.

塞进一个麻袋中捆紧放到地下室”。从案情描述可见，唐海用椅子砸陈红，并不是设立了一个缜密的杀人计划去积极追求陈红的死亡，而是在被激怒的情况下临时起意，但是等他看到陈红倒地，误以为她真的被自己砸死后，又开始后悔，后续的行为是由于“事已至此”而不得不去处理尸体。按照上述罗克辛（Roxin）提出的区分观点，唐海的行动欠缺一个完整的杀人计划，或者说，其杀人计划在未遂阶段（陈红倒地昏迷后）就已经被放弃，此后出现的麻袋中窒息死亡的结果，已经不能再被视为最初的、但已被放弃的杀人计划的实现了。这种情况下，就不能再对故意归责。（√）

此处可能会存在分歧点。主张第一种观点（概括故意说）或者第三种观点（前行为关键说）的审查者，可以对本案得出否定错误或“不重要的错误”的结论，肯定主观构成要件的成立，继续向下审查。支持第二种观点（双行为独立说）或者第四种观点（犯罪计划区分说）的审查者，在本案中则会得出阻却故意归责或主观构成要件不满足的结论，进而结束关于故意杀人罪既遂的审查进程，另外再新开一个关于故意杀人未遂的审查进程。（×）

二、违法性

本案不存在违法阻却事由。（√）

三、责任

本案不存在责任阻却事由。（√）

四、结论

唐海用椅子将陈红砸昏后装入麻袋，致使其窒息而死，构成《刑法》第 232 条故意杀人罪（既遂）。（√）

D-2. 唐海用椅子将陈红砸成重伤昏迷，涉嫌构成《刑法》第 232 条故意杀人罪（未遂）

《刑法》第 232 条　故意杀人的，处死刑、无期徒刑或者十年以上有期徒刑；情节较轻的，处三年以上十年以下有期徒刑。

预判：唐海基于杀人故意用椅子砸击陈红，但仅是致使陈红重伤昏迷，则在这个阶段并未出现故意杀人罪的死亡结果，因此对这一段单独评价。[1]本段审查是以否定上一段故意杀人既遂为前提和基础的。换言之，对于陈红的死亡结果，只有在客观上或者主观上排除归责给唐海用椅子砸陈红的行为或故意之后，才有必要继续进行未遂的检验。如果审查者在杀人既遂的检验中得出了肯定的结论，就不必再启动本段的审查。

一、构成要件该当性（未遂犯）

（一）主观构成要件

杀人决意。在本案中，唐海明知用椅子砸击陈红头部的行为，可能会导致对方死亡，仍然追求这一结果，具备杀人的行为决意。（√）

（二）客观构成要件

着手实现杀人罪的构成要件。在本案中，唐海拿起椅子砸击陈红的头部，已经开始着手实现致人死亡的构成要件，进入杀人的着手实行阶段。（√）

二、违法性

本案不存在违法阻却事由。（√）

三、责任

本案不存在责任阻却事由。（√）

四、结论

唐海用椅子将陈红砸成重伤昏迷，构成《刑法》第232条故意杀人罪（未遂）。（√）

D-3. 唐海误以为陈红死亡，将其装入麻袋，致使陈红窒息而死，涉嫌构成《刑法》第233条过失致人死亡罪

《刑法》第233条　过失致人死亡的，处三年以上七年以下有期徒刑；情节较轻的，处三年以下有期徒刑。本法另有规定的，依照规定。

预判：与杀人未遂的审查一样，本段审查也是以否定唐海故意杀人既遂为

〔1〕这就是前文（D-1部分）所说的第二种观点。持这种观点的主要理由是，因为行为人在实施后一行为时没有杀人的故意，其故意已经终止于其在认识错误发生之时，在真正进行致死行为的时间点，行为人缺乏认识，不符合行为与故意必须同时存在的要求，违反了主客观相统一的原则。参见欧阳本祺：《论因果流程偏离的主观归责》，载《法学评论》2015年第6期。

前提和基础的。如果审查者在杀人既遂的检验中得出了肯定的结论，就不必再启动本段的审查。

一、构成要件该当性

1. 结果。过失犯首先要检验是否出现了构成要件要求的死亡结果。在本案中，陈红在昏迷状态下被唐海和林梦装入麻袋后窒息死亡，出现了生命法益损害的结果。(√)

2. 因果关系。按条件说，如果不是唐海和林梦将陈红装入麻袋后捆紧放在地下室，就不会出现陈红死亡的结果，因此唐海的行为对陈红的死亡而言，是不可想象其不存在的必要条件，两者存在因果关系。(√)

3. 客观归责。首先，唐海创设了一个法所不容许的风险。在本案中，陈红受唐海砸击后倒地昏迷，唐海有义务认真鉴别陈红的伤情或者报医救助，但是在匆忙慌乱的情况下，将昏迷的陈红误当作已经死亡的尸体处理，装入麻袋中并捆紧放入地下室，这一行为将陈红置于极其危险的呼吸困难、无人救助的境地中，创设了法不容许的风险。其次，这一风险在特定的结果中现实化。最终陈红死于窒息，正是由处在捆紧的麻袋这一狭隘封闭的空间内呼吸不畅导致。该死亡结果在客观上归责于唐海的行为。(√)

二、违法性

本案不存在违法阻却事由。(√)

三、责任

本案不存在责任阻却事由。(√)

四、结论

唐海误以为陈红死亡，将其装入麻袋致使陈红窒息而死，构成《刑法》第 233 条过失致人死亡罪。(√)

E. 林梦的刑事责任

E-1. 林梦唆使唐海教训陈红，涉嫌构成《刑法》第 234 条故意伤害罪（教唆犯）

《刑法》第 234 条　故意伤害他人身体的，处三年以下有期徒刑、拘役或者管制。犯前款罪，致人重伤的，处三年以上十年以下有期徒刑；致人死亡或者以特别残忍手段致人重伤造成严重残疾的，处十年以上有期徒刑、无期徒刑或者死刑。本法另有规定的，依照规定。

一、构成要件该当性

（一）客观构成要件

1. 主行为。按照共犯从属性原理，教唆犯的成立，应以存在一个该当构成要件且具有违法性的主行为为前提。在本案中，唐海基于杀人的故意，用椅子将陈红砸成重伤，这在符合故意杀人罪构成要件的同时，是否也符合了故意伤害罪的构成要件？这里就涉及杀人罪与伤害罪的关系。对此存在对立理论和单一理论的争议。前者认为杀人与伤害之间相互排斥，后者认为杀人必然包含了伤害。〔1〕如果主张对立理论，由于唐海并没有实施一个故意伤害他人的主行为，则审查到此结束，直接得出林梦不构成故意伤害罪的教唆犯的结论。（×）如果采用单一理论，那么，既然已经认定唐海构成故意杀人罪（参见上述 D–1 或 D–2），其中自然也就包含了一个故意伤害行为。（√）

2. 教唆行为。教唆是指故意唆使他人实行犯罪。在本案中，林梦向唐海哭诉，让唐海教训陈红，是一种典型的教唆行为。（√）

（二）主观构成要件（双重故意）

1. 故意引起他人的犯意。在本案中，林梦的哭诉和求助，足以使唐海萌生教训陈红的犯罪决意，林梦认识到这一点并有意为之。（√）

2. 对特定犯行的既遂具有故意。在本案中，林梦教唆唐海“教训一下陈红”。尽管在司法实践中，一般会将教唆他人“教训”被害人视为一种概然性教唆，〔2〕但是案情交代，“林梦原以为唐海就是给陈红几个耳光，最多打成个轻伤，自己来出医药费就是了”。由此可见，林梦的教唆内容是一般的打骂性的教训，最大限度也止于容忍对陈红造成轻伤程度的伤害，对此，可以认定对故意伤害罪的既遂具有故意。但是，唐海基于杀人故意用椅子砸击陈红头部，远远超出了林梦教唆的“教训一下”的范围，属于共同犯罪中的实行过限，

〔1〕张明楷：《刑法学》（下），法律出版社 2016 年版，第 860 页。
〔2〕张建、俞小海：《教唆犯中实行过限的认定问题研究》，载《政治与法律》2012 年第 1 期。

“教唆者及所引起的轻罪的犯意被实行者实行的重罪的犯意所包容”，[1]对于该行为可能造成的伤亡，只能由唐海单独负责。因此，本案是在故意伤害（轻伤）的范围内成立共同犯罪，林梦具有教唆唐海轻伤害陈红的故意，构成故意伤害罪的教唆犯。（√）

二、违法性

本案不存在违法阻却事由。（√）

三、责任

本案不存在责任阻却事由。（√）

四、结论

林梦唆使唐海教训陈红，构成《刑法》第 234 条故意伤害罪的教唆犯。（√）

E-2. 林梦误以为陈红死亡，与林海一起将陈红装入麻袋，致使其窒息而死，涉嫌构成《刑法》第 233 条过失致人死亡罪

《刑法》第 233 条　过失致人死亡的，处三年以上七年以下有期徒刑；情节较轻的，处三年以下有期徒刑。本法另有规定的，依照规定。

《刑法》第 25 条　共同犯罪是指二人以上共同故意犯罪。二人以上共同过失犯罪，不以共同犯罪论处；应当负刑事责任的，按照他们所犯的罪分别处罚。

预判：本段审查也是以否定唐海故意杀人既遂为前提和基础的。如果审查者在唐海杀人既遂的检验中得出了肯定的结论，就不必再启动本段的审查。

一、构成要件该当性

1. 结果。在本案中，陈红被林梦和唐海装入麻袋后窒息死亡，出现了生命法益损害的结果。（√）

2. 因果关系。按条件说，如果不是林梦和唐海一起将陈红装入麻袋后捆紧放在地下室，就不会出现陈红死亡的结果，因此林梦的行为对陈红的死亡而言，是不可想象其不存在的必要条件，两者存在因果关系。（√）

3. 客观归责。根据案情描述，林梦和唐海“一起动手将‘陈红的尸体’

---

〔1〕［德］乌尔斯·金德霍伊泽尔：《刑法总论教科书》，蔡桂生译，北京大学出版社 2015 年版，第 443 页。

塞进一个麻袋中捆紧放到地下室”。两人将昏迷的陈红误当作已经死亡的尸体，一起将陈红装入麻袋中，使其置于极其危险的呼吸困难、无人救助的境地中，创设了法不容许的风险。而这一风险，最终也现实化为陈红窒息死亡的结果。从客观归责的层面来看，应当将陈红的死亡归功于林梦和唐海共同协力的行为。（√）

林梦与唐海的行为可以认定为共同过失犯罪。根据《刑法》第25条第2款，对于共同过失犯罪不以共同犯罪论处，应当负刑事责任的，按照他们所犯的罪分别处罚。在刑法理论上，这一规定能否成为在刑法理论上认定过失共同正犯的障碍，存在较大争议。我国刑法学界以往的主流意见都是持否定论。〔1〕除了认为实定法立场无法包容过失共同正犯，其他否定过失共同正犯的理由还包括：过失犯的场合，数人的共同作用欠缺犯行决意，也缺乏基于机能的角色分配与分工而形成共同的犯行支配；以认识为意思联络之基础探讨过失犯成立共同正犯，不符合过失犯的本质。〔2〕近年来也有不少学者主张在解释论上肯定过失共同正犯的成立。〔3〕不过，这一理论争议对案例分析的审查顺序和方式，并不会有实质性的影响。支持过失共同正犯的审查者，既可以将林梦和唐海合并在一段中，在两人构成过失共同正犯的标题下展开审查，也可以像此处这样，为了顺序清晰，在各个主体的犯罪主线之下分别审查。

二、违法性

本案不存在违法阻却事由。（√）

三、责任

本案不存在责任阻却事由。（√）

四、结论

林梦误以为陈红死亡，与唐海一起将陈红装入麻袋致使其窒息而死，构成《刑法》第233条过失致人死亡罪。（√）

---

〔1〕参见高铭暄、马克昌主编：《刑法学》（第八版），北京大学出版社、高等教育出版社2017年版，第166页；陈兴良：《共同犯罪论》（第二版），中国人民大学出版社2006年版，第399页。

〔2〕参见张伟：《过失共同正犯研究》，载《清华法学》2016年第4期。

〔3〕参见李世阳：《过失共同正犯研究——以日本的学说状况为视角》，载《东南法学》2015年第1期；谭堃：《论过失共同正犯的共同性》，载《刑事法评论》2016年第1期。

【第四部分】销赃事件

C. 李四的刑事责任

C-4. 李四将林梦的花瓶委托给王五，说明来源并让其代为销售，涉嫌构成掩饰、隐瞒犯罪所得罪

《刑法》第 312 条　明知是犯罪所得及其产生的收益而予以窝藏、转移、收购、代为销售或者以其他方法掩饰、隐瞒的，处三年以下有期徒刑、拘役或者管制，并处或者单处罚金；情节严重的，处三年以上七年以下有期徒刑，并处罚金。单位犯前款罪的，对单位判处罚金，并对其直接负责的主管人员和其他直接责任人员，依照前款的规定处罚。

一、构成要件该当性

（一）客观构成要件

犯罪所得及其产生的收益。犯罪所得是指通过实施犯罪行为直接获得的财物，属于赃物。本案中的花瓶是李四盗窃（或抢劫）所得，从文义上来看应当属于"犯罪所得"。但是，这里的"犯罪所得"不应包括本人的犯罪所得，而是仅限于他人的犯罪所得。本案中李四销售转移自己犯罪所得的赃物，不符合这一要求。（×）

有学者认为，从该条中规定的"明知""代为销售"等表述来看，能表明是限于"他人的犯罪所得"这一理解。另外，本犯实施的掩饰、隐瞒犯罪所得的行为依然具有妨害司法的违法性，只是因不具有期待可能性而缺乏责任而已。[1] 按照这种观点，本案中李四的行为符合掩饰、隐瞒犯罪的构成要件该当性（√），只是在责任阶段排除。这样一来，根据共犯从属性原理，之前陈红教唆李四偷走林梦财物并提供销赃渠道信息的行为，就还要再进行李四所犯掩饰、隐瞒犯罪所得罪的教唆犯 / 帮助犯的审查（见下文陈红刑事责任 A-7、A-8）。

不过，本文不赞成等到责任层面再排除本犯成立犯罪，而是认为本犯在

---

〔1〕 张明楷：《刑法学》（下），法律出版社 2016 年版，第 1099 页。

构成要件层面就不构成本罪。作为赃物罪，对本罪的理解应当主要从体系和目的两方面展开。第一，依靠文义解释不能解决问题。《刑法》中有多处“明知自己……”这样的表述，此外，虽然说自己“代为销售”或“收购”自己的犯罪所得存在歧义，但是它们仅是一种选择性构成要件要素，本犯也可以是“转移”自己的犯罪所得，这在汉语表达上并不违和。

第二，犯罪所得及其收益，在客观性质上也是一种具有经济价值的财产。因而一般都承认赃物罪具有财产罪的性质。[1]而在财产犯罪的场合，犯罪人取得财物之后像所有人一样使用、处分财物的各种“据为己有”的行为，并不会再额外地评价为一个单独的侵占罪。这在刑法理论上称为“事后不可罚”或者“事后并罚”，这主要是因为第二个行为没有侵犯新的法益或者不具有适法行为的期待可能性。窝藏、转移、销售犯罪所得及其收益，本质上也是一种维持或确保先前的犯罪利益得以实现的侵占行为，因而对于先前犯罪的本犯来说，不具有通过赃物罪进行额外处罚的必要性，这与盗窃、诈骗、抢劫等犯罪的事后不可罚原理是一致的。[2]这是基于整个财产类犯罪的体系协调性得出的结论。

第三，从法益保护目的来看，窝藏、转移、销售犯罪所得及其收益的行为，已经作为本犯的事后不可罚行为，包含在先前犯罪的惩罚范围之内，即盗窃、诈骗、抢劫财物的行为本身，不仅是在侵犯财产法益，同时也侵犯了保护、追索这些财物的司法秩序。因此，这也就意味本犯的窝藏、转移、销售犯罪所得及其收益的行为中，并不会再侵害一个新的赃物罪的法益。

基于上述考虑，对于“犯罪所得及其收益”应当限缩解释为“他人犯罪所得及其收益”。

---

〔1〕国外刑法理论一般认为本罪属于所谓后行犯，以先前有他人侵害财产的刑事不法行为为前提，而经由本罪的行为维持或者加深他人所造成的财产违法状态。Jörg Eisele，Strafrecht Besonderer Teil II，2015，Rn. 1135；Rudolf Rengier，Strafrecht Besonderer Teil I，2016，§ 22 Rn. 2.

〔2〕参见高铭暄、马克昌：《刑法学》，北京大学出版社 2017 年版，第 562 页。但是，上游犯罪的本犯不成立赃物罪，到底是因为“共 / 并罚的事后行为”，还是“不可罚的事后行为”，刑法理论上仍然存在争议。[日] 山口厚：《刑法各论》，王昭武译，中国人民大学出版社 2011 年版，第 406 页。反对共 / 并罚理论的观点认为：“在盗窃罪委托第三者保管赃物的场合，如果认为保管罪是继续犯，那么，即便盗窃行为本身已过诉讼时效，却仍作为保管罪的共犯而具有可罚性，这显然不妥。”参见 [日] 西田典之：《日本刑法各论》，王昭武、刘明祥译，法律出版社 2013 年版，第 292 页。

二、结论

李四将花瓶委托给王五代为销售，不构成掩饰、隐瞒犯罪所得罪。(×)

F. 王五的刑事责任

F–1. 王五明知李四的花瓶系赃物，仍然代为销售，涉嫌构成掩饰、隐瞒犯罪所得罪

一、构成要件该当性

（一）客观构成要件

1. 犯罪所得及其产生的收益。本案中的花瓶是李四盗窃（或抢劫）所得，属于“犯罪所得”。(√)

2. 代为销售。代为销售是指受本犯委托有偿转让赃物。王五受李四委托，将花瓶卖得 10 万元，客观上起到了掩饰、隐瞒花瓶来源的效果，属于“代为销售”。(√)

（二）主观构成要件

故意。行为人明知自己的行为具有掩饰、隐瞒他人犯罪所得及其收益的性质和效果，仍然希望或放任结果的发生。在本案中，王五明知花瓶系赃物仍然代为销售，具有犯罪故意。(√)

二、违法性

本案不存在违法阻却事由。(√)

三、责任

本案不存在责任阻却事由。(√)

四、结论

王五明知李四的花瓶系赃物，仍然代为销售，构成掩饰、隐瞒犯罪所得罪。(√)

F–2. 王五将花瓶卖得 10 万元但对李四谎称只卖得 8 万元，用余下 2 万元为自己买了一块手表，涉嫌构成侵占罪

《刑法》第 270 条　将代为保管的他人财物非法占为己有，数额较大，拒

不退还的，处二年以下有期徒刑、拘役或者罚金；数额巨大或者有其他严重情节的，处二年以上五年以下有期徒刑，并处罚金。将他人的遗忘物或者埋藏物非法占为己有，数额较大，拒不交出的，依照前款的规定处罚。本条罪，告诉的才处理。

一、构成要件该当性

（一）客观构成要件

1. 代为保管的他人财物。2015 年《最高人民法院关于审理掩饰、隐瞒犯罪所得、犯罪所得收益刑事案件适用法律若干问题的解释》第 6 条也明确规定："对犯罪所得及其产生的收益实施盗窃、抢劫、诈骗、抢夺等行为，构成犯罪的，分别以盗窃罪、抢劫罪、诈骗罪、抢夺罪等定罪处罚。"由此可见，犯罪所得及其收益，并不会影响成为财产犯罪的对象；按照司法解释的逻辑，对犯罪所得及其收益实施侵占行为的，也构成侵占罪。

有学者进一步将委托保管情况下的侵吞行为分为侵吞赃物和侵吞销赃款物。在侵吞赃物的场合，是指受委托窝赃或代为销售赃物的行为人将赃物占为己有。此时，由于原所有权人仍然对赃物享有所有权，并且从民法规则来看，可以基于所有物返还请求权要求行为人返还赃物。因此，行为人侵占的是"他人财物"，可以成立侵占罪。而侵吞销赃款物是指受本犯委托代为销售赃物的行为人在将赃物销售之后，又将销赃所得货款作为对价取得的财物全部或部分据为己有。此时，对于销赃所得款物，赃物原所有权人并不取得所有权，同时本犯也不对款物享有任何民事权利，其既不能基于所有权，也不能基于委托合同或侵权责任请求行为人向自己交付款物。本犯虽然损失了对赃物的无权占有，但却无法以不当得利为由请求行为人返还销赃款物。因此，行为人将销赃款物据为己有的，不能相对原所有权人或本犯构成侵占罪。[1]

这种分析存在疑问。（1）假设购买赃物者是善意取得，则原所有权人不能向购买者主张返还，但是可以以不当得利为由向销赃者主张返还款项，此时将销赃款物据为己有的行为人当然对原所有权人构成侵占罪。（2）假设购

〔1〕 参见王钢：《不法原因给付与侵占罪》，载《中外法学》2016 年第 4 期。

买赃物者不是善意取得，原所有权人可以找购买者主张物权所有权，也不影响以不当得利为由向销赃的行为人主张返还款项，此时行为人可以对原所有权人构成侵占罪。（3）如果原所有权人追回了赃物，那么原所有权人的不当得利返还请求权也就不再成立（没有损失），就轮到购买者向销赃者主张返还款项，此时行为人仍可以对购买者构成侵占罪。总之，在受托销赃者将销赃所得款物据为己有的场合，要么可构成对原所有权人的侵占罪，要么可构成对赃物购买者的侵占罪。

由此可见，区分侵吞赃物和侵吞销赃款物似乎意义不大。按照笔者的观点，只要重新解释"代为保管"就能顺利解决问题。"代为保管的财物"既包括基于事实上发生的委托关系而保管的财物，也包括虽未实际发生委托，但在财产性质上不归行为人所有因而只能评价为暂时代为保管的财物。[1] 按此，本案中的花瓶是李四犯罪所得赃物，李四不是所有人，更不应归王五所有，如花瓶不能追回，则售价所得作为一笔特定款物，实际上应当归林梦所有。对王五而言，该笔特定款项意味着只能是暂时代为保管，可以成为侵占罪的对象。（√）

关于行为人侵占不法原因交付之物是否成立侵占罪，日本刑法理论上也有争议，存在肯定说、否定说和折中说的对立。肯定说强调民法与刑法之间的协调统一，认为应当成立侵占罪；否定说主张刑法的独立性而否定成立侵占罪；折中说以交付物的所有权是否已发生移转为标准，将目的物区分为不法原因"给付物"与不法原因"委托保管物"，认为给付物的所有权已经发生移转，不能成为侵占罪的客体；而委托保管物的所有权并未发生移转，移转的只是占有权，交付人拥有对物的平稳占有，因此该物属于侵占罪的客体，进而可构成侵占罪。[2]

---

〔1〕 车浩：《占有概念的二重性：事实与规范》，载《中外法学》2014 年第 5 期。另有学者认为，在非流通场合，货币所有权的认定原本就并非毫无保留地贯彻"占有即所有"原则，即便在现金侵占案件中也不必偏离民法对所有权的认定，应当结合货币的形态（是否为纪念币等）、刑法上的占有状态、现金的特定用途、委托人是否允许其自由支配等进行认定。参见王钢：《不法原因给付与侵占罪》，载《中外法学》2016 年第 4 期。

〔2〕 参见王昭武：《日本刑法中侵占盗窃赃物或销赃所获价款的行为与侵占罪》，载《山东警察学院学报》，2005 年第 4 期。

2. 非法占为己有。侵占罪的客观构成要件是“非法占有目的”的客观对应物，也分为排除行为和僭用行为两个部分。“非法占为己有”就是僭用行为，即行为人僭居所有人的地位，像所有人那样去处分和使用财物。在本案中，花瓶售卖所得现金属于一笔特定款物，王五使用本来只能“代为保管”的2万元去为自己购买手表，是把2万元非法占为己有的僭用行为。（√）

3. 拒不退还。从法理上来看，侵占罪的另一部分客观行为是排除（或剥夺）行为，即使得财物长久性地脱离原物主的控制和支配。这在《刑法》第270条的规定中被表述为“拒不退还”或“拒不交出”。在本案中，王五通过向李四谎称花瓶只卖出8万元的方式，将2万元隐瞒下来并消费使用。无论是李四还是林梦，都对此不知情也无法向王五索要，这是一种通过欺诈方法实施的“拒不退还”。[1]（√）

（二）主观构成要件

故意。侵占罪的故意，就是其他财产犯罪中的非法占有目的。其内容表现为非法占为己有的僭用意思和使财物脱离原物主的控制支配关系的排除意思。本案中王五的行为表现出具备侵占的故意。（√）

二、违法性

本案不存在违法阻却事由。（√）

三、责任

本案不存在责任阻却事由。（√）

四、结论

王五从卖花瓶的10万元中私吞了2万元为自己买手表，构成侵占罪（√）

A. 陈红的刑事责任

A-6. 陈红唆使李四偷走林梦的古董，并表示可以打着自己的旗号去找黑道上的老乡王五将东西出手，涉嫌构成掩饰、隐瞒犯罪所得罪（正犯）

一、构成要件该当性

〔1〕拒不退还并不意味着要用语言直接表达出“拒”的意思。比如，当女生拒绝男生表白时，可能委婉地谎称自己已有男朋友，这就是一种通过欺诈实现“拒”的方式。

（一）客观构成要件

犯罪所得及其收益。如上文关于李四犯本罪的分析，“犯罪所得”不应包括本人的犯罪所得，而是仅限于他人的犯罪所得。这里的“他人”，除了应排除上游犯罪的正犯，是否也不包括共犯？刑法理论的多数意见认为，上游犯罪的共犯也不成立赃物犯罪。[1]不过，到底是因为构成要件不符合而不成立，还是因为援引并罚理论评价而不成立，尚存争议。在本案中，陈红与李四在盗窃罪的范围内构成共同犯罪，李四实行过限转化为抢劫罪，由于盗窃罪的不法内涵可以包括在抢劫罪之中，因而花瓶仍然可以被视作两人共同盗窃的赃物。陈红作为盗窃罪的共犯，不符合掩饰、隐瞒犯罪所得罪正犯的主体要求。（×）

在构成要件阶层内部的审查顺序上，有的审查者可能会先审查掩饰、隐瞒的行为再审查犯罪对象。根据 2015 年《最高人民法院关于审理掩饰、隐瞒犯罪所得、犯罪所得利益刑事案件适用法律若干问题的解释》，“……居间介绍买卖……协助将财物转换为现金、金融票据、有价证券，协助将资金转移、汇往境外等，应当认定为刑法三百一十二条规定的‘其他方法’”。在本案中，陈红唆使李四偷走林梦的古董，并表示可以打着自己的旗号去找黑道上的老乡王五将东西出手，这可以认定为一种“居间介绍买卖”的行为，符合本罪的构成要件行为。（√）接下来，再去审查是否符合“犯罪所得”。（×）

二、结论

陈红向李四表示可以打着自己的旗号去找黑道上的老乡王五将东西出手，不构成掩饰、隐瞒犯罪所得罪的正犯。（×）

A-7. 陈红唆使李四偷走林梦的古董，并表示可以打着自己的旗号去找黑道上的老乡王五将东西出手，涉嫌构成掩饰、隐瞒犯罪所得罪（李四的教唆犯）

一、构成要件该当性

（一）客观构成要件

主行为。按照共犯从属性原理，（相对于间接正犯意义上的）教唆犯的成

[1] 参见张明楷：《刑法学》（下），法律出版社 2016 年版，第 1099 页；周光权：《刑法各论》，中国人民大学出版社 2016 年版，第 394 页。

立，应以存在一个正犯的违法行为为前提。换言之，至少要存在一个该当构成要件且具有违法性的主行为。在本案中，李四作为本犯，不构成掩饰、隐瞒犯罪所得罪。但如上所分析的，不构成的理由存在争议。如果认为是在构成要件层面不符合“（他人）犯罪所得”这一要素，则自始就不存在一个掩饰、隐瞒犯罪所得的主行为，陈红的教唆行为也无从附属，审查到此结束，得出陈红不成立教唆犯的结论。（×）

但是，如果认为李四作为本犯仍然符合掩饰、隐瞒犯罪所得罪的构成要件，只是在责任层面欠缺期待可能性而出罪，那么，这里就存在一个掩饰、隐瞒犯罪所得的主行为，审查可以继续进行。陈红表示“可以打着自己的旗号去找黑道上的老乡王五将东西出手”，是在怂恿和提示李四犯罪后掩饰、隐瞒赃物，构成教唆行为。陈红认识到自己的怂恿足以促使李四产生销赃的决意并有意为之，教唆内容表现出她希望李四盗窃后去找王五销赃，具备针对特定犯行既遂的故意。本案不存在阻却违法和责任的事由，最终得出构成掩饰、隐瞒犯罪所得罪的教唆犯的结论。（√）

二、结论

陈红向李四表示可以打着自己的旗号去找黑道上的老乡王五将东西出手，因缺乏主行为而不构成掩饰、隐瞒犯罪所得罪的教唆犯。（×）

A-8. 陈红向李四表示可以打着自己的旗号去找黑道上的老乡王五将东西出手，涉嫌构成掩饰、隐瞒犯罪所得罪（李四的帮助犯）

一、构成要件该当性

（一）客观构成要件

主行为。分析同上述教唆犯。如果认为是在构成要件层面不符合“（他人）犯罪所得”这一要素，则自始就不存在一个掩饰、隐瞒犯罪所得的主行为，陈红的帮助行为也无从附属，审查到此结束，得出陈红不成立帮助犯的结论。（×）

同上，如果认为李四作为本犯仍然符合掩饰、隐瞒犯罪所得罪的构成要件，只是在责任层面欠缺期待可能性而出罪，那么，这里就存在一个掩饰、隐瞒犯罪所得的主行为，审查可以继续进行。陈红表示“可以打着自己的旗号去找黑道上的老乡王五将东西出手”，不仅是怂恿和鼓励李四犯罪后销赃，而且提供了明确的销赃方式和渠道，构成帮助行为。陈红传达的信息，足以帮助李四去找王五销赃，陈红认识到这一点并有意为之，且表达内容具体明确，显示出帮助李四提供销赃渠道的意图，具备针对特定犯行既遂的帮助故意。本案不存在阻却违法和责任的事由，最终得出构成掩饰、隐瞒犯罪所得罪的帮助犯的结论。（√）

二、结论

陈红向李四表示可以打着自己的旗号去找黑道上的老乡王五将东西出手，因不具备主行为而不构成掩饰、隐瞒犯罪所得罪的帮助犯。（×）

A–9. 陈红向李四表示可以打着自己的旗号去找黑道上的老乡王五将东西出手，涉嫌构成掩饰、隐瞒犯罪所得罪（王五的帮助犯）

一、构成要件该当性

（一）客观构成要件

1. 主行为。按照共犯从属性原理，帮助犯的审查，应以存在一个正犯的违法行为为前提。如上分析（王五的刑事责任 F–1 部分），王五构成掩饰、隐瞒犯罪所得罪，因而存在一个该当构成要件且具有违法性的主行为。（√）。

2. 帮助行为。陈红介绍李四去找王五销赃，对王五的掩饰隐瞒犯罪所得的行为客观上具有帮助效果。（√）

（二）主观构成要件（双重故意）

1. 帮助行为的故意。行为人必须认识到自己的行为是在帮助他人实现不法构成要件并有意欲。在本案中，陈红对李四表示“可以打着自己的旗号去找黑道上的老乡王五将东西出手”，提供了明确的销赃方式和渠道，通过传达这一信息，可以让李四找到王五，从而对为王五的销赃行为介绍了赃物来源，陈红认识到这一点并有意为之。（√）

2. 帮助他人实现特定犯行既遂的故意。在本案中，陈红的表达内容具体明确，显示出帮助王五介绍赃物来源的意图，具备针对特定犯行既遂的帮助故意。（√）

3. 片面共犯？值得注意的是，陈红的帮助形式表现为介绍李四去找王五，当介绍行为发生时，王五尚不知晓有陈红的帮助，直到李四找到王五，“表示由陈红介绍而来，将花瓶委托给王五，说明了真实来源并让其代为销售”，至此，王五知道自己得到了陈红介绍赃物的帮助，并接受了这一帮助去为李四销赃。由此可见，虽然陈红和王五没有见面，陈红提供帮助时也没有告知王五，但是最终王五也知道了陈红在帮助自己，因此可以认定两人之间有共同犯罪的故意，不属于片面共犯。

二、违法性

本案不存在违法阻却事由。（√）

三、责任

本案不存在责任阻却事由。（√）

四、结论

陈红向李四表示可以打着自己的旗号去找黑道上的老乡王五将东西出手，构成掩饰、隐瞒犯罪所得罪（王五的帮助犯）。（√）

【第五部分】最终结论

A. 陈红的刑事责任：盗窃罪（教唆犯）、掩饰、隐瞒犯罪所得罪（帮助犯）

B. 张三的刑事责任：盗窃罪（未遂犯）

C. 李四的刑事责任：抢劫罪、故意毁坏财物罪（与抢劫罪的想象竞合）

D. 唐海的刑事责任：故意杀人罪既遂（或者故意杀人未遂与过失致人死亡罪）

E. 林梦的刑事责任：故意伤害罪（教唆犯）、（若认定唐海杀人未遂）过失致人死亡罪

F. 王五的刑事责任：掩饰、隐瞒犯罪所得罪，侵占罪

判例评述

“溺水的被害人”

——故意伤害致人死亡的结果归责

徐凌波 *

摘　要：赵某某等故意伤害案是结果加重犯领域的标志性判例。在结果加重犯的案件中，我国司法实践中通常采用法律因果关系或者说刑法的因果关系概念，但是法律因果关系概念无法承担区分结果加重犯的结果归责与普通过失犯结果归责的功能。与案例结论不同，本文主张在结果加重犯的加重结果中，所实现的不允许风险应是基本犯构成要件类型化的特殊危险，这种特殊危险关联需要就具体罪名的构成要件进行分析。在案例审查中，如果可以排除特殊危险关联，行为人仍然可能以普通过失对加重结果承担刑事责任。

关键词：故意伤害罪　结果加重犯　因果关系　结果归责

相关法条：《刑法》第 233 条、第 234 条、第 23 条

裁判要点：持刀追砍致他人在泅水逃避过程中溺水死亡的，追砍行为与死亡结果之间存在刑法上的因果关系。

案件来源：赵某某等故意伤害案（案件刊载于《刑事审判参考》第 55 期第 434 号）

基本案情

被告人赵某某与马某某曾经有矛盾，案发前赵某某听说马某某放风要把自己砍掉，决定先下手为强。2003 年 8 月 14 日晚 7 时许，被告人赵某某在汉川城区欢乐商城得知马某某在紫云街出现后，便邀约被告人李某及韩某甲、韩某乙、韩某、汪某、谢某（均另案处理）前往帮忙，并在一租住处拿一尺

* 徐凌波，南京大学法学院副教授。

多长的砍刀 7 把，一行人乘“面的”到紫云街。在车上被告人赵某某发给每人砍刀一把，车行至紫云街看见马某某正在街上同人闲聊后，被告人赵某某等人下车持刀向马某某逼近，距离马某某四五米时被其发现，马某某见势不妙立即朝街西头向涵闸河堤奔跑，被告人赵某某持刀带头追赶，被告人李某及韩某甲、韩某乙、韩某、汪某跟随追赶。当被告人赵某某一行人追赶 40 余米后，马某某从河堤上跳到堤下的水泥台阶上，摔倒在地后又爬起来扑到河里，并且往河心里游。被告人赵某某等人看马某某游了几下，因为怕警察来了，就一起跑到附近棉花田里躲藏，等了半小时未见警察来，被告人等逃离现场。同年 8 月 16 日马某某尸体在涵闸河内被发现。经法医鉴定，马某某系溺水死亡。

汉川市人民法院认为，被告人赵某某、李某等为报复被害人，主观上有故意伤害他人身体的故意，客观上实施了持刀追赶他人的行为，并致被害人死亡后果的发生，其行为均已构成故意伤害（致人死亡）罪。被害人被逼跳水的行为是被告人等拿刀追赶所致，被害人跳水后死亡与被告人的行为有法律上的因果关系，即使被告人对被害人的死亡结果是出于过失，但鉴于事先被告人等已有伤害故意和行为，根据主客观相一致原则，亦应认定构成故意伤害（致人死亡）罪。被告人李某明知被告人赵某某等有伤害他人的故意，且明知拿刀会有伤人的后果，受邀约参与并持刀进行了追赶，构成故意伤害（致人死亡）罪的共犯，但系从犯，根据其地位作用及本案具体情况，可减轻处罚。

问　题

本案中，被告人赵某某等人被判根据《刑法》第 234 条的规定成立故意伤害（致人死亡）罪。以下根据将以鉴定体的形式，简要分析本案被告人的行为是否成立第 234 条故意伤害（致人死亡）罪。故意伤害致人死亡在理论上被归为结果加重犯，其成立需先审查基本犯（故意伤害罪）的成立，再考察加重死亡结果能否归属于行为人。

（一）故意伤害罪既遂（《刑法》第 234 条）

（二）故意伤害罪未遂（《刑法》第 234 条、第 23 条）

1. 伤害结果未出现（+）

2. 行为决意（+）

3. 直接着手（+）

4. 违法性与有责性

5. 小结

（三）故意伤害（致人死亡）罪（《刑法》第 234 条）

1. 死亡结果出现（+）

2. 伤害行为与加重结果之间的因果关系（+）

3. 加重结果与伤害行为之间的归责关联（？）

4. 结论

（四）过失致人死亡罪（《刑法》第 233 条）

1. 因果关系（+）

2. 客观归责（+）

3. 结论

（五）整体结论

分　析

（一）故意伤害罪既遂（《刑法》第 234 条）

故意伤害罪的成立首先以行为造成伤害结果为前提，本案中，赵某某等人持砍刀打算对被害人马某某实施伤害行为，但由于马某某及时发现逃离，并未产生身体伤害结果，排除故意伤害既遂的成立。

（二）故意伤害罪未遂（《刑法》第 234 条、第 23 条）

尽管身体伤害结果没有出现，但赵某某等人的行为仍可以基于《刑法》第 23 条与第 234 条的规定成立故意伤害罪未遂，要成立本罪的未遂需要具备以下几个条件。

1. 伤害结果未出现（+）

如上所述，赵某某等人并未给马某某的身体造成伤害，因此伤害结果未出现。

2. 行为决意（+）

赵某某等人主观上具有给马某某身体造成伤害的故意，因此具有犯罪未遂时的行为决意。

3. 直接着手（+）

所谓直接着手，指的是行为人在主观上已经快跨越了动手的界限，同时在客观上已经给法益造成了迫近的危险，不需要任何中间的步骤即进入构成要件实行阶段。本案中赵某某等人持刀逼近马某某时，即已给被害人的人身法益造成迫近的危险，构成既遂。

4. 违法性与有责性

案件事实中未反映出赵某某具有违法阻却事由或排除责任事由。

5. 小结

综上，被告人赵某某的行为根据《刑法》第 23 条、第 234 条的规定成立故意伤害罪（未遂）。

（三）故意伤害（致人死亡）罪（《刑法》第 234 条）

1. 死亡结果出现（+）

马某某落水身亡，死亡结果出现。

2. 伤害行为与加重结果之间的因果关系（+）

刑法上对于事实因果关系的判断通常采取条件说，即如无前者，即无后者。如果没有赵某某等人的持刀追砍行为，被害人也不会跳到河流中溺水身亡。行为与结果之间存在必要条件关系，因果关系成立。

3. 加重结果与伤害行为之间的归责关联（？）

有疑问的是，死亡结果能否归责于前述故意伤害的未遂。此时，需要结合结果加重犯的法理基础来进行简要的分析。

从结果归责的角度看，结果加重犯是一种特殊的归责形式。结果加重犯的法定刑远远重于故意基本犯与过失实害犯的想象竞合，因此结果加重犯不能被视为故意基本犯与过失实害犯的简单相加。以本案所涉罪名为例，根据我国《刑法》第 234 条的规定，故意伤害致人死亡的法定最高刑可以至死刑，而故意伤害（重伤）与过失致人死亡想象竞合则必须在 10 年以下量刑。从法定刑的角度看，故意伤害致人死亡就不能被仅仅视为一行为同时实现了故意伤害（重伤）与过失致人死亡的简单相加。严格意义上的结果加重犯指的是便是这种在法定刑设置显著高于故意基本犯与过失实害犯法想象竞合之后的处刑标准的犯罪。张明楷教授正确指出，我国刑法中并不是所有带有“致人死亡”字眼的犯罪，都是真正意义上的结果加重犯，如虐待致人死亡的规定，其法定刑与虐待罪、过失致人死亡罪的想象竞合处刑相当，则不属于需要严格限制成立范围的结果加重犯。[1] 为了解决结果加重犯法定刑的显著跃升问题，国内外的刑事立法与刑法理论大致有两种解决进路：

第一，承认结果加重犯的立法模式是结果责任的残余，主张应当在立法上彻底废除结果加重犯。20 世纪 60 年代，德国刑法大规模修订时期，由德国刑法学者鲍曼发起、无数知名刑法学者参与起草的《选择性草案》（Alternativ-Entwurf）即持这种立场，主张删除既有立法中所有结果加重犯的规定，以故意基本犯与过失实害犯想象竞合的方式来解决原本属于结果加重犯适用领域的情形。[2]

第二，虽然在立法上保留结果加重犯的立法模式，但对于结果加重犯的成立条件设置更高的标准，这也是当前理论与实践的主流意见。这种更高的标准主要有主观与客观两种。

其一，为结果加重犯的成立设置更加严格的主观条件，例如要求行为人主观上对于加重结果必须具有重大过失，对加重结果仅具有普通过失不能成立结果加重。[3] 以德国刑事立法为例，早在德意志帝国时期，结果加重犯甚至对主观要件不做要求，而只需要在行为与结果之间存在因果关系即可。而随着刑事立法的修正，逐渐要求行为人对结果具有普通过失。这也为中日等

---

〔1〕 张明楷：《严格限制结果加重犯的范围与刑罚》，载《法学研究》2005 年第 1 期，第 83 页。

〔2〕 Alternativ-Entwurf Besonderer Teil, Strafttat gegen Person I, 1970, S. 45.

〔3〕 Hans-Ullrich Paeffgen, in: Nomos Kommentar zum StGB, Band 1, 4. Aufl. 2013, vor § 13 Rn. 47 ff.

大陆法系国家所接受。当前《德国刑法典》在第18条规定，结果加重犯中行为人对加重结果主观上须“至少是过失”，而在分则中部分罪名，比如抢劫、强奸等犯罪的加重结果则要求行为人具有重大过失。但耐人寻味的是，在这次刑法修订中，结果加重犯最为典型的故意伤害致人死亡罪并没有规定重大过失，因此要在故意伤害致人死亡罪的解释中要求行为人对加重的死亡结果持重大过失是存在立法障碍的。而在我国《刑法》中，总则中既没有对结果加重犯的主观要件进行统一的规定，在刑法分则的罪名如故意伤害致人死亡、抢劫致人死亡、强奸致人重伤死亡等情况下，条文本身也都没有明确对主观要件进行规定。学理上只有基于罪责原则的考量而额外地加入了过失的要件，但要进一步要求重大过失则显得在条文中缺少足够充分的根据。

其二，学理上因此更多地转向对于加重结果之归责条件的客观限制。即在故意基本犯的犯罪构成与加重结果之间所要求的关联度要高于普通过失犯中对行为与结果之间的关联要求。这种相比于普通过失更为严格的结果归责标准，在早期被称为直接性原则。而所谓直接性，顾名思义指的是在基本犯与加重结果之间不得存在任何的介入因素。例如，在最早的罗策尔案中，被告人追打一名女佣，女佣为了躲避伤害试图从窗户跳到另一栋楼上，结果失足跌落死亡，德国联邦最高法院在这个案件中提出了直接性原则，认为被告人的伤害行为与死亡结果之间介入了女佣自己的行为，因此否定了故意伤害致人死亡罪的成立。[1]随着实践的发展，直接性原则被逐渐泛化而变得名不副实，即便存在介入行为，只要该介入行为并未超出日常生活经验的范围，仍可成立结果加重犯，[2]最终被特殊危险关联标准所取代。客观归责理论认为，结果加重犯中行为人对于加重结果并不是普通的过失实害犯，而是要将该结果归责于故意基本犯的构成要件行为，因此在结果中所实现的不能是任意的法所不允许的风险，而应当是基本犯构成要件所特有的危险，因而称为特殊危险关联。例如，罗克辛指出：“各种犯罪都能导致反常的严重后果，但立法者仅仅在特定的犯罪中，根据它们造成严重结果的一般倾向来规定结

〔1〕BGH NJW 1971, 152 ff.
〔2〕BGH NStZ 1994, 394.

果加重，因此只有在基本犯的典型危险中产生结果时，才适用这种行为构成，这是符合立法目的的。只有这种结果才能为结果加重犯罪的保护目的所包括。”[1]

特殊危险关联的要求意味着：

其一，在基本犯与加重结果之间的关联，相比于普通过失中行为与结果之间的关联，要严格。反过来说，在不满足加重结果归责条件时，这个加重结果仍然存在归责于行为人普通过失的可能性。在分析案例时，否定结果加重犯成立之后，也不能忽略审查普通过失犯罪。

其二，结果加重犯的归责需要结合具体罪名中基本犯的构成要件危险进行解释，因而可能会在涉及不同罪名时，得出不同的归责结论。

具体到本案所涉及的故意伤害致人死亡罪来说，需要明确故意伤害罪的基本犯所具有的特殊危险，并判断这一危险是否存在。在这个问题上，理论上的主要分歧在于，故意伤害罪基本犯的特殊危险究竟指的是伤害行为的危险，还是伤害结果的危险，而对这一问题的回答也直接决定了是否可能存在故意伤害未遂的结果加重犯。

实践中倾向于认为，这种危险只需要来自伤害行为即可。因此在警察挥舞手枪殴打被害人的过程中手枪走火打死被害人的案件中，德国法院也肯定故意伤害致人死亡的成立。[2]在实践的观点看来，只要伤害行为所蕴含的危险到造成结果发生的过程没有超出日常经验的范围，就可以肯定加重的死亡结果归责于伤害行为。行为因果关系说极度扩张了故意伤害致死的成立范围，因为因果流程的发生不超出日常经验的范围是因果流程相当性、可预见性的另一种说法，如果只要伤害行为与死亡结果之间具有相当因果关系即可，那么无异于将故意伤害致人死亡等同于故意伤害的基本犯与过失致人死亡罪的想象竞合。而如前所述，有鉴于故意伤害致人死亡罪较重的法定刑设定，这种扩张的正当性是存疑的。

因此在学理上更倾向于认为，故意伤害基本犯的特殊危险必须来自伤害

〔1〕［德］克劳斯·罗克辛：《德国刑法学总论（第1卷）》，王世洲译，法律出版社2005年版，第219页。
〔2〕 BGHSt 14, 110.

结果，即所谓的致死性理论（Letalitätstheorie）。[1] 换言之，故意伤害致人死亡所规制的情况并不在于，伤害行为以法所不允许的方式造成了任意的风险，且该风险在结果中实现。加重结果中实现的必须是伤害结果的危险。例如，警察挥动手枪的行为，除了给被害人的身体造成伤害，还有随意挥舞没有拉保险栓的手枪的危险。在上述案例中，由于被害人身体还未受到伤害，因此死亡结果中并没有实现伤害结果的危险。这一观点能有效地限制故意伤害致人死亡罪成立的范围，因而成为理论的通说。对于本案，本文也持这一观点，因此故意伤害致人死亡罪中，加重的死亡结果中所实现的应当是伤害结果中所蕴含的风险，鉴于本案的基本犯停留在未遂阶段，持刀追砍的行为并未给被害人身体造成伤害，因此该死亡结果不能归责于故意伤害的未遂行为。

4. 结论

马某某的死亡结果虽然与赵某某等人的追砍行为存在事实因果关系，但并未实现故意伤害罪的构成要件特殊危险，该死亡结果不能归责于故意伤害的未遂行为，不成立故意伤害（致人死亡）罪。

需要注意的是，一方面正因为结果加重犯的归责要求的是结果实现了构成要件的特殊危险，因此特殊危险关联需要结合具体罪名来认定。结果因果关系理论是就故意伤害罪的特有构成要件风险而提出的理论，并不当然地适用于其他罪名。例如，在抢劫罪等复行为犯中，其构成要件特殊风险来自抢劫的暴力行为，因此不能因为行为人没有最终取财而否认死亡结果的归责。另一方面特殊危险关联是结果加重犯的特殊归责要求。在否定结果加重犯的成立之后，仍有可能继续审查行为人成立过失致人死亡罪的可能性。

（四）过失致人死亡罪（《刑法》第 233 条）

要成立过失致人死亡罪，除了行为与结果之间存在因果关系之外，还要求行为与结果之间满足客观归责的一般条件，即行为以法所不允许的方式创设了风险，且该风险在结果中实现。

---

〔1〕 Detlev Sternberg-Lieben, in: Schönke/Schröder, Strafgesetzbuch Kommentar, 30. Aufl. 2019, § 227 Rn. 5.

1. 因果关系（+）

如果没有赵某某等人的追砍行为，马某某也不会溺水，因此追砍行为与结果的发生之间存在事实上的因果关系。

2. 客观归责（+）

赵某某等人基于伤害的故意实施追砍的行为，已经创设了法所不允许的风险，且这种风险的状态最终造成了马某某的落水。有疑问的是，从外观上看马某某是为了躲避追赶而自行游入河中的，需要判断的是能否因为被害人自陷风险而排除归责关联。自我答责的自陷风险前提是被害人在具备决定能力的情况下对自己所面临的风险作出了充分的估计，因而是自愿地进入风险之中。在本案中，赵某某等人尽管并没有采取逼迫的方式对被害人施加绝对的强制，但其追赶行为给被害人造成了心理上的压力，在这种压力下被害人无法就自己所处的情况作出理性的判断，不构成自我答责的自陷风险，不能否认结果的归责。

3. 结论

赵某某等人的行为构成《刑法》第 233 条过失致人死亡罪。

（五）整体结论

被告人赵某某基于伤害的故意追逐被害人，导致被害人溺水身亡的行为根据《刑法》第 234 条、第 23 条成立故意伤害罪（未遂），根据第 233 条成立过失致人死亡罪，为一行为实现数个构成要件，应进行想象竞合从一重处断。

判决要旨与核心裁判理由

被告人赵某某等人持刀追砍的行为与被害人溺水死亡之间具有刑法意义上的因果关系。在对具体案件中的危害行为与危害结果之间的因果关系进行判断时，主要从以下三个方面考察：（1）行为人的行为是否属于引起危害结果的原因，即是否存在事实上的因果关系。所谓事实上的因果关系，就是先行为与后结果之间引起与被引起的关系。从逻辑上讲，也就是“必要条件关系”，这种必要条件是指“如果没有被告人的行为，就不会发生这一危害结果”。（2）行为对于危害结果产生所起作用的程度。在审判实践中，必须根据行为与结果联系的紧密程度、行为导致危害结果产生的力量大小、犯罪构成对行为与结果之间联系的要求程度等因素综合评判。（3）行为的社会危害程度。于上述理论分析，我们认为，赵某某等人持刀追砍的行为与被害人死亡的结果之间具有刑法上的因果关系。主要理由如下：（1）赵某某等人持刀追砍被害人的行为，具有严重的社会危害性。（2）被害人马某某泗水逃避的行为，是一种在当时特定条件下正常的自救行为。上述事实原因、中介因素与危害结果之间环环相扣、紧密衔接，应该认定赵某某等人持刀追砍行为与被害人溺水身亡的结果之间存在刑法中的因果关系。本案中因果关系的联系方式属于间接联系类型，即事实原因与危害结果之间没有发生直接联系，而是介入了一些被害人个人因素，这时原因行为与危害结果之间的联系就是间接联系。赵某某等人持刀追赶被害人马某某时已具有伤害的故意，且已着手实施犯罪，该伤害行为本身具有致人死亡的高度危险，其持刀追砍的行为与被害人死亡结果之间具有刑法意义上的因果关系。根据主客观相一致的定罪原则，可以对赵某某等人以故意伤害罪定罪处罚。同时，考虑到赵某某等人在被害人马某某泗水时跑到附近躲藏，这与采取围、追、堵、截等妨碍被害人上岸的方式导致被害人溺水死亡在危害性上有一定区别，在量刑时可考虑这一因素。因此，法院的定罪量刑是妥当的。

裁判理由评述

本案在理论上受到了许多关注，这个案件通常被作为犯罪判断方法存在疑问的例证。陈兴良教授讨论犯罪认定的方法时指出，犯罪认定应当遵循客观判断先于主观判断的位阶顺序。而本案中是先认定被告人存在伤害故意，就认定被告人的追砍行为构成伤害行为，违背了客观判断先于主观判断的原则。[1] 不过在未遂犯认定的场合，有完全以是否存在迫近的法益侵害危险的客观说与结合行为人主观犯罪计划来认定犯罪着手的印象说之分。本文推荐

〔1〕 陈兴良：《犯罪构成论：从四要件到三阶层——一个学术史的考察》，载《中外法学》2010 年第 1 期，第 68—69 页。

的是印象说的审查顺序，因此在犯罪未遂的判断中，在一定程度上会构成客观判断先于主观判断的例外。考虑到被告人赵某某及其同伙已经持刀向被害人逼近，被害人察觉到后逃跑，从客观法益侵害角度看，也应当认为伤害行为已经着手。

本案裁判理由的真正问题出现在结果加重犯的加重结果归责判断上。如前所述，结果加重犯在法定刑设置上高于故意基本犯与过失实害犯的想象竞合，在立法上设置了结果加重犯的前提下，理论上必须解释这种法定刑突然升格的正当性，并基于这种正当性的理由去限制结果加重犯的范围。学理上认为，结果加重犯中加重结果与基本犯之间的关联较普通过失犯更为严格才能与其法定刑设置相适应，换言之，在结果加重犯的加重结果中，所实现的不是任意的不允许风险，而是基本犯构成要件所类型化的特殊危险。这种特殊危险需要就具体罪名的构成要件进行分析，且在排除这种特殊危险关联之后，行为人仍然可以以普通过失对加重结果承担刑事责任。

本案在加重结果归责的判断上，采用实践中通行的法律因果关系或者说刑法的因果关系概念，然而本案的裁判理由恰恰表明，法律因果关系概念无法承担上述这种将结果加重犯的结果归责与普通过失犯结果归责区分开来的功能。法律因果关系的有无遵循统一的标准，而不能在结果加重犯与普通过失犯之间进行区别。如果认为基本犯与加重结果之间缺少刑法因果关系，那么不仅结果加重犯不能成立，普通过失也一并被排除了。反之，一旦认为行为与结果之间具有法律上的因果关系，则不仅肯定了普通过失，也连带肯定了结果加重犯。不可能在结果加重犯中否认法律因果关系，同时又在普通过失犯中肯定法律因果关系。正如本案判决所表明的那样，一旦肯定了追砍行为是伤害行为的着手，且追砍行为与死亡结果之间具有法律上的因果关系，就会当然地推论行为人的行为成立故意伤害（致人死亡）罪。但这样一来，故意伤害致人死亡的法定刑与故意伤害、过失致人死亡的想象竞合的差异就无从得到说明了。

行政协议访谈：行政审理模式还是民事审理模式？*

访谈人：黄卉

与谈人：蔡小雪、章剑生、金自宁、孙维飞、茅少伟

摘　要：在行政协议的审理模式问题上，行政法学者、专家和民法学者的思考起点和思维方式有很大差异，行政法学者偏向认为行政合同是关系之诉，主要还是审查行政行为的违法性问题，而民法学者固守合同路线，都认为即使走行政诉讼途径也还是需要考虑合同的特殊性，在行政协议的违法性问题上更是如此。针对指导案例76号提出的具体问题，行政法学者偏向直接指出案件核心是协议中的土地性质条款的解释问题，而民法学者偏向在相对统一的分析框架下提出和分析问题。行政法和民法专业人士都表现出对对方学科的知识谱系的陌生和困惑，期待更多的对话以达成更深入的相互理解。

关键词：行政协议　审理模式　行政诉讼途径　民事诉讼途径

一、对话的目的、问题和背景

黄卉：诸位好！不久前（2020年6月19日），我们在第一期的STL“刺为美”案例研读会上一起研读了最高人民法院的76号指导案例。研读会后我主动和被动地了解了一些在线观看的同行和同学的观后感，听到很多表扬和鼓励的话，尤其对把行政法学者和民法学者、法官和学者聚到一起研读同一

---

*　2020年6月19日晚，北京大学国际法学院（STL）举办了STL“刺为美”案例研读会的第一期活动，研讨对象是最高人民法院的第76号指导案例，即“萍乡市亚鹏房地产开发有限公司诉萍乡市国土局不履行行政协议案”。研读会由最高人民法院行政庭原审判长蔡小雪和STL的黄卉教授共同策划、组织，黄卉主持，蔡小雪法官、浙江大学光华法学院章剑生教授、华东政法大学法律学院孙维飞副教授作了主旨报告，清华大学法学院的何海波教授、STL的金自宁教授和茅少伟助理教授与谈，会议之前，STL2018级的谢燕同学进行了案例介绍。由于时间有限，关于行政协议的审理模式的讨论还不够充分，与几位与会嘉宾尤其蔡小雪法官商议后，我们决定进行一次书面的访谈。

个案例的组织形式，都很赞赏。据说弹幕讨论也非常激烈，除了 76 号指导案例本身的问题，还有关于行政协议应该采取行政审理模式还是民事审理模式的争论，据说最高人民法院行政庭内部也存在审理模式的争论，一种观点认为应该按照民事合同审理，另一种观点认为应该采用行政审理模式，即行政协议是一种行政法律关系，而行政诉讼的审查对象是行政机关的单方法律行为。学者们意见也不统一。我们的案例研读会原计划是要涵盖这个问题的，但时间有限，76 号指导案例本身内容也多，审理模式问题只是提了个话头，没来得及进一步展开。但这个问题太重要了，想趁热打铁，与诸位就行政协议的审理模式问题继续研讨。当然，76 号指导案例也值得进一步研读，为此蔡小雪老师提出了三个有针对性的问题：一是 76 号指导案例的性质为何；二是本案行政诉讼和民事诉讼的审理方式有何异同；三是适用何种方式更有利于案件的审理。我们用它作为基础，看能否得出一个普遍性的审理模式的结论。或者说，至少用它来逼近问题的实质，因为很多时候，法律家们看上去争论得很激烈，但实际上没有本质的区别，或者谈的根本不是一个问题，有时候则相反，表面上殊途同归，实际上却暗含巨大的分歧。这次继续对话的预期是，即便我们无法在审理模式上达成一个普遍性结论，但至少会把不同观点、理由以及两种审理模式的真实面貌清楚地展现出来，为我们自己以及同行们的进一步探讨提供基础，免得做重复劳动。

我仔细阅读了各位第一轮的书面回答，发现诸位的视角和重点不太一样，甚至对“审理模式”概念的理解也不一样。为了方便讨论的聚焦和阅读的连贯效果，请允许我先亮一下自己的观点，诸位不一定需要同意，这只是奠定一个相对统一的概念基础，以免我们把话说岔了。关于行政协议的审理模式问题，我认为可以分为三个依次递进的层次，或者说需要回答三个层次的问题：第一个层次指向诉讼模式或诉讼路径，即行政协议应该提起民事诉讼还是行政诉讼，让行政庭审理还是民庭审理，对此我采行政诉讼路径的观点；第二个层次建立在已经决定采行政诉讼模式的基础上，行政庭在具体审理行政协议案件时，应该走行政双方行为的合同模式还是走行政单方行为的行政决定（具体行政行为）模式，对此我采合同模式；第三个层次的问题是，无论采哪种模式，都应该如何兼顾另一种模式的特点，比如我采合同模式，那就需要检讨行政协议的特殊性。

我列了一下对话的提纲：（1）各位关于采何种模式的观点和理由；（2）按照自己的进路当如何审理 76 号指导案例；（3）在了解另一种进路后，反思原来的选择；（4）如果愿意，也可以谈一下指导案例的其他意见。

二、诉讼模式选择：行政诉讼还是民事诉讼？

黄卉： 先请诸位老师谈一下关于“行政协议审理模式”的理解。当我们说行政协议应该采取行政审理模式或者民事审理模式时，具体是指什么，是指由哪个审判法庭受理案件，还是指法律适用（法源）问题，或者其他。然后请介绍您的观点和理由。也许您认为《最高人民法院关于审理行政协议案件若干问题的规定》（简称《行政协议解释》）已经作出一刀切的选择，但您可以不管这个，可以谈立法论层面的意见，即您认为理想状态的路径选择是什么？

蔡小雪： 我就 76 号指导案例涉及的国有建设土地使用权出让协议谈一下自己的观点。土地使用权出让协议具有以下四个特点：第一，具有行政许可的性质。《行政许可法》第 12 条第 2 项规定，有限自然资源开发利用、公共资源配置以及直接关系公共利益的特定行业的市场准入等可以设定行政许可。《土地管理法》和《城市房地产管理法》对国有建设用地出让的审批事项作了具体的规定。这些规定充分说明国有土地使用权的出让是一种行政许可行为。第二，土地使用权出让协议的一方是作为国家代表的自然资源主管部门，根据相关规定，用地手续要在本级人民政府批准后再由自然资源管理部门实施招拍挂等一系列公开出让行为，包括签订建设用地出让合同、履行审批手续。也就是说，作为出让方的政府管理部门始终在国有建设土地出让合同的签订、履行中居于主导地位。第三，出让的收益用于城市基础建设等公益事业。第四，出让约定的内容是按照相关法律和政府规定事先确定的。基于上述四点，可以清楚地看到，国有建设用地使用权出让协议的双方当事人不是平等主体就相关民事问题签订的协议，而是管理者与被管理者的不平等主体之间为了公共利益、国家利益，通过协商的形式实现行政管理的目的而签订的协议，就其性质而言，应属于行政协议。

76 号指导案例中原告的诉求是要求被告国土局变更土地性质登记。土地登记是基于法律授予土地主管机关的行政管理职权，本案中的拒绝变更登记行为，虽因被告与原告之间所签订的国有建设土地使用权出让协议引发，与是否履行该协议的义务紧密关联，但原告与被告之间的争议不是平等主体之间的民事争议，而是在行政管理活动中，被管理者不服管理者拒绝变更登记的行为，是不平等主体有关行政行为的争议，故具有行政争议的性质。根据《行政诉讼法》第 12 条第 1 款第 11 项规定，公民、法人或者其他组织认为行政机关不依法履行、未按照约定履行或者违法变更、解除政府特许经营协议、土地房屋征收补偿协议等协议提起的诉讼，应当属于行政诉讼的受案范围。

章剑生：关于这个问题，我分两个方面来说说我的想法。第一，关于对《行政诉讼法》第 12 条第 1 款第 11 项的理解。行政机关不依法履行、未按照约定履行行政协议行为，可称之为关系之诉，它是《行政诉讼法》修改后新增加的内容，之前它属于民事诉讼范围。行政机关违法变更、解除行政协议的行为，属于行为之诉，在《行政诉讼法》修改之前也没有把它排除在行政诉讼受案范围之外。《行政复议法》第 6 条第 6 项规定，行政机关变更或者废止农业承包合同，侵犯公民、法人或者其他组织合法权益的，属于行政复议受案范围。这一规定可以佐证上述结论。第二，将行政协议的关系之诉纳入行政诉讼受案范围是立法政策调整的结果，而左右这个立法政策变动的因素并非都能自圆其说。我个人是支持《行政诉讼法》修改的。主要理由是，将行政协议关系之诉纳入行政诉讼受案范围，可以强化司法对行政的监督。比如，实务中行政机关为了规避不动产征收程序，通过政府控制的国有公司与农民个人订立集体土地上房屋收购协议，截断农民与将来集体土地征收之间的法律关系。对于这种收购协议争议，若依民事诉讼进行审理与裁判，未必能够充分保护农民的合法权益，也不利于对行政机关的监督。

金自宁：国有土地使用权出让合同是民事协议还是行政协议，在我国学界一直存在争议，反映到实务中也并不统一。2014 年修订的《行政诉讼法》和 2019 年公布的《行政协议解释》以列举方式明确地将特许经营协议和征用补偿协议等行政协议纳入了行政诉讼受案范围，却回避了国有土地使用权出让合同是否属于行政协议的问题。但是，结合 76 号指导案例的讨论可以发现：主张国有土地使用权出让合同为行政协议者并不排斥私法（《合同法》）规范的适用，主张国有土地使用权出让合同为民事合同者也不可能否认相关公法（《城市规划法》《土地管理法》）规范的适用。在这个意义上，可以说，本案由民事法官或行政法官来处理，在实体法规范适用结果上，并不会或者说不应该有很大差异。这就意味着，站在本案当事人角度，走民事诉讼途径还是行政诉讼途径，在实体结果上很可能是殊途同归的。只是，在本案中，一审原告亚鹏公司在事实上选择了行政诉讼途径。接下来的问题是，当事人为何选择行政诉讼而非民事诉讼途径？是否与两种诉讼路径本身的差异有关？

孙维飞：既然订立了国有土地使用权出让合同，就不可能无视合同的约定内容。由于合同是双方法律行为，弄清合同的约定内容，不能只考虑行政机关一方。民事诉讼模式或许有助于更准确弄清楚合同的内容。确立合同内容后，就会涉及双方的履行。就此合同内容，行政机关一方的履行或不履行，是否会触发公法规范，通常涉及行政行为合法性的问题，似乎又是行政诉讼模式处理更方便的领域。不论采取何种诉讼模式，法院审查的内容不应有什么不同。该适用的实体法规范都需要适用。

茅少伟：按照目前立法和学理的界定，行政协议的范围是很宽的。在这么长的光谱中，共性与个性并存。要一般性地说哪种审理模式更妥当可能并不容易。从实体法源来讲，问题的性质要求我们必须同时适用民法和行政法，这是有高度共识的。因此，关于定性的争论应当被理解为一种方法的争论，即面对多元法源适用时，我们应以民法抑或行政法为基础，并结合另一部分法律进行调适。考虑当前的立法状况，采取民事诉讼路径并结合行政法的要求，处理行政协议问题，似更为妥当。

第一，规则的供给。就“协议”的一面来说，合同成立、生效的判断，合同效果的展开（履行、履行障碍、违约救济等），都是极为复杂的问题，民法提供了相当丰富的规则。而行政法对行政协议相关问题的规则供给仍极为有限，法院在审理行政协议案件时不得不大量依赖民事规范。

第二，方法的包容。就“行政”的一面来说，在民法对合同问题的技术性分析框架里，实质性“注入”行政法的精神、目的和方法，是完全可行的。例如，普通民事合同也要满足内容不得违反法律及公序良俗的要求，无非是此时法院的审查比较“消极”，通常只需要合同不违反法律、行政法规的强制性规定就可以了，即在维护公共利益的前提下，高度尊重当事人意思自治。而在行政协议里，法院要对作为合同一方当事人的行政机关的行为做更积极的“合法性”审查。如果确定相关行为违法，该结果会通过相关具体制度的解释传导到私法的效果上，即影响合同是否缔结、是否生效、合同内容的解释以及合同履行障碍的处理。也就是说，从技术上看，民法对行政法制度与方法的介入是开放的。

第三，程序的匹配。在现行法下，这可能是最重要、最直接的理由。定性不影响实体法源的适用，但会影响诉讼程序的选择（民事诉讼还是行政诉讼），从而影响合同纠纷的处理及对守约当事人的救济。目前的行政诉讼是“民告官”的单向构造，与传统的单方行政行为相适应，与行政协议却不匹配。作为合同一方当事人，行政机关也可能因意思表示瑕疵而需要撤销合同，也可能因为相对人违约而产生损失，却无法通过行政诉讼实现救济。为解决此种困境，《行政协议解释》完全突破了协议的（形式）平等性，赋予行政机关未经诉讼而单方面直接向法院申请强制执行的权利。也就是说，行政诉讼的单向构造本来是为了有利于行政相对人，却使得作为行政协议一方的行政机关无法通过行政诉讼得到保护，而为了纠正这一点，转而却又赋予行政机关在行政协议下巨大的、不平等的权利。这种结构性的问题也会体现在更具体的制度上。比如，由于相对人只能做原告，导致其无法在法庭上正常行使抗辩权，而在法庭外同样也无法有效行使（无法阻挡行政机关单方面申请强制执行）；再如，行政诉讼中举证责任倒置的安排（《行政诉讼法》第 34 条）也是与传统单方行政行为相匹配的，而在行政协议下就不得不做相应的调整（《行政协议解释》第 10 条）。

三、审理76号指导案例的审理模式对照

黄卉：谢谢各位老师的精彩回答！大家都表明了态度，有的老师明确站位自己的专业领域，有的则没有那么决断。但不管怎样，没有哪位老师表示自己的专业进路存在问题。现在我们就拿76号指导案例来具体验证一下各位的判断。请两组老师按照各自的专业路径，介绍一下审理本案的思路和步骤，让我们看一下两种模式到底有何区别，或者无所谓哪种思路，从技术上和效果上都差不多。当然一个案例不足以作全称式判断，但总是个比较踏实的切入口。

在“刺为美”研读会上，谢燕同学披露了76号指导案例没有交代完整的案情，比如原告有两次撤诉情节，何海波教授因此指出案件在诉讼程序上可能存在瑕疵。可诉性问题值得讨论，但因为这次对话的目的主要是检讨审查模式，所以我们把讨论继续限定在实体法部分，案件事实也将就指导案例给定的基本案情。这里只概述一下核心情节，其余情节如果讨论需要再补充。

2006年2月21日，原告亚鹏公司与被告萍乡市国土局订立《国有土地使用权出让合同》，出让宗地的用途为商住综合用地，冷藏车间维持现状。土地使用权出让金为每平方米331.42元，总额计人民币768万元。

2006年3月2日，萍乡市国土局向亚鹏公司颁发了萍国用（2006）第43750号和萍国用（2006）第43751号两本国有土地使用证，其中，萍国字（2006）第43751号土地证地类为商住综合用地，但是，萍国用（2006）第43750号土地证地类（用途）为工业，对应的是冷藏车间用地。

2012年7月30日，萍乡市规划局向萍乡市土地收购储备中心作出《关于要求解释〈关于萍乡市肉类联合加工厂地块的函〉》中有关问题的复函，主要内容是：我局在2003年10月8日出具规划条件中已明确了该地块用地性质为商住综合用地（冷藏车间约7300平方米，下同），但冷藏车间维持现状。根据该地块控规，其用地性质为居住（兼容商业），但由于地块内的食品冷藏车间是目前我市唯一的农产品储备保鲜库，也是我市重要的民生工程项目，因此，暂时保留地块内约7300平方米冷藏库的使用功能，未经政府或相关主管

部门批准不得拆除。

2013 年 2 月 21 日，市国土局向亚鹏书面答复，其中内容有：根据《城市房地产管理法》之规定，贵公司申请 TG–0403 号地块中冷藏车间用地的土地用途由工业用地变更为商住用地，应补交土地出让金 208.36 万元。

2013 年 3 月 10 日，亚鹏公司向法院提起行政诉讼，要求判令被告将萍国用（2006）第 43750 号国有土地使用证上的地类用途由“工业”更正为商住综合用地（冷藏车间维持现状），并撤销被告“关于对市亚鹏房地产有限公司 TG–0403 号地块有关土地用途问题的答复”中第二项关于补交土地出让金 208.36 万元的决定。

原告有两个诉求，但核心诉求其实是更正登记。为了集中讨论，请诸位先围绕原告的更正登记的诉请展开两种模式的分析框架。

蔡小雪：本案系因行政协议而引发的行政诉讼案件，涉及被告市国土局不予变更土地用途性质的行为及对合同条款的解释行为。关于变更土地性质是否属于被告市国土局应当履行的协议义务的问题，与该协议是否明确、是否有效有着直接的关系，而涉及该协议是否有效的关键点是，出让该宗土地使用权的性质问题。从行政法官的角度看，接到该案后，首先审查协议是否有效，是否存在不明确的问题；而后审查市国土局的解释是否具有事实和法律依据；最后审查是否应当变更土地登记的性质。因此，法院需要审查以下几个问题。

第一，如何理解协议中“冷藏车间维持现状”的含义的问题。这一规定是和“出让宗地的用途为商住综合用地”并列在一起的，由此可以作两种解释，一种解释是指维持该宗土地性质的现状，即工业用地的现状；另一种解释是该宗土地用途为商住综合用地，维持冷藏车间功能现状。正因协议中存在约定不明确的问题，而市国土局主导该协议，在签订协议前的招拍挂的具体条件都是由其设定的；作为参加竞标者，是在接受市国土局所设定的合同条件下参与竞标的。换言之，合同的条件是由市国土局设定的，当合同出现不明确情形时，相对方也就享有解释协议不明确问题的优益权。

第二，关于市规划局的复函能否作为市国土局解释的依据问题。《城乡规划法》第 38 条第 1 款规定，在国有土地使用权出让前，“规划主管部门应当依据控制性详细规划，提出出让地块的位置、使用性质、开发强度等规划条件，作为国有土地使用权出让合同的组成部分”。根据该规定，规划主管部门在出让国有土地使用权时，就应确定出让土地的使用性质，据此，市国土局的下属单位市土地收购储备中心向市规划局发函征询该宗土地使用权的性质，是有法律依据的，也是必要的。市规划局在复函中明确指出：我局在 2003 年 10 月 8 日出具规划条件中已明确了，该地块用地性质为商住综合用地（冷藏车间约 7300 平方米），但冷藏车间维持现状。根据该地块控规，其用地性质为居住（兼容商业），但由于地块内的食品冷藏车间是目前我市唯一的农产品储备保鲜库，也是我市重要的民生工程项目，因此，暂时保留地块内约 7300 平方米冷藏库的使用功能，未经政府或相关主管部门批准不得拆除。市规划局的复函明确了该宗土地在出让前就已确定了其用地性质为“商住”。

复函中特别强调，该局于 2003 年 10 月 8 日就已确定该地块用地性质为商住综合用地。因市规划局具有确定出让的国有土地性质的权力，其确认土地用途的性质是在签订协议之前，根据该市的规划作出的，故可以作为审理本案的证据和依据。

第三，关于市国土局的解释行为与不予变更登记行为是否合法的问题。市国土局向亚鹏公司书面答复的内容是：根据《城市房地产管理法》第 13 条第 3 款“采取双方协议方式出让土地使用权的出让金不得低于按国家规定所确定的最低价”的规定，贵公司申请 TG-0403 号地块中冷藏车间用地的土地用途由工业用地变更为商住用地，应补交土地出让金 208.36 万元。法院在审查市国土局的解释行为的合法性时，不仅需要审查协议的有效性问题，同时还需要审查解释的合法性问题，同时不受原告的诉讼请求和理由的限制。关于本案被诉的解释行为的合法性，最重要的一点是，市国土局认为，只有在补缴土地出让金后，才可以变更土地登记的性质。审查该行为时，必须查清其提出的变更登记的条件有无事实和法律依据。无论原告诉讼请求中是要求撤销或者变更或确认违法等目的，且没有提出理由的，法院都须审查。本案的关键问题就是补缴土地出让金有无事实和法律依据。根据《城市房地产管理法》的相关规定，如果原告按照工业用地的标准缴纳土地出让金，被告在原告要求将该宗土地用途由工业用地变更为商住用地，要求补缴土地出让金具有合法性。该解释可以作为变更登记时的依据，在原告未补缴土地出让金的前提下，拒绝变更登记，亦是合法的；如果原告支付的土地出让款中含商住用土地出让金，被告要求原告补缴土地出让金，显然缺乏事实和法律依据，应当判决予以撤销，并判决被告限期变更土地登记性质。如果被告仍不予变更土地登记的性质，则属于不履行法院判决的行为。

一审判决中认为，亚鹏公司在竞得 TG-0403 号国有土地使用权后，已向政府财政部门缴纳了土地出让金，不存在还要补缴的情形。但未交代清楚是按照工业用地，还是商住用地缴纳土地出让金，因此无法判断出应否补缴土地出让金。也就是说，可能存在有关缴纳土地出让金的事实没有查清的问题。因此问题交代不清，市国土局的解释是否合法，亦无法判断，同时也关系到未给予原告变更土地用途登记行为的合法性问题。后向一、二审承办法官了解，才知道原告支付的出地出让金中包括商住土地出让金。据此，可以认定市国土局的解释行为和不予变更登记行为违法，应当判决予以撤销，同时责令被告在 90 天内变更土地用途为商住。

章剑生：“亚鹏案”核心问题是行政协议条款解释问题，即“开发用地为商住综合用地，冷藏车间维持现状”。围绕该条款解释至少有如下问题：（1）解释主体。本案中，国土局、规划局和法院都是解释主体；（2）最终解释权。国土局是适用解释，不是职权解释；规划局不是适用解释，而是职权解释。在这里，职权解释优于适用解释。而法院基于专业尊重，认可规划局解释。如果上述分析成立，那么我们需要讨论的问题是：

第一，行政协议解释权的归属。协议（合同）条款属于双方意思一致的表示，若发生理解上的争议，应当请求第三人（法院）作出裁判。从这个意义上讲，双方都没有所谓的最终“解释权”。但是，行政协议似乎有所不同，因为有时行政机关可以根据自己对协议条款的解释作出“决定”。这一点我同意蔡老师的观点，但不认为国土局这种解释权是“行政优益权”。回到“亚鹏案”，它的特殊性在于，《国有土地使用权出让合同》不是本案的诉讼客体，亚鹏公司并没有对该合同提起行政诉讼，而是国土局将其中“开发用地为商住综合用地，冷藏车间维持现状”条款，作为否定亚鹏公司“更正申请”的依据，从而引起本案。所以，从这一点上讲，本案的确不像是行政协议诉讼，而是亚鹏公司针对国土局不同意其变更申请的单方行为诉讼。但是，随着案件的发展发生了一些变化，即国土局对亚鹏公司的申请作了一个“书面答复”，从而亚鹏公司的诉讼请求从“申请变更登记”变为“申请变更登记+撤销答复中的补交决定”。至此，本案走向了兼具行政协议诉讼性质了。

国土局不同意亚鹏公司变更申请，是因为它作了一个要求亚鹏公司补交出让金的决定，而补交出让金决定又是国土局基于它对《国有土地使用权出让合同》中“开发用地为商住综合用地，冷藏车间维持现状”的理解。在这里，“开发用地为商住综合用地，冷藏车间维持现状”已经是国土局作出补交出让金决定的“法”依据。基于法律适用与解释的不可分离性，应当认可国土局的解释权。但在此之前，规划局对“开发用地为商住综合用地，冷藏车间维持现状”作出过解释，但国土局没有采纳。蔡老师认为，因市规划局具有确定出让的国有土地性质的权力，其确认土地用途的性质是在签订协议之前，根据该市的规划作出的，故可以作为本案定案的证据和依据。这个判断点到本案的一个关节点。但市规划局的这一解释应该不是证据，而是依据。对于这样的“解释”，案审法院是否需要进行合法性审查，答案是肯定的。

第二，规划局的解释效力范围。规划局基于土地收储中心的请求，对“开发用地为商住综合用地，冷藏车间维持现状”作出了解释。那么，这种解释是否可以约束土地收储中心之外的法主体呢？土地收储中心是国土局的一个下设事业单位，它去申请规划局对一个与它没有关系（不是当事人）的行政协议条款进行解释，这种解释是否可以约束国土局作出行政决定呢？对于这个问题，76号指导案例说：“萍乡市规划局的解释与挂牌出让公告明确的用地性质一致，且该解释是萍乡市规划局在职权范围内作出的，符合法律规定和实际情况，有助于树立诚信政府形象，并无重大明显的违法情形，具有法律效力，并对市国土局关于土地使用性质的判断产生约束力。”从这里可以看出，法院裁判逻辑是“解释具有法律效力→约束国土局”。

这里是需要区别协议条款与规范性文件不同。行政机关在职权范围内对规范性文件作出的解释，在实务中表现为“答复”“函”等，一般在行政机关上下级内部流转，对外是否具有普遍适用性，学理上并没有一致的认识。若对外公开，一般都承认它的普遍适用性。但是，对行政协议条款因它本身约束协议双方，难谓有对外产生普遍性效力，所以，“行政机关在职权范围内对行政协议约定的条款进行的解释，对协议双方具有法律约束力，人民法院经过审查，根据实际情况，可以作为审查行政协议的依据”。

第三，法院对“专业解释”的审查限度。从这段裁判理由中我们可以看到，法院审查规划局解释并判定它是“具有法律效力”，是基于如下考虑：（1）与挂牌出让公告明确的用地性质一致，即“规划条件”。但对于这个专业性问题，法院是如何得出“一致”的结果？终审判决说：“由于双方当事人对上述土地用途之表述存在不同理解，萍乡市规划局作为用地规划设计的权威机关，就该问题作出了专门答复，明确出让地块用地性质为商住综合用地，包含了冷藏车间，并指出‘冷藏车间维持现状’是指暂时维持其使用功能。”其审查前提是规划局是“权威机关”，所以它的解释是正确的。显然，这里很难看到“审查限度”。（2）是萍乡市规划局在职权范围内作出的。对他人订立行政协议条款的解释为何是在它的职权范围内，没有进一步展开论证。（3）符合法律规定和实际情况。（4）有助于树立诚信政府形象。（5）无重大明显的违法情形。法院采用了判断行政行为无效标准，而不是“相抵触”标准。

金自宁：76 号指导案例的裁判要点聚焦于行政机关对行政协议条款的解释，即“行政机关在职权范围内对行政协议约定的条款进行的解释，对协议双方具有法律约束力，人民法院经过审查，根据实际情况，可以作为审查行政协议的依据”。

需要注意的是，从字面上看，此裁判要点可能被理解为，作为行政协议一方当事人的行政主体，对协议条款的解释对协议双方具有约束力。但就本案具体案情来看，最终被法院采纳之行政解释的作出者，是规划局而不是国土局。而规划局，不同于国土局，既不是本案中的诉讼当事人，也不是案涉土地出让合同的当事方。

从解释内容来看，此解释针对的是“用地为商住综合用地，冷藏车间维持现状”，而这一表述既出现在规划局出具的、明确用地规划条件的文件中，也出现在国土局与亚鹏公司签订的土地出让合同中。在之前的在线讨论中，民法学者孙维飞老师指出了规划局复函应当看作对规划文件的解释而不是对合同的解释。行政法学者章剑生老师也在上面的讨论中区分了行政机关对规范性文件的解释和对合同条款的解释。但是，考虑到相关法律规定（《城乡规划法》第 38 条第 1 款规定，在国有土地使用权出让前，“规划主管部门应当依据控制性详细规划，提出出让地块的位置、使用性质、开发强度等规划条件，作为国有土地使用权出让合同的组成部分”），此表述在规划文件和土地出让合同中，含义应当是一致的。故裁判要点将此解释视为对协议条款的解释，也是说得通的。

就实践而言，行政“复函”是我国行政执法和司法实务中常见的一种行政解释形式。但是，行政法学界对于以规范性文件形式呈现的抽象行政解释，以及对个案执法中的具体行政解释研究较多，而对以“复函”形式作出的行政解释研究比较缺乏。我个人的研究发现，大量的“复函”形式的行政解释可以说处于具体与抽象之间：从表现形式上看是具体的，即不同于行政规范性文件，行政函件并非针对不特定对象所作一般规定，而是应特定主体（行政相对人、行政机关或者法院）基于个案案情之请求而作的说明；但从内容上看，这种函件也往往涉及对一般规范的解释，从而具有一般适用性，比如对何谓“抄袭”或“商住综合用地”的解释。

但是，具体到本案，争议的焦点在于“冷藏车间维持现状”这一表述，规划局复函对此的解释也并不具有超越特定个案的一般意义。就此而言，本案中规划局复函中的解释，应归类为行政机关在执法个案中的具体解释，在行政诉讼中，应接受与具体行政解释同等强度的司法审查。

黄卉：三位行政法学者介绍了行政诉讼的审理框架和要点，把审理的重点放在对“冷藏车间维持现状”这一约定的解释上。现在请民法学者介绍一下如果采取民事诉讼的可能进路。

孙维飞：我不熟悉行政诉讼，所以没法对照两种审理模式给出判断。我就谈一下按照民事合同审理本案的三个步骤。第一步，看合同成立的内容，主要检讨有争议的冷藏车间所占地块的用地性质。合同关于出让土地性质的描述为“商住综合用地，冷藏车间维持现状”。这一条款需要解释，而我的解释结论是：“冷藏车间也是商住综合用地。”理由是：其一，这种解释符合合同相关条款，因为合同并未就所出让的冷藏车间用地和其他用地使用权约定不同的价格。其二，合同约定的“冷藏车间维持现状”与土地规划文件用语一致，在无其他证据的情况下，对合同条款用语的解释，与对土地规划文件用语的解释可保持一致。而萍乡市规划局对土地规划文件用语的解释为：冷藏车间也是商住综合用地。若与之保持一致，则对合同条款相同用语的解释也应为：冷藏车间也是商住综合用地。

第二步检讨合同成立的内容是否有效。首先，本案“商住综合用地，冷藏车间维持现状”合同条款，经解释，包含“冷藏车间也是商住综合用地”的内容。解释后的该合同内容不违反法律规定。理由是：《城乡规划法》第38条要求出让地块的使用性质应“作为国有土地使用权出让合同的组成部分”，经过规划局的解释，该冷藏车间地块的使用性质就是商住综合用地性质。而合同成立的内容，经解释后与之符合。这意味着合同约定中关于土地使用性质的内容，与规划文件中关于土地使用性质的规定，并不矛盾。后者已经成为合同的组成部分。

其次，再分两种假设讨论：（1）第一种假设有证据证明，市国土局对“商住综合用地，冷藏车间维持现状”合同条款的理解（内心真意）是“冷藏车间并非商住综合用地，而是工业用地”，那么，当事人一方（市国土局）的内心真意和外部表示不一致，构成重大误解。该合同因此而可撤销。（2）第二种假设并无证据证明，市国土局对“商住综合用地，冷藏车间维持现状”合同条款的理解（内心真意）是“冷藏车间并非商住综合用地，而是工业用地”，那么，当事人一方（市国土局）的内心真意和外部表示并无不一致，则不构成重大误解。该合同有效。

第三步关于有效合同的履行和救济。如果合同有效，则双方当事人应依约履行。市国土局颁发的萍国用（2006）第43750号国有土地使用证，由于将冷藏车间用地性质设定为工业用地，不符合合同约定，构成合同不履行。合同一方不履行时，另一方有权请求继续履行。因此，亚鹏公司有权请求市国土局继续履行，将冷藏车间用地的土地用途由工业用地变更为商住用地。另外，由于合同有效，市国土局无权请求超出约定价款的对待给付，即无权要求亚鹏公司补交出让金。

茅少伟：个案的审理步骤，我和孙老师的框架是一致的。

首先是判断合同的成立与生效。案涉国有土地使用权出让合同经特殊程序（招投标），已在当事人（市国土局、亚鹏公司）之间成立。此类合同在缔结方式、转让价格等方面均受法律强制规定的限制（《城市房地产管理法》第 13 条、第 26 条，《土地管理法》第 15 条，《城镇国有土地使用权出让和转让暂行条例》第 12 条等）。这正体现了行政协议的特点，即在缔约当事人选择缔约方式以及内容形成自由等方面，都受到比普通民事合同更多的、积极的公法规制；而其“协议性”则体现在，相对人有选择是否缔约的自由，以及当事人仍享有部分的内容形成自由。

就国有土地使用权出让合同而言，较为特殊的一点是，合同标的物，即出让地块的位置、使用性质、开发强度等规划条件，由城乡规划主管部门在出让前依职权决定，“作为国有土地使用权出让合同的组成部分”；“未确定规划条件的地块，不得出让国有土地使用权”（《城乡规划法》第 38 条第 1 款）。本案中，市规划局 2012 年 7 月 30 日的复函并不是直接针对合同的解释，但确实是针对合同标的物的解释，更准确地说，是对其于 2003 年 10 月 8 日所确定的规划条件的解释。而规划局的规划条件应强制性地成为合同的内容，合同当事人对此并无决定自由。

本案合同中的争议条款，即开发用地为商住综合用地、“冷藏车间维持现状”，的确存在不同的解释可能，但结合文义解释、体系解释（如孙老师提到的一个关键点，合同约定的土地出让金并未区分地类性质）等，应合理解释为整块用地均为商住综合用地性质，冷藏车间的使用功能（而非地类性质）维持现状。此种解释也与规划局依其职权对地块性质所作的决定与解释相符合。如果按照国土局的理解，即“冷藏车间维持现状”是指维持此部分地块性质为工业用地，则国土局的出让行为超出了法定职权，合同该部分内容因违反法律规定而无效，此种解释显然不妥当。

其次是处理合同履行中的争议。合同成立生效后，当事人均应依约履行。亚鹏公司并无任何违约行为。国土局对争议部分地块颁发工业用地使用权证，是履行合同义务不当，亚鹏公司有权请求其继续履行、采取补救措施等（《合同法》第 107 条）；国土局拒绝更正，构成违约。

在规划局做出解释后，国土局 2013 年 2 月 21 日答复亚鹏公司同意将争议地块土地用途由工业用地变更为商住用地，但要求亚鹏公司补交土地出让金。如果是在原合同框架下解释，国土局的行为仍然是违约行为。国土局的答复应理解为，由于其（而非亚鹏公司）误解了地块性质，导致出让价款过低，因此主张变更合同价款。

对此，有两种不同处理思路：第一种思路，完全在民事合同框架下处理，国土局可以主张自己有重大误解，依据《合同法》第 54 条第 1 款请求法院变更合同，调整合同价款。如果国土局获得胜诉，合同价款将变更为其主张的价格；那么在亚鹏公司补缴出让金之前，国土局自然有权拒绝为亚鹏公司重新颁证。即合同变更后，国土局拒绝更正并非违约。第二种思路，考虑此类合同的特殊性，或可赋予国土局单方面变更合同的权利。那么国土局的答复实际上就是行使此种单方变更权。类似地，合同变更之后，在亚鹏公司补缴出让金之前，国土局拒绝更正并非违约。亚鹏公司如果认为国土局的变更并无合法依据，则可以请求法院确认合同并未变更，并要求国土局继续履行合同。

有两点需要澄清。其一，上面阐释的只是思路。在个案中，第一种思路下国土局能否成功主张重大误解，第二种思路下国土局的单方变更能否被法院认可，都可能存疑。需要考虑的实质性因素是相似的，比如重大误解是否由国土局自身重大过失造成、亚鹏公司是否有合理信赖、不予变更是否影响公共利益（如尽管出让价格偏低，但仍显著高于法律要求的最低价格）等，并不应该因为选择了哪种路径而影响最终的结果。其二，第二种思路尽管考虑到行政协议的特点而改变了普通民法的规定，但在技术上仍然是在合同法框架下处理。也就是说，赋予行政机关单方变更权突破了普通合同法的内容，但并未突破合同法的一般分析框架，后者完全能够包容此种特性。

四、再谈审理模式

黄卉：通过上面的对照可以看出，行政诉讼和民事诉讼尽管进路确实不同，分析推进的思路也不同，但两组专家在确定法律争点上很一致，都集中在用地性质上，都提到关于“冷藏库维持不变”的合同条款的解释以及补交出让金的法律依据（合法性）问题。可能因为是民法出身，我会认同民法的规则供给比较充分、完全可以容纳违法性审查的判断，当然行政诉讼进路缺乏协议方面的规则，完全可以适用或准用民法规则，所以在结果上应该是殊途同归的，问题还在于哪种进路更便捷、更合适。请各位最后再回到最初的问题：您觉得哪种进路更合适，为什么？

蔡小雪：当民事合同条款发生争议，达不成协议的，未经对方当事人认可，一方当事人单方面作出的解释，对对方当事人不具有约束力，须通过民事诉讼予以解决。在民事诉讼中，无需对单方面解释进行审查并作出判决。在通过招拍挂签订的国有建设用地使用权出让协议中，协议的具体条款都是行政机关确定的，参加竞标的相对人是在接受协议条款的前提下签订的。因此对协议条款规定不明确时享有解释优益权，可以单方面依据相关法律规范作出解释。当事人对此不服，可以提起行政诉讼。法院要对该解释的合法性进行审查。如果通过民事诉讼，法院需要受原告的诉讼请求限制，只能判决合同有效，继续履行，但不能直接判决被告限期履行变更土地登记的性质。如果被告仍不予变更登记的，原告还需通过提起行政诉讼，才能得到最终的解决。按照民事诉讼的方式，会造成当事人的诉累，浪费行政和司法资源，不利于实质上化解纠纷。

章剑生：关于这个问题，我前面已经说过，这里再作一点补充。在审判思路上，如果是民事诉讼，法官对于协议的效力一般都会尽可能从有效性角度作事实认定与法律解释，以确保交易稳定、持续。若通过行政诉讼来审理行政协议时，交易稳定、持续并不是法官首要考虑的问题。协议订立主体是否有行政职权、协议内容是否损害国家利益、社会公共利益、是否损害第三人的合法权益等，往往是法官首要考虑的问题。所以，我同意蔡老师的意见。

金自宁： 对76号案例的此次讨论，我个人认为最有意思的，是以鲜明对照的方式呈现了民法/民事诉讼、行政法/行政诉讼两种进路的差异所在。民法/民事诉讼的视野里，本案的焦点在土地出让合同，包括该合同是否成立、是否存在重大误解、是否未完全履行或被单方变更等层层递进的问题。在行政法/行政诉讼的视野里，本案的焦点则还是在被诉行政行为的合法性，即行政主体拒绝将冷库用地性质从工业用地变更为商住用地的决定和要求亚鹏公司先补交地价再变更冷库用地性质的决定是否有事实和法律依据的问题。

按民法/民事诉讼路径，合同法以及当事人的立约、履约活动处于视野中心，只是在特定接入口，比如考虑合同是否违反强制性规定时才会引入城市规划法和土地管理法等公法规范；而按行政法/行政诉讼路径，《城市规划法》和《土地管理法》等有关行政主体权限的公法规范处于视野中心，之所以涉及土地出让合同的效力及解释问题，只是因为该合同特定条款被援引来质疑或支持行政主体作出的前述被诉行政决定。

就司法实践来看，更大范围的案例检索结果表明，土地出让合同案件中，一些土地出让合同当事人选择民事诉讼而非行政诉讼途径，另一些包括本案在内的土地出让合同当事人则选择了行政诉讼而非民事诉讼途径。选择民事诉讼途径的，当事人的直接诉求通常针对合同成立、生效和履行问题；而选择行政诉讼途径的，当事人的直接诉求往往针对的是土地使用权登记、土地权证颁发、超期不开发土地的回收处罚等问题。此外，还有一些检察机关抗诉的案件，大多针对行政机关未尽责追缴相对人方未足额缴纳土地出让金的问题。面对这种多样化实践，特别是面对包括本案当事人在内的许多当事人在事实上选择了行诉途径这一事实，对于“民法进路比行政法进路更好”这种一般化的说法我是不能同意的。

总之，以上差异及相关实践状况值得深思。对此，我的基本看法是：包括国有土地出让合同在内的行政协议，其公私法交叉的特性，对于传统的民法/民事诉讼和行政法/行政诉讼进路都构成了挑战。在这个公私法交叉的地带，任何非黑即白地选边站的方案都可能有“过分简单化”的嫌疑。正视这种特性和挑战，打破部门法本位的壁垒，加强公私法的沟通合作，有可能探索出将公私法交叉争议“一并解决”的新路径。

孙维飞：行政协议即使算作民事合同，也不影响公法规范的适用，因为民事合同不得违反法律、行政法规的强制性规定，不得违反公序良俗，这是民事合同有效的前提。还是前面所说的，既然采取订立合同的方式，就须考虑双方的意思。税费，相对人不想交也得交；国有土地使用权，相对人不想要，可以不参与拍卖。这样，国有土地使用权出让合同的有效内容的确定不仅需要考虑行政行为合法性问题，还要考虑是否违反相对人意思的问题。这意味着，至少，民法中关于合同解释和意思表示瑕疵部分的规范，对于行政协议的法律适用应当是具有参考意义的。关注诉讼模式的选择是重要的，不过，不论选择何种诉讼模式，私法规范在行政协议中如何参考适用，可能更需要得到重视。

茅少伟：行政协议处在公私法交叉的关口，具有明显的双面性。由于分析视角的习惯，行政法学者可能觉得民法学者对其“行政性”强调不够，民法学者可能觉得行政法学者对其“协议性”重视不足，很有意思。以民事诉讼来处理行政协议应该是可行的。其实行政机关选择以行政协议来处理事务，通常意味着此种方式对于实现特定行政管理目标或者公共服务目标是妥当的，同时也意味着行政机关愿意主要以合同当事人的身份与相对人“打交道”。行政机关不仅在订立合同时是合同当事人，履行合同时也是合同当事人。在合同框架下，通过民事救济方式通常也足以维护公共利益。当然，前提是行政协议的特殊性并未因此被忽视。例如，应当通过实质性引入合法性审查，避免行政机关在协议之名下违法作为或者逃避职责；如果认为普通民事救济在特殊情况下对于维护公共利益是不够的，我们还可以基于行政优益权等考虑，赋予行政机关在合同框架下更大的权利（如赋予其单方解除、变更合同的权利）。以上特殊考量都可以通过民法上的技术安排来实现。似很难想象，经过这些特别安排后，通过民事诉讼处理行政协议不能很好地维护公共利益。

此外还有两点因素也值得考虑：

第一，需要考虑行政协议中行政机关身份的双重性。如本案中国土局既是合同当事人，又是负有法定职责的行政机关。那么，按照出让土地的性质颁发土地使用权证既是其合同债务（因此，在民事诉讼中法院可以判决国土局履行债务，即重新颁证），也是其法定职责。如果着眼于其法定职责的一面，那么拒绝更正等行为确实是典型的单方行政行为。但实际上这里前提性的问题是合同的问题，即国土局在合同下是否有更正的义务，或者说亚鹏公司基于合同是否享有要求更正的权利。合同的问题不解决，国土局的义务就不确定，其是否违反法定职责，也就不能确定。

第二，协议是双方合意的产物，但并不是说合同履行过程中当事人的行为都是双方的、合意的。履行债务是单方的，拒绝履行也是单方的；请求履行是单方的，行使抗辩权也是单方的；解除合同、抵销债务、债权人行使代位权、撤销权等，都是单方行为。如果认为"协议"行为才属于行政协议问题，"单方"行为则是典型行政行为，那在行政协议的履行里，其实也是单方行为居多。如果按照"一行为一诉"原则，以行政诉讼来处理，有时候可能会非常烦琐。而在民事诉讼中，依照合同法处理，很多行为是可以归并的，例如并不是每一项违约行为都需要单独处理。

总的来说，"协议"的双方性绝不仅体现在缔结协议时需要双方的合意，同样也体现在合同履行过程中，双方权利义务具有源于当事人（形式上）平等地位（而非单方强制）的"对抗性"（典型地体现为请求—抗辩—抗辩排除的分析结构）。这种实体关系的双向性与行政诉讼的单向性似很难协调。如果改变目前的单向诉讼结构，那到底是走行政诉讼还是民事诉讼可能就并无多大差异。

黄卉：经过两轮的讨论，就 76 号指导案例的分析而言，看上去好像两种进路存在不同，比如行政法三位老师分析本案时基本没有提到意思表示、合同因重大误解而撤销的合同法机制，而两位民法老师的个案分析中则根本不会关注行政优益权、行政机关内部复函的性质问题。但共识也是很清楚的，即无论哪一种进路，民法进路需要兼顾行政协议的"行政性"，行政法进路需要兼顾行政协议的"协议性"。行政法学者没有提到合同当事人有权因为重大误解而解除合同，乍一看似乎坐实了民法学者关于行政法进路可能忽视协议性的预判，但实际上是因为本案审查结果符合原告诉请，而国土局作为行政机关更关心自己行为的合法性，而不在于一定坚持自己最初的意思，所以不做案情变型分析的话就无需讨论合同因重大误解而撤销的问题。关于行政协议的模式选择问题，一个案件、一次讨论显然是不够的，我们需要更多不同类型、不同案情、不同诉讼请求的行政协议案件，两种进路的法律学者也需要进一步加强沟通，唯有这样，才可能得出一个真正超越直觉和专业本位主义的判断。在这个意义上，我们的讨论才开始，期待下次继续。

图书在版编目（CIP）数据

法学教室．第1卷/李昊主编．—北京：中国法制出版社，2022.1

ISBN 978-7-5216-2416-8

Ⅰ．①法…　Ⅱ．①李…　Ⅲ．①法学—研究　Ⅳ．①D90

中国版本图书馆CIP数据核字（2022）第015090号

策划编辑：马　颖

责任编辑：王雯汀　　　封面设计：李　宁

法学教室·第1卷

FAXUE JIAOSHI · DI—1 JUAN

主编/李　昊

经销/新华书店

印刷/三河市紫恒印装有限公司

开本/710毫米×1000毫米　16开　　印张/15.5　字数/239千

版次/2022年1月第1版　　2022年1月第1次印刷

中国法制出版社出版

书号 ISBN 978-7-5216-2416-8　　定价：59.00元

北京市西城区西便门西里甲16号西便门办公区

邮政编码：100053　　传真：010-63141600

网址：http://www.zgfzs.com　　**编辑部电话：010-63141825**

市场营销部电话：010-63141635　　**印务部电话：010-63141606**

（如有印装质量问题，请与本社印务部联系。）